本书由湖南省公共政策与经济发展研究基地资助出版

CAISHUI ZHENGCE
DUI CHANYE JIEGOU
SHENGJI DE YINGXIANG JIZHI
YU XIAOYING YANJIU

财税政策对产业结构升级的影响机制与效应研究

胡小梅◎著

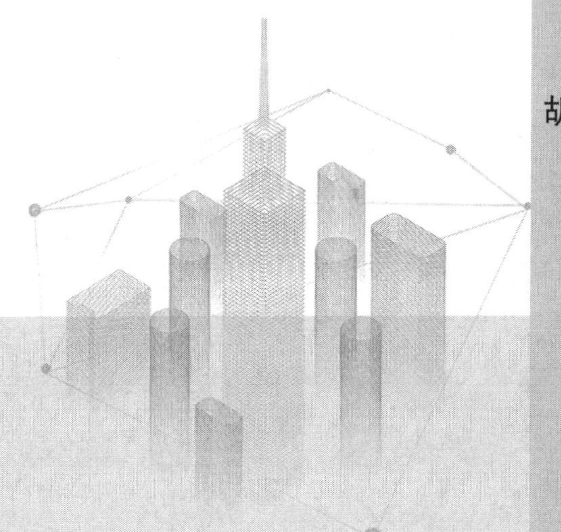

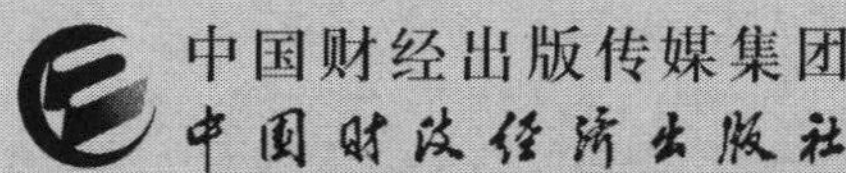

中国财经出版传媒集团
中国财政经济出版社

图书在版编目（CIP）数据

财税政策对产业结构升级的影响机制与效应研究/胡小梅著．—北京：中国财政经济出版社，2019.3

ISBN 978－7－5095－8841－3

Ⅰ.①财…　Ⅱ.①胡…　Ⅲ.①财政政策－影响－产业结构升级－研究－中国 ②税收政策－影响－产业结构升级－研究－中国　Ⅳ.①F269.24

中国版本图书馆CIP数据核字（2019）第036764号

责任编辑：卢关平　　责任校对：理　由
封面设计：孙俪铭　　责任印制：张　健

中国财政经济出版社出版

URL：http：//www.cfeph.cn

E－mail：cfeph@cfeph.cn

社址：北京市海淀区阜成路甲28号　邮政编码：100142

营销中心电话：88190472　88191537　北京财经书店电话：88580302

北京财经印刷厂印刷　各地新华书店经销

787×1092毫米　16开　12.25印张　210 000字

2019年5月第1版　2019年5月北京第1次印刷

定价：46.00元

ISBN 978－7－5095－8841－3

（图书出现印装问题，本社负责调换）

本社质量投诉电话：010－88190744

打击盗版举报热线：010－88191661　QQ：2242791300

前　言

改革开放以来，以市场化为取向的经济体制改革极大地推进了产业结构调整与转型发展，产业结构升级正成为优化资源配置效率、提升区域创新能力、培育新的经济增长动力源的有效途径。在产业培育发展、结构调整与转型升级过程中，应着力发挥并优化财政的资源要素配置职能，关注与重视财税政策安排对产业结构升级以及产业结构布局带来的影响，充分发挥财税政策在引导生产要素在产业间流动、优化生产要素在产业间配置的作用效应。鉴于现有理论和实证研究对财税政策与产业结构升级的作用效应无法提供全面的解释，本书基于当前我国产业结构升级过程中所显示的空间集群特征、动态演变特征和区域异质特征，试图将财税政策纳入产业发展理论分析框架中来，并进一步从财政分权制度背景层面、财政支出“规模—结构—效率”三维机制层面、财政收入总量与结构层面对财税政策影响产业结构升级的机制与效应提供合理的解释。本书主要回答了以下研究问题：首先，在资源要素跨区域流动日益加快和区域一体化日益深化的背景下，我国产业结构升级是否存在空间集群现象？作为产业发展环境中的一个重要制度背景，中国的财政分权体制是否会显著影响产业结构升级的空间溢出效应？其次，产业结构升级过程是否具备动态调整特征？财政支出规模、结构与效率如何影响产业结构升级？再次，财政收入总量与结构在不同的发展阶段或区域环境下对产业结构升级的影响是否会存在显著的门槛效应？最后，如何形成“市场—政府—产业—企业”四位一体的财税支持政策新格局来进一步推动产业结构升级？

在全面回顾和评述国内外财税政策与产业结构升级相关文献的基础上，本书对财税政策的产业调控机制进行理论分析，揭示财税政策对产业结构升级的影响路径和机理，并对财税政策作用下我国产业结构升级的空间集群特征、动态演变特征和区域异质特征进行细致考察，接着从以下几个方面对财税政策影响产业结构升级的机制效应进行实证检验。

首先，基于产业发展与结构升级的空间集群特征以及财政分权体制的影响，从空间溢出与空间异质性视角考察财政收入分权和支出分权对产业结构升级的效应。一方面，从空间溢出效应视角出发，基于2000—2014年中国省级面板数据，将反映地区相似性的邻接权重矩阵、地理权重矩阵、经济权重矩阵和混合权重矩阵引入SDM模型，分别考察了财政收入分权和支出分权对产业结构升级的空间效应以及由此引致的策略性竞争效应；另一方面，从空间异质性视角出发，利用GWR模型进一步考察财政收入分权和支出分权对产业结构升级的空间交互作用和影响差异，进而采用LISA分析方法对GWR模型估计系数的空间关联模式进行测度。研究发现：(1) 财政分权等经济社会因素存在不可忽视的区域个体差异，这种差异导致产业结构升级在空间分布上具有显著的异质性特征。(2) 财政收入分权和支出分权对产业结构升级的影响呈现出非对称的空间溢出效应：一方面，财政收入分权对本地区产业结构升级的影响并不显著，而支出分权对本地区产业结构升级具有积极影响；另一方面，财政收入分权和支出分权对相邻地区产业结构升级均产生抑制效应，但较之于收入分权，支出分权的抑制效应更为明显。(3) 财政收入分权与支出分权对产业结构升级的影响作用存在显著的空间依赖性，呈现出“高—高”和“低—低”型特征并存的空间关联模式，影响作用在地区空间格局中的“高地”效应和“洼地”效应已初步显现。

其次，基于政策方向、程度、周期和时滞等方面的考虑，分析财政支出政策在产业结构升级过程中的动态效应。财政支出政策对产业发展与结构调整过程中的要素整合重配、知识累积扩散和技术创新溢出产生影响，使得产业结构升级表现为一种具有调整惯性的动态系统过程，为了揭示其中的效应程度，本书从动态效应视角入手，利用2000—2014年中国省级面板数据实证检验财政支出“规模—结构—效率”三维机制对产业结构升级的影响效应。研究结果表明：(1) 在总量层面，财政支出总体规模水平的提高对产业结构升级的影响虽表现为正向促进效应，但并不显著。(2) 在结构层面：政府投资性支出与政府民生性支出均显著有利于产业结构升级，而政府消费性支出则对产业结构升级产生负向抑制作用。(3) 在效率层面：对于全国总体样本而言，财政支出效率对产业结构升级具有并不显著的负向抑制效应；具体到不同的区域样本，东部地区财政支出效率对产业结构升级的影响效应呈现为负向抑制效应，但并不显著；中西部地区财政支出效率则显著抑制产业结构升级。

再次，基于财政收入总量与结构通过影响商品结构、行业结构以及地区结构而对产业结构升级发挥调节作用，本书考察分析了财政收入政策安排对产业结构升级的作用效应在不同的发展阶段或区域环境下呈现出的门槛非线性特征。笔者选取2000—2014年中国省级面板数据，运用门槛估计方法，分别考察了财政收入总量、财政收入结构、税制结构、具体税类（货物与劳务税、所得税和财产税）在分别以经济发展水平和人力资本水平为第三方外部因素条件下对产业结构升级的门槛效应。研究发现：在经济发展水平与人力资本水平门槛条件下，财政收入政策与产业结构升级之间存在显著的非线性关系，即财政收入政策对产业结构升级的影响效应呈现出阀值转换特征，且财政收入总量和结构在不同的门槛变量下呈现出差异明显的门槛效应。

最后，基于前述理论分析与实证检验结果，本书就促进我国产业结构升级的财税政策体系进行了综合审视，并提出了相应的对策建议。

关键词：财税政策　产业结构升级　财政分权　财政支出　财政收入

Preface

Ever since the reform and opening of China, the economic system reform which takes marketization as orientation greatly promotes the adjustment and development of the industrial structure. Upgrading the industrial structure has become the effective way to optimal allocation of resources, promote regional innovation ability and cultivate new economic growth power. During the process of cultivation, development, structural adjustment, transformation and upgrading of industries, we should emphatically optimize resources allocation effect of fiscal policy, pay close attention to the impact of fiscal and taxation policy on upgrading the industrial structure and industrial structural layout, give full play to the role of fiscal and taxation policy in leading the flowing of production factors between different industries and optimizing production factors allocation effect of fiscal and taxation policy. Given existing theoretical and empirical research have failed to explain the influencing effect of fiscal and taxation policy on upgrading the industrial structure, this book brings fiscal and taxation policy into industrial development theoretical analysis framework, offers some rational explanations for influencing mechanism and effect of fiscal and taxation policy on upgrading the industrial structure from the perspectives of institutional background of fiscal decentralization, three—dimension system of scale, structure and efficiency of fiscal expenditure, on the basis of the characteristics of upgrading the industrial structure including spatial clustering, dynamic evolution and regional heterogeneity.

This book attempts to answer following questions: Firstly, in the era of the faster flowing of resources and factors among regions and growing regional integration, whether there is such a feature that upgrading the industrial structure is spatial clustering? As an important institutional background for industrial development, whether fiscal decentralization will influence the spatial spillover effects of upgrading the industrial structure? Secondly, whether there is such a feature that upgrading the industrial structure is dynamic adjustment? How do the scale, structure and efficiency of fiscal expenditure affect upgrading the industrial structure? Furthermore, whether there is such a threshold effect of the scale and structure of fiscal revenue influencing upgrading the industrial structure in different stages of development or regional environment? Finally, how to create a new modality of fiscal and taxation policy that incorporates the market, government industries and enterprise as a "quaternity" to further promote the upgrading of industrial structure?

On the basis of comprehensive review of related literature at home and abroad about fiscal and taxation policy and upgrading of industrial structure, this book makes a detailed investigation on characteristics of the present status for fiscal and taxation policy and upgrading of industrial structure, theoretically analyzes the industry regulation mechanism and means of fiscal and taxation policy, reveals the influencing path and mechanism of fiscal and taxation policy on upgrading of industrial structure, then empirically tests the effects of fiscal and taxation policy on upgrading of industrial structure from the following aspects.

First of all, there exists a feature of spatial clustering for upgrading of industrial structure, and the feature is closely related to the local governments' behaviors underfiscal decentralization system, this book investigates the effects of fiscal revenue decentralization and fiscal expenditure decentralization on upgrading of industrial structure from the perspectives of spatial spillover effect and spatial heterogeneity. On one hand, from the perspective of spatial spillover effect, this book draws on panel data covering Chinese provinces over the period from 2000 to 2014 to introduce four spatial weight matrixes including neighboring weighting matrix, geographic weighting matrix, economic weight matrix and mixed weighting matrix into Spatial Durbin Model, respectively empirically tests the spatial effect and strategic competition effect of fiscal revenue decentralization and fiscal expenditure decentralization on upgrading of industrial structure. On the other hand, from the perspective of spatial heterogeneity, empirically tests spatial interaction and differences of fiscal revenue decentralization and fiscal expenditure decentralization on upgrading of industrial structure with GWR model, then investigates the spatial correlation patterns of estimated coefficients in GWR model with LISA analytical method. The studies indicate that regional differences in fiscal decentralization and other economic and social factors lead to significant spatial heterogeneity in upgrading the industrial structure. There exists inconsistency in the spatial effects of fiscal expenditure decentralization and revenue decentralization on upgrading of industrial structure. On one hand, the effect of fiscal revenue decentralization on upgrading of industrial structure in local regions is not significant, while fiscal expenditure decentralization plays positive role in upgrading of industrial structure in local regions; on the other hand, the negative effect of fiscal expenditure decentralization on upgrading of industrial structure in neighboring regions is more significant than that of fiscal revenue decentralization. There exists significant spatial dependence in the effects of fiscal revenue decentralization and fiscal expenditure decentralization on upgrading of industrial structure, the "high—lying—land" effects and the "low—lying—land" effects coexist in the spatial pattern.

Secondly, in consideration of orientation, extent, period and time – lag of policy, fiscal expenditure policy will lead to the integration and rearrangement of factors, cumulative and diffusion of knowledge, spillover effect of technical innovation in the process of upgrading of industrial structure, so that upgrading the industrial structure is dynamic adjustment. From the perspective of dynamic effect of fiscal expenditure policy on upgrading the industrial structure, this book draws on panel data covering Chinese provinces over the period from 2000 to 2014 to empirically test the effect of scale, structure and efficiency of fiscal expenditure on upgrading the industrial structure. The estimated results show that the increasing of fiscal expenditure scale plays a positive role in promoting upgrading the industrial structure, but the effect is not significant. The government investment expenditure and government people's livelihood expenditure are conducive to upgrading the industrial structure significantly, while government consuming expenditure plays a negative role in upgrading the industrial structure. For the overall sample, fiscal expenditure efficiency plays a negative role in upgrading the industrial structure, but the effect is not significant. For the regional sample, fiscal expenditure efficiency in eastern regions plays a negative role in upgrading the industrial structure, but the effect is not significant, while fiscal expenditure efficiency in central and western regions significantly restrains upgrading the industrial structure.

Besides, fiscal revenue scale and structure reflect macro tax burden differences between different commodities, industries and regions, so that fiscal revenue policy can affect the process of cultivation, development, structural adjustment, transformation and upgrading of industries by influencing commodity structure, industrial structure and regional structure. There exists significant heterogeneity of resource endowment, economic foundation, locational conditions in different regions, so that fiscal revenue policy plays threshold and nonlinear effect on upgrading the industrial structure in different stages of development or regional environment. This book draws on panel data covering Chinese provinces over the period from 2000 to 2014 to respectively empirically test the threshold effect of fiscal revenue scale and structure, tax structure, tax species (commodities and services tax, income tax, property tax) on upgrading the industrial structure which takes economic development and human capital as third—party external factors with the use of threshold regression model. The research suggests that there exists nonlinear correlation between the fiscal revenue policy and upgrading the industrial structure, namely fiscal revenue policy play the effects with the feature of threshold transformation on upgrading the industrial structure while takes economic development and human capital as third—party external factors.

Finally, based on the aforementioned theoretical analysis and empirical test results, this book puts forward corresponding countermeasures and suggestions about fiscal and taxation policy to promote upgrading of industrial structure.

Key Words: The Fiscal and Taxation Policy, Upgrading the Industrial Structure, Fiscal Decentralization, Fiscal Expenditure, Fiscal Revenue

目　录

第1章　绪论 …… (1)
1.1　研究背景及意义 …… (1)
1.1.1　研究背景 …… (1)
1.1.2　研究意义 …… (3)
1.2　研究思路、内容框架及研究方法 …… (5)
1.2.1　研究思路 …… (5)
1.2.2　内容框架 …… (6)
1.2.3　研究方法 …… (9)
1.3　创新点 …… (10)

第2章　财税政策与产业结构升级的相关研究进展 …… (12)
2.1　关于产业发展中的政府角色及其政策有效性研究 …… (13)
2.2　财税政策与产业结构调整的相关研究 …… (14)
2.3　财政分权与产业结构升级的相关研究 …… (19)
2.4　财政支出与产业结构升级的相关研究 …… (22)
2.5　税收政策与产业结构升级的相关研究 …… (26)
2.6　对已有研究文献的简要评述 …… (29)

第3章　财税政策影响产业结构升级的理论机制 …… (32)
3.1　财政分权对产业结构升级的影响机制 …… (32)
3.2　财政支出对产业结构升级的影响机制 …… (36)
3.2.1　财政支出影响产业发展的作用机理分析 …… (36)
3.2.2　财政支出对产业结构升级的影响机制分析 …… (37)
3.3　财政收入对产业结构升级的影响机制 …… (39)

第4章 财税政策作用下我国产业结构升级的特征 …………………（43）
4.1 财政分权与产业结构升级的空间集群特征 ………………（43）
4.1.1 财政分权与产业结构升级的空间自相关格局 ……（43）
4.1.2 财政分权与产业结构升级的空间动态跃迁过程 …（54）
4.2 财政支出与产业结构升级的动态演变特征 ………………（56）
4.2.1 财政支出“规模—结构—效率”的动态演变特征 …………………………………………………（56）
4.2.2 产业结构升级的动态演变特征 ……………………（64）
4.3 财政收入与产业结构升级的区域异质特征 ………………（66）
4.3.1 财政收入的区域异质特征 …………………………（66）
4.3.2 产业结构升级的区域异质特征 ……………………（80）

第5章 财政分权对产业结构升级的影响：基于空间效应视角 ……（83）
5.1 引言 ……………………………………………………………（83）
5.2 财政分权对产业结构升级影响的空间杜宾模型分析…………（84）
5.2.1 空间杜宾模型设定 ……………………………………（84）
5.2.2 变量选取与数据说明 …………………………………（85）
5.2.3 实证计量与结果分析 …………………………………（87）
5.3 财政分权对产业结构升级影响的空间异质性模型分析 …（93）
5.3.1 GWR 模型估计方法 …………………………………（93）
5.3.2 GWR 模型估计结果分析 ……………………………（95）
5.3.3 基于 LISA 分析的 GWR 估计系数空间关联模式测度 ……………………………………………（97）
5.3.4 计量结果及其分析 ……………………………………（99）
5.4 本章小结 ……………………………………………………（101）

第6章 财政支出对产业结构升级的影响：基于动态效应视角 ……（102）
6.1 引言 ……………………………………………………………（102）
6.2 财政支出影响产业结构升级：基于总量与结构双重视角 ……………………………………………………（103）
6.2.1 动态空间模型设定 ……………………………………（103）
6.2.2 变量选取与数据说明 …………………………………（104）

6.2.3　动态空间面板模型估计结果 …………………… (106)
6.2.4　稳健性检验结果 …………………………………… (109)
6.3　财政支出影响产业结构升级：基于效率视角 ………… (113)
6.3.1　动态面板模型设定 ………………………………… (113)
6.3.2　基于全样本的系统 GMM 估计结果 ………………… (114)
6.3.3　基于分样本的系统 GMM 估计结果 ………………… (115)
6.4　本章小结 ……………………………………………… (117)

第7章　财政收入对产业结构升级的影响：基于门槛效应视角 …… (119)
7.1　引言 …………………………………………………… (119)
7.2　实证模型设定与变量选择 ……………………………… (120)
7.2.1　门槛回归模型的设定 ……………………………… (120)
7.2.2　变量选择与数据说明 ……………………………… (121)
7.3　实证检验与结果分析 ………………………………… (124)
7.3.1　变量的平稳性检验 ………………………………… (124)
7.3.2　财政收入总量对产业结构升级的门槛效应估计结果分析 ………………………………………… (125)
7.3.3　财政收入结构对产业结构升级的门槛效应估计结果分析 ………………………………………… (131)
7.3.4　税制结构对产业结构升级的门槛效应估计结果分析 ………………………………………… (136)
7.3.5　具体税类对产业结构升级的门槛效应估计结果分析 ………………………………………… (141)
7.4　本章小结 ……………………………………………… (154)

第8章　主要结论及政策启示 ……………………………… (156)
8.1　主要研究结论 ………………………………………… (156)
8.2　相应的政策启示 ……………………………………… (158)

参考文献 ……………………………………………………… (162)

致　谢 ………………………………………………………… (176)

插图索引

图 1. 1　本书研究技术路线图 …………………………………………（7）
图 4. 1　2000—2014 年财政收入分权 Moran's I 统计值变化趋势图 ………………………………………………………………（48）
图 4. 2　2000—2014 年财政支出分权 Moran's I 统计值变化趋势图 ………………………………………………………………（48）
图 4. 3　2000—2014 年产业结构升级 Moran's I 统计值变化趋势图 ………………………………………………………………（48）
图 4. 4　财政收入分权典型年份 Moran 散点图（基于混合权重矩阵） ………………………………………………………………（49）
图 4. 5　财政支出分权典型年份 Moran 散点图（基于混合权重矩阵） ………………………………………………………………（51）
图 4. 6　产业结构升级典型年份 Moran 散点图（基于混合权重矩阵） ………………………………………………………………（52）
图 4. 7　2000—2014 年间全国财政支出规模走势图 ………………（57）
图 4. 8　典型年份财政支出规模 Kernel 密度函数分布图 …………（58）
图 4. 9　2000—2014 年全国财政支出结构演化趋势图 ……………（59）
图 4. 10　典型年份政府投资性支出 Kernel 密度函数分布图 ………（60）
图 4. 11　典型年份政府消费性支出 Kernel 密度函数分布图 ………（60）
图 4. 12　典型年份政府民生性支出 Kernel 密度函数分布图 ………（61）
图 4. 13　典型年份财政支出效率 Kernel 密度函数分布图 …………（64）
图 4. 14　2000—2014 年间全国产业结构升级指数演化趋势图 ……（65）
图 4. 15　典型年份产业结构升级 Kernel 密度函数分布图 …………（65）
图 4. 16　2000—2014 年东部、中部、西部地区财政收入总量（平均值）分布图…………………………………………………（67）
图 4. 17　2000—2014 年东部、中部、西部地区财政收入总量（平均值）雷达图…………………………………………………（67）
图 4. 18　2000—2014 年东部地区财政收入总量雷达图 ……………（68）
图 4. 19　2000—2014 年中部地区财政收入总量雷达图 ……………（68）
图 4. 20　2000—2014 年西部地区财政收入总量雷达图 ……………（68）
图 4. 21　2000—2014 年东部、中部、西部地区财政收入结构（平均值）

分布图 …………………………………………………………… (69)
图 4.22　2000—2014 年东部、中部、西部地区财政收入结构（平均值）雷达图 …………………………………………………………… (69)
图 4.23　2000—2014 年间东部地区财政收入结构雷达图 ………… (70)
图 4.24　2000—2014 年中部地区财政收入结构雷达图 …………… (70)
图 4.25　2000—2014 年西部地区财政收入结构雷达图 …………… (71)
图 4.26　2000—2014 年东部、中部、西部地区税制结构（平均值）分布图 …………………………………………………………… (72)
图 4.27　2000—2014 年东部、中部、西部地区税制结构（平均值）雷达图 …………………………………………………………… (72)
图 4.28　2000—2014 年东部地区税制结构雷达图 ………………… (73)
图 4.29　2000—2014 年中部地区税制结构雷达图 ………………… (73)
图 4.30　2000—2014 年西部地区税制结构雷达图 ………………… (73)
图 4.31　2000—2014 年东部、中部、西部地区货劳税（平均值）分布图 …………………………………………………………… (74)
图 4.32　2000—2014 年东部、中部、西部地区货劳税（平均值）雷达图 …………………………………………………………… (74)
图 4.33　2000—2014 年东部地区货劳税雷达图 …………………… (75)
图 4.34　2000—2014 年中部地区货劳税雷达图 …………………… (75)
图 4.35　2000—2014 年西部地区货劳税雷达图 …………………… (76)
图 4.36　2000—2014 年东部、中部、西部地区所得税（平均值）分布图 …………………………………………………………… (76)
图 4.37　2000—2014 年东部、中部、西部地区所得税（平均值）雷达图 …………………………………………………………… (76)
图 4.38　2000—2014 年东部地区所得税雷达图 …………………… (77)
图 4.39　2000—2014 年中部地区所得税雷达图 …………………… (77)
图 4.40　2000—2014 年西部地区所得税雷达图 …………………… (78)
图 4.41　2000—2014 年东部、中部、西部地区财产税（平均值）分布图 …………………………………………………………… (78)
图 4.42　2000—2014 年东部、中部、西部地区财产税（平均值）雷达图 …………………………………………………………… (79)
图 4.43　2000—2014 年东部地区财产税雷达图 …………………… (79)
图 4.44　2000—2014 年中部地区财产税雷达图 …………………… (79)
图 4.45　2000—2014 年西部地区财产税雷达图 …………………… (80)

图 4.46 2000—2014 年东部、中部、西部地区产业结构升级（平均值）分布图……………………………………………………（80）
图 4.47 2000—2014 年东部、中部、西部地区产业结构升级（平均值）雷达图……………………………………………………（81）
图 4.48 2000—2014 年东部地区产业结构升级雷达图 ………………（81）
图 4.49 2000—2014 年中部地区产业结构升级雷达图 ………………（82）
图 4.50 2000—2014 年西部地区产业结构升级雷达图 ………………（82）
图 5.1 财政收入分权估计系数 Moran 散点图 …………………………（98）
图 5.2 财政支出分权估计系数 Moran 散点图 …………………………（99）
图 7.1 财政收入总量对产业结构升级的门槛估计值搜索结果（以经济发展水平为门槛变量） ………………………………（126）
图 7.2 财政收入总量对产业结构升级的门槛估计值搜索结果（以人力资本指数为门槛变量） ………………………………（128）
图 7.3 财政收入结构对产业结构升级的门槛估计值搜索结果（以经济发展水平为门槛变量） ………………………………（132）
图 7.4 财政收入结构对产业结构升级的门槛估计值搜索结果（以人力资本指数为门槛变量） ………………………………（133）
图 7.5 税制结构对产业结构升级的门槛估计值搜索结果（以经济发展水平为门槛变量） ………………………………（137）
图 7.6 税制结构对产业结构升级的门槛估计值搜索结果（以人力资本指数为门槛变量） ………………………………（138）
图 7.7 货劳税对产业结构升级的门槛估计值搜索结果（以经济发展水平为门槛变量） ………………………………（143）
图 7.8 货劳税对产业结构升级的门槛估计值搜索结果（以人力资本指数为门槛变量） ………………………………（144）
图 7.9 所得税对产业结构升级的门槛估计值搜索结果（以经济发展水平为门槛变量） ………………………………（145）
图 7.10 所得税对产业结构升级的门槛估计值搜索结果（以人力资本指数为门槛变量） ………………………………（147）
图 7.11 财产税对产业结构升级的门槛估计值搜索结果（以经济发展水平为门槛变量） ………………………………（148）
图 7.12 财产税对产业结构升级的门槛估计值搜索结果（以人力资本指数为门槛变量） ………………………………（149）

附表索引

表4.1　2000—2014年财政收入分权 Moran's I 指数表 ……………… (46)
表4.2　2000—2014年财政支出分权 Moran's I 指数表 ……………… (46)
表4.3　2000—2014年产业结构升级 Moran's I 指数表 ……………… (47)
表4.4　财政收入分权 Moran 散点图对应的地区分类表
（基于混合权重矩阵） ………………………………………… (50)
表4.5　财政支出分权 Moran 散点图对应的地区分类表
（基于混合权重矩阵） ………………………………………… (51)
表4.6　产业结构升级 Moran 散点图对应的地区分类表
（基于混合权重矩阵） ………………………………………… (53)
表4.7　中国省区财政分权与产业结构升级 Moran 散点的空间跃迁
(2000—2014) ………………………………………………… (54)
表4.8　财政支出效率投入产出指标说明表 ……………………… (63)
表5.1　变量的定义与度量 ………………………………………… (86)
表5.2　2000—2014年间中国31个省区面板数据的描述性统计 … (87)
表5.3　财政分权对产业结构升级的空间溢出效应估计结果 ……… (88)
表5.4　SDM 模型直接效应、间接效应和总体效应分解 …………… (90)
表5.5　OLS 估计结果 ……………………………………………… (95)
表5.6　GWR 与 OLS 估计模型的检验结果比较 ………………… (95)
表5.7　GWR 回归模型分位估计结果 ……………………………… (96)
表5.8　GWR 模型参数检验 ………………………………………… (97)
表5.9　GWR 估计系数 Moran's I 统计值 ………………………… (97)
表6.1　变量的定义与度量 ………………………………………… (104)
表6.2　动态空间面板估计结果（基于混合权重矩阵） …………… (106)
表6.3　动态空间面板估计结果（基于邻接权重矩阵） …………… (109)
表6.4　动态空间面板估计结果（基于地理权重矩阵） …………… (110)
表6.5　动态空间面板估计结果（基于经济权重矩阵） …………… (111)
表6.6　动态面板模型的系统 GMM 估计结果（基于全样本） …… (114)
表6.7　动态面板模型的系统 GMM 估计结果（基于区域样本） … (116)
表7.1　变量的定义与度量 ………………………………………… (122)
表7.2　变量的描述性统计 ………………………………………… (123)

表7.3　面板数据主要变量的单位根检验 ……………………………… (124)
表7.4　财政收入总量的面板门槛估计的显著性检验和置信区间 … (125)
表7.5　各年度越过门槛值的省区统计（财政收入总量—经济发展水平） ……………………………………………………………………… (127)
表7.6　各年度越过门槛值的省区统计（财政收入总量—人力资本指数） ……………………………………………………………………… (128)
表7.7　财政收入总量对产业结构升级的面板门槛回归参数估计结果 ……………………………………………………………………… (129)
表7.8　财政收入结构的面板门槛估计的显著性检验和置信区间 … (131)
表7.9　各年度越过门槛值的省区统计（财政收入结构—人力资本指数） ……………………………………………………………………… (134)
表7.10　财政收入结构对产业结构升级的面板门槛回归参数估计结果 ……………………………………………………………………… (134)
表7.11　税制结构的面板门槛估计的显著性检验和置信区间……… (136)
表7.12　各年度越过门槛值的省区统计（税制结构—人力资本指数） ……………………………………………………………………… (139)
表7.13　税制结构对产业结构升级的面板门槛回归参数估计结果 ……………………………………………………………………… (139)
表7.14　具体税类的面板门槛估计的显著性检验和置信区间……… (141)
表7.15　各年度越过门槛值的省区统计（货劳税—人力资本指数） ……………………………………………………………………… (144)
表7.16　各年度越过门槛值的省区统计（所得税—经济发展水平） ……………………………………………………………………… (146)
表7.17　各年度越过门槛值的省区统计（所得税—人力资本指数） ……………………………………………………………………… (147)
表7.18　货劳税对产业结构升级的面板门槛回归参数估计结果…… (150)
表7.19　所得税对产业结构升级的面板门槛回归参数估计结果…… (151)
表7.20　财产税对产业结构升级的面板门槛回归参数估计结果…… (152)

第1章

绪　论

1.1 研究背景及意义

1.1.1　研究背景

本书选题来源于教育部人文社科青年基金项目“政治关系网络下二维环保财政支出竞争影响生态环境的溢出效应及矫正机制设计研究”（项目编号：19YJCZH055）、湖南省哲学社会科学基金基地项目“生态文明视域下财税政策对绿色产业发展的影响机制及空间溢出效应研究”（项目编号：17JD09）和湖南省自然科学基金青年项目“政治关系网络下地方财政策略性竞争对产业绿色转型的影响研究”（项目编号：2019JJ50020）。本书紧扣“经济新常态下财税政策影响我国产业结构升级的机制与效应”这一主题，结合当前全面深化财税体制改革、推进供给侧结构性改革以及新型制造体系和产业新体系建设的宏观背景，试图从财政分权制度背景层面、财政支出“规模—结构—效率”三维机制层面以及财政收入总量与结构层面探寻促进产业结构调整与转型升级的有效途径，从而为顺利实现经济发展方式的可持续转变提供依据。

产业结构是劳动力、资本、技术、信息等生产要素组合共同作用产生的有序状态和系统工程，其调整与演变的实质是这些生产要素在不同产业部门之间流动、积累和重新配置，最终实现产业生产效率的提高。政府调整产业结构即指在充分发挥市场机制决定性作用的基础上，按照“拾遗补缺”的原则综合运用经济、行政和法律等手段鼓励或限制生产要素向某些产业流动，通过生产要素在不同产业间的合理配置促进产业结构向高技术化、高知识化、高资本密集化和高附加值化发展，最终实现产业结构的优化与升级。具体到一国产业结构调整过程中，由于财税政策是政府实施宏观调控的主要手段之一，其调控思路、政策设计以及实施方式将直接影响产业结构的调整效果，使得财税政策在产业发展过程中扮演日益重要的角色。一方面，依靠财政制度安排与政策工具对产业结构调整发挥着“区位定向诱导”作用，促进各种资源要素在产业间与地区间的配置、流动、扩散与溢出效应，并进一步推动产业结构升级的发展模式取得一定的成就；另一方面，财税政策会影响地方政府财政资源充裕程度及地方政府行为，过多或不当的地方政府干预会导致企业创新主体地位的丧失、区域产业布局同构化和恶性竞争愈发严重、产业转型速度与进程在区域间的差距日益扩大等问题的出现。

运用财税政策推进产业发展，实现产业结构调整与转型升级，提升产业整体素质，着力构建现代产业新体系，是我国当前宏观调控的必然选择。作为经济赶超模式的产物，我国现有产业结构尽管与快速做大经济总量的目标相适应，但同时又出现了增长粗放、结构不合理、部分行业产能过剩、区域产业布局同构化现象严重等突出问题，这决定了我国目前运用财税政策对产业发展进行宏观调控任务的紧迫性、艰巨性与长期性。为了加快产业结构的转型升级，我国是使用财税政策比较多的国家，无论是在财政支出政策上还是税收优惠政策上，无论是在国家层面还是地方层面，政府都出台了大量的财税政策措施。但是，我国财税政策与产业发展之间的关系还比较弱，大量的财税政策还没有收到预期效果，产业结构演变速度不够理想，部分产业如机械、汽车、电子、化工等行业国际竞争力还较弱；产业组织效率不高，一些规模经济显著的行业如化工、化纤、有色金属的集中度不高；高技术产业科技成果转化能力有待提高；产业间空间组织的专业化程度较低，分工效益还不明显。那么，如何提高财税政策在产业结构升级中的有效性；如何加强财税政策与产业政策的协调性；如何通过预调微调机制实现财税政策引导产业结构升级的针对性、灵活性与前瞻性；如何加强财税政策的运行管理，构建合理有效的“产业—区域”利益共同体，形成市场、政府、产业、企业“四位一体”的发展格局，这都是我们在运用财税政策来加快实现产业结构升级目标的过程中无法回避的现实问题。因此，重新审视财税政策在地区产业结构调整与转型发展中的作用效应，研究如何通过优化财税政策工具来提高产业结构升级速度、促进区域产业均衡发展，对于实现我国区域经济协调发展具有重要意义。

1.1.2 研究意义

把握当前经济结构调整与产业发展大趋势，努力协调财税政策与产业结构升级问题已成为各级政府面临的严峻而又现实的问题。尽管我国在引导产业发展与宏观调控中的财税政策运用有了很长一段时期，积累了较为丰富的经验，但问题仍较为突出，首先是我国财税政策的出台相当一部分都是基于经验的判断，缺乏相应的理论支持；其次是对于财税调控产业结构升级的相关政策实施所可能带来的经济效应，缺少事前定量测度与评估，前瞻性相对不足；再次是产业结构升级环境发生变化而财税政策变化相对滞后，财税政策调整缺乏一种内在的、动态的机制，主要依赖于事后非连续性调整，政策波动性较强，政策成本代价较高；最后就是财税政策运行中缺乏科学的管理方法，引致政策的运行可能与预定的产业结构升级目标发生偏离。因此，有必要建立理论性的指导框架来研究以下问题：财税政策与产业结构升级之间是否存在关联？如何关联？目前我们如何通过财政制度、体制和政策的变革来带动我国产业结构的均衡发展和转型升级？这些都是非常值得研究的课题。鉴于现有理论和实证研究对财税政策影响产业结构升级的作用机制与效应无法提供全面的解释，本书结合空间计量模型、动态空间模型、动态面板模型和门槛回归模型等研究方法，试图从财政分权制度背景层面、财政支出“规模—结构—效率”三维机制层面、财政收入总量与结构层面对财税政策影响产业结构升级的机制与效应提供合理的解释，其理论和现实意义主要表现为：

1. 理论意义。

首先，作为一种重要的国家制度安排，财税政策不仅制约着政府财政收支规模，也影响到相关市场主体行为、企业的成本收益和价值预期等，对相关主体有关产业结构升级的行为形成有效的激励与约束，从而深刻地影响产业结构升级进程的推进。因此，在充分考虑到现行财税政策设计、运行和管理特点的基础上，从我国最新财税政策的实施与管理实践中凝练具有一定普适意义的科学问题，为提高财税政策产业宏观调控有效性的实现机制构筑研究基础具有极其重要的理论价值。

其次，通过理论机制的刻画，反映预调微调机制下财税政策调控产业发展的传导机理，揭示财税政策干预产业结构调整和升级的全过程，试图打开财税政策调控产业结构升级传导路径的“黑箱”，为制定和完善与产业结构升级目标相适应的财税政策体系建立一个理论基础。

最后，本书运用空间计量方法全面分析我国产业结构升级的空间集群特征及其演化规律，并分别从收入分权和支出分权两个维度探讨财政分权的产业效应并将其纳入空间计量模型，深入考察财政分权体制下政府的角色、地位对当地产业结构的影响及其在跨区域产业协调发展中所起的作用。这一研究将对空间财政理论的建立和发展奠定基础，也为经济地理学、空间经济学、产业经济学以及财政学等学科的交叉结合提供理论依据。

2. 现实意义。

首先，本书将空间数据分析技术与财政收支分权、产业结构升级指标相结合，直观显示了地理区位和地区间的空间交互作用对财政资源、产业要素的分布影响。这一研究突破了传统经济学分析缺乏个体交互作用分析和空间维度分析的局限，可以更准确地理解和把握财政分权体制与产业结构升级“局域俱乐部”两者之间的内在联系，并为打破区域分割、加强跨区域产业合作、实行“富邻”的产业支持政策提供理论支持和参考依据。

其次，本书试图从财政支出规模、结构与效率的角度对产业结构升级提出一个较为系统的三维解释机制。本书认为，产业结构升级是一种具备调整惯性的动态系统过程；由于政策方向、程度、周期和时滞等方面因素的影响，不同类型的财政支出项目对产业结构升级的作用效应呈现出显著的差异性；财政支出效率在全国总体层面和区域层面对产业结构升级的影响效应亦呈现出一定程度的异质性。这一研究为准确理解从促进产业结构升级的角度来把握财政支出规模合理、结构平衡与效率优化提供理论支持和政策依据。

再次，本书采用门槛回归模型来测度财政收入总量与结构在分别以经济发展水平和人力资本水平为第三方外部条件下对产业结构升级的门槛效应。参数异质性假设条件下的实证结果揭示出财政收入政策影响产业结构升级的非均衡和非线性特征，为我国未来财税体制改革的方向选择提供了思路。

最后，推动产业结构升级是优化资源配置、提升区域创新能力、培育新的经济增长动力源的有效途径，这对于制定和运用相关财税政策来促进产业结构持续、快速、健康调整与升级，并实现国民经济发展模式的重大转变具有非常重要的现实意义。一是有利于实现财税政策手段在产业结构升级中机制化，充分发挥财税政策的引导作用，确保财税政策在产业结构升级过程中的有效性；二是有利于实现财税政策与产业发展的协调，充分发挥财税政策的合力作用；三是有利于强化财税政策管理，合理防范财税政策设计、运用与执行中可能出现的偏差与风险，保障财税政策有效运行；四是有利于优化财税政策决策机制，实现财税政策作用方向、作用点和作用力度选择与产业宏观调控目标相协调。

1.2 研究思路、内容框架及研究方法

1.2.1 研究思路

本书紧扣“财税政策与产业发展”这一传统研究课题，基于当前我国产业结构升级过程中所显示的空间集群特征、动态演变特征和区域异质特征，试图将财税政策纳入产业发展理论分析框架中来，并进一步从财政分权制度背景层面、财政支出“规模—结构—效率”三维机制层面、财政收入总量与结构层面对财税政策影响产业结构升级的机制与效应提供合理的解释。本书主要回答了以下研究问题：首先，在资源要素跨区域流动日益加快和区域一体化日益深化的背景下，产业结构升级是否存在空间集群现象？作为产业发展环境中的一个重要制度背景，财政分权制度安排是否会引致产业结构升级的空间溢出效应？其次，产业结构升级过程是否具备动态调整特征？财政支出规模、结构与效率如何影响产业结构升级？再次，财政收入总量与结构在不同的发展阶段或区域环境对产业结构升级的作用效应是否会存在显著的门槛非线性效应？最后，如何形成“市场—政府—产业—企业”四位一体的财税支持政策新格局来推动产业结构升级？

基于以上问题，本书在对现有相关文献进行系统梳理的基础上，首先，从空间溢出效应视角出发，基于2000—2014年中国省级面板数据，将反映地区相似性的邻接权重矩阵、地理权重矩阵、经济权重矩阵和混合权重矩阵引入SDM模型（Spatial Durbin Model，空间杜宾模型），分别考察了财政收入分权和支出分权对产业结构升级的空间溢出效应以及由此引致的策略性竞争效应。其次，从空间异质性视角出发，利用GWR模型（Geographically Weighted Regression，地理加权回归）进一步考察财政收入分权

和支出分权对产业结构升级的空间交互作用和影响差异，进而采用 LISA（Local Indicators of Spatial Association，局域空间自相关统计）分析方法对 GWR 模型估计系数的空间关联模式进行测度。再次，进一步以财政支出在产业结构升级过程中的动态效应为关键，基于 2000—2014 年中国省级面板数据，分别采用动态空间模型和动态系统 GMM 模型实证检验财政支出规模、结构与效率对产业结构升级的动态影响效应。最后，运用门槛估计方法，分别考察财政收入总量和结构在以经济发展水平和人力资本水平为第三方外部因素条件下对产业结构升级的门槛非线性效应。整篇内容严格遵循“提出问题—理论分析—现状考察—实证检验—政策启示”的分析思路，同时采用理论建模与实证分析相结合的方法，从财政分权制度背景层面、财政支出“规模—结构—效率”三维机制层面、财政收入总量与结构层面多维度、多视角分析财税政策与产业结构升级的内在联系，探寻如何平衡政府、市场、产业与企业的关系。本书的基本研究思路如图 1.1 所示。

1.2.2　内容框架

根据以上研究思路及重点要解决的问题，整篇内容共分为 8 大章节。其中，第 1 章为绪论；第 2 章为“财税政策与产业结构升级的相关研究进展”；第 3 章为“财税政策影响产业结构升级的理论机制”；第 4 章为“财税政策作用下我国产业结构升级的特征”；第 5 章为“财政分权对产业结构升级的影响：基于空间效应视角”；第 6 章为“财政支出对产业结构升级的影响：基于动态效应视角”；第 7 章为“财政收入对产业结构升级的影响：基于门槛效应视角”；第 8 章为主要结论及政策启示。具体安排如下：

第 1 章绪论。该章介绍了本书的研究背景和研究意义，详细阐述了本书的研究思路、内容框架及研究方法，并据此指出本书的创新点。

第 2 章财税政策与产业结构升级的相关研究进展。该章分别从“关于产业发展中的政府角色及其政策有效性研究”、“财税政策与产业结构调整的相关研究”、“财政分权与产业结构升级的相关研究”、“财政支出与产业结构升级的相关研究”、“税收政策与产业结构升级的相关研究”等方面详细地总结当前关于财税政策与产业结构升级的相关文献，并在吸收和借鉴其合理部分的基础上分析现有研究的不足，据此提出简要的总结性研究评述。

第 3 章财税政策影响产业结构升级的理论机制。该章具体阐述了财政分权、财政支出与财政收入影响产业结构升级的作用机制。

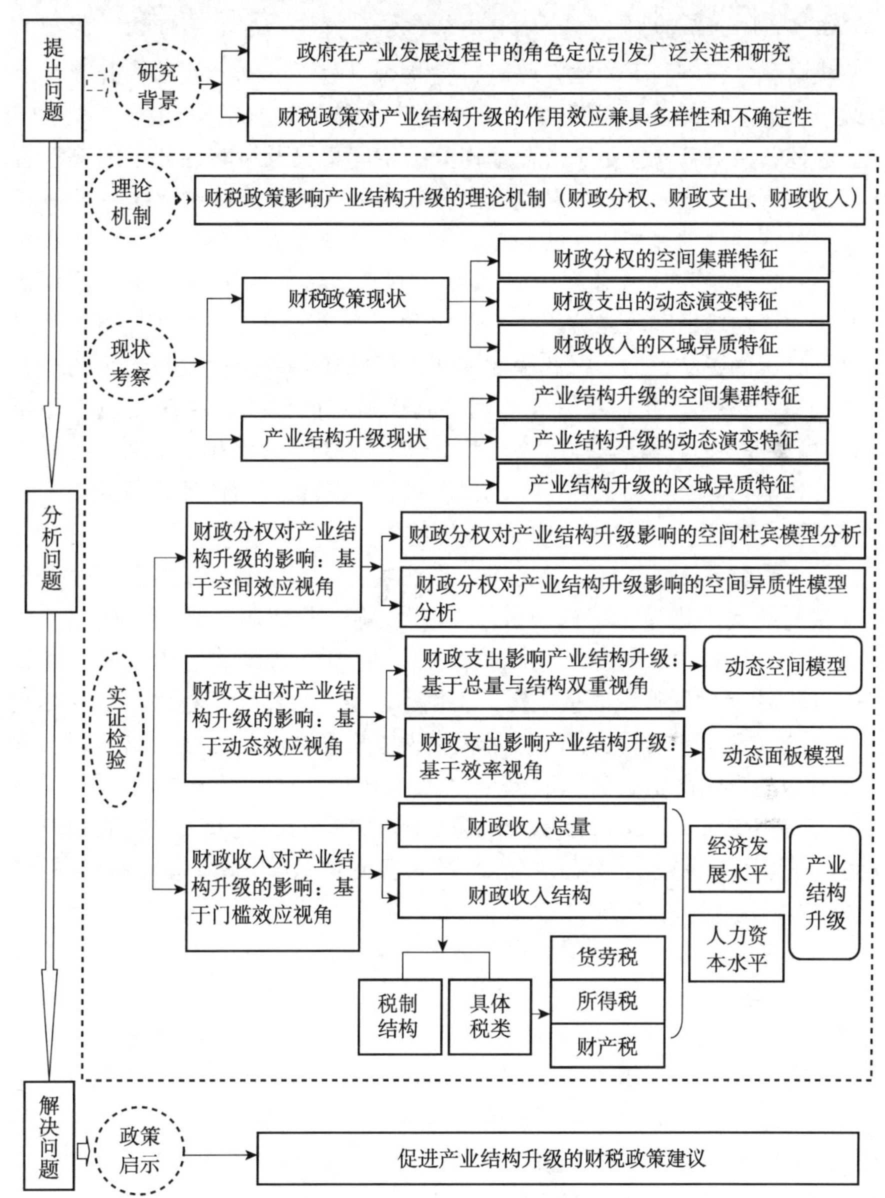

图1.1　本书研究技术路线图

第4章财税政策作用下我国产业结构升级的特征。该章分别从财政分权与产业结构升级的空间集群特征、财政支出与产业结构升级的动态演变特征、财政收入与产业结构升级的区域异质特征三个方面对财税政策作用下我国产业结构升级的特征进行了细致描述。

第5章财政分权对产业结构升级的影响：基于空间效应视角。该章重点解决财政分权体制下的地方政府行为是否显著影响到产业结构升级？地方政府行为下的策略性竞争是否会加剧产业结构调整的空间外溢这一问题。为此，该章首先立足于产业结构升级空间集聚及策略性竞争的典型事实，试图将财政收入分权、财政支出分权与产业结构升级纳入统一的研究框架，并将反映地区相似性的邻接权重矩阵、地理权重矩阵、经济权重矩阵和混合权重矩阵分别引入SDM模型，基于2000—2014年中国省级面板数据，实证检验财政收支分权对本地区及相邻地区或经济属性相似地区产业结构升级的影响效应，据此探讨相邻地区间或经济属性相似地区间产业结构调整策略性竞争与模仿的成因。其次从空间异质性视角出发，利用GWR模型进一步考察财政收入分权和支出分权对产业结构升级的空间交互作用和影响差异，进而采用LISA分析方法对GWR模型估计系数的空间关联模式进行测度。

第6章财政支出对产业结构升级的影响：基于动态效应视角。该章重点解决财政支出规模、结构与效率如何影响产业结构升级这一问题。为此，首先，以财政支出在产业结构升级过程中的动态效应为关键，基于2000—2014年中国省级面板数据，利用动态空间模型实证检验财政支出规模与结构（政府投资性支出、政府消费性支出和政府民生性支出）对产业结构升级的影响效应；其次，基于财政支出的各项投入产出指标，采用SBM模型（Slacks Based Measure，基于松弛变量的测度方法）对财政支出效率进行测度，并运用动态系统GMM模型对财政支出效率影响产业结构升级的动态效应进行实证检验。

第7章财政收入对产业结构升级的影响：基于门槛效应视角。该章重点解决财政收入总量与结构在分别以经济发展水平和人力资本水平为第三方外部因素约束条件下对产业结构升级的作用效应呈现何种特征这一问题。该章基于2000—2014年中国省级面板数据，运用门槛回归模型依次对财政收入总量、财政收入结构、税制结构、具体税类（货物与劳务税、所得税、财产税）在分别以经济发展水平和人力资本水平为第三方外部因素约束条件下对产业结构升级的门槛非线性效应进行实证检验和参数估计。

第8章是本书的主要研究结论及相关政策启示。该章内容是对第3章、第4章、第5章、第6章和第7章主要研究结论的总结，同时基于现有的研究结论提出相应的政策建议。

1.2.3 研究方法

本书主要运用的研究方法有：

1. 探索性空间数据分析方法。将财政分权与产业结构升级的空间集群特征分析与探索性空间数据分析进行有效结合，是本书最关键的研究方法和技术手段之一。在第4章研究内容中，为了测度财政分权与产业结构升级的空间集聚程度，运用Moran's I指数（莫兰指数）及其散点图对此进行研究，并进一步采用局域空间关联指标LISA集群分析图及显著性水平来检验分布格局。这一分析技术将传统的统计方法与地理空间信息进行有效结合，直观显示财政收支分权与产业结构升级的空间分布特征及动态跃迁进程，并从局域关联角度对空间集群特征事实进行论证。

2. 空间计量分析方法。在第5章研究内容中，为了准确把握产业结构升级的总体趋势和空间关联特征，并从不同方面反映财政收入分权和支出分权在产业结构升级中的角色及地位，本书将空间计量分析方法作为重要研究方法之一。根据变量之间的交互关系，本书在实证分析中利用了结合SLM（Spatial Lag Model，空间滞后模型）和SEM（Spatial Error Model，空间误差模型）两者特点的SDM模型来准确估算财政收入分权和支出分权对产业结构升级的空间溢出效应的大小和方向，并借助直接效应和间接效应分解方法检验地区间策略性产业结构调整和转型升级的成因。在第6章研究内容中，为了把握和理解财政支出规模与结构对产业结构升级可能存在的空间溢出效应，采用了动态空间模型对其进行实证检验和参数估计。

3. 动态计量分析方法。在第6章研究内容中，基于产业结构升级是一种具有调整惯性的动态系统过程这一特征事实，为了系统测度财政支出规模、结构与效率对产业结构升级的影响效应，分别采用动态空间模型和动态系统GMM模型对其予以检验和估计。

4. 非线性计量分析方法。在第7章研究内容中，运用门槛回归模型依次对财政收入总量、财政收入结构、税制结构和具体税类在分别以经济发展水平和人力资本水平为第三方外部因素条件下对产业结构升级的门槛非线性效应进行实证检验和参数估计。

5. 对比分析研究法。在第5章研究内容中，对比分析了财政分权对产业结构升级分别基于邻接权重矩阵、地理权重矩阵、经济权重矩阵和混合权重矩阵四种空间权重矩阵下的计量估计结果，据此探讨不同权重矩阵下财政分权对产业结构升级的空间溢出效应的大小和方向；在第6章研究内容中，对比分析全国总体范围内以及东部地区、中西部地区财政支出效率对产业结构升级的区域影响差异；在第 7 章研究内容中，对比分析了货物与劳务税（以下简称货劳税）、所得税、财产税分别以经济发展水平和人力资本水平为第三方外部因素条件下的门槛效应异质特征，据此探讨不同税类对产业结构升级的作用差异。

1.3 创新点

本书的创新点具体体现在以下四个方面：

1. 对财税政策与产业结构升级的关系及其影响机制进行了全面系统性研究。目前，国内外一些文献涉及了财税政策对产业结构升级的影响作用，但这些研究一是大致上属定性分析，比较笼统；二是基本上停留在某类政策、某个地区；三是对基于产业结构升级的财税政策建议不够系统、具体、全面。本书在已有研究的基础上，对财税政策与产业结构升级的关系进行了全面、系统、具体的研究，不仅深入揭示了其相互关系的内在机理，而且利用相关数据进行了实证检验和参数估计，拓展和充实了有关产业结构升级和财税理论与政策的研究。

2. 从财政分权这一制度背景出发，以地方政府在产业结构升级过程中的策略互动为关键，采用空间计量模型全面考察了经济发展和政治晋升双重激励下的地方政府策略性竞争对产业结构升级的空间溢出效应。首先，为了体现地方政府间的策略性竞争特征，本书在具体实证过程中分别设定了邻接权重矩阵、地理权重矩阵、经济权重矩阵、混合权重矩阵四种空间权重矩阵来反映不同空间关联范围，并根据 SDM 模型估计系数符号和显著程度有效识别财政收入分权和支出分权在地区内和地区间的空间溢出效应，并借助直接效应和间接效应分解方法检验地区间产业结构升级是否存在溢出效应，据此科学识别产业结构升级的攀比效应和竞争效应的大小及成因。其次，从空间异质性视角出发，利用 GWR 模型进一步考察财政收入分权和支出分权对产业结构升级的空间交互作用和影响差异，进而采用 LISA 分析方法对 GWR 模型估计系数的空间关联模式进行测度，考察不同空间交互模式下的财政收支分权对产业结构升级的影响差异。这一研究进一步丰富了中国地方政府围绕财政资源和政治激励展开产业竞争的分析框架，也为基层行政管理体制改革和政府职能转变提供了经验证据。

3. 与以往研究财政支出与产业结构升级的文献不同，本书从产业结构升级的动态调整特征出发，着重探讨了财政支出“规模—结构—效率”三维机制与产业结构升级的互动成因，为理解财政支出在产业结构升级过程中的角色和地位提供了一个更为全面的研究视角。具体研究中，首先，采用动态空间模型具体分析财政支出规模和结构（政府投资性支出、政府消费性支出和政府民生性支出）对产业结构升级的影响效应；其次，基于财政支出投入产出指标，采用SBM模型对财政支出效率进行细致测度，进而采用动态系统GMM模型对财政支出效率影响产业结构升级的动态效应进行实证检验和参数估计。

4. 其他研究者的实证分析大多建立在线性相关和参数同质性的假设前提下，对产业结构升级的总体情况和线性发展进行整体宏观把握，较少涉及在不同发展阶段或不同区域环境下，经济发展水平和人力资本水平等第三方外部因素具有异质性的前提下，财政收入总量和结构对各区域产业结构升级的影响有何差异性。本书将研究视角聚焦在财政收入对产业结构升级的非线性影响效应层面，采用门槛回归模型阐释财政收入总量、财政收入结构、税制结构和具体税类（货劳税、所得税和财产税）影响产业结构升级的门槛非线性效应。

第2章

财税政策与产业结构升级的相关研究进展

产业结构升级实质上是资本、劳动、技术、信息与政策等要素在不同产业间流动，使得要素配置效率和产业生产效率不断提高的作用过程和结果。财税政策影响产业结构升级的作用机制主要表现为：政府利用财政收支规模变动和结构调整来影响生产要素在各部门的积累和重新配置，进而影响相关产业的生产供给结构和消费需求结构，并进一步引导不同产业之间的相对替代和变迁，最终实现产业结构升级进程的持续推进。

关于财税政策与产业结构升级的研究主要集中在以下几个方面：一是关于产业发展中的政府角色及其政策有效性研究；二是财税政策与产业结构调整的相关研究，主要对财税政策影响产业结构调整的作用机制和影响效应进行大量的理论分析和实证检验；三是财政分权与产业结构升级的相关研究，主要探讨财政分权体制下的地方政府行为对产业结构调整和转型升级的影响机制与效应；四是财政支出与产业结构升级的相关研究，主要侧重于从总量、结构和区域层面对财政支出作用于产业结构升级的机理与影响效应进行分析；五是税收政策与产业结构升级的相关研究，主要考察税收制度、税制结构和具体税种与产业结构升级之间的关系。本章将对上述中外研究文献进行系统回顾，并据此提出文献评述。

2.1 关于产业发展中的政府角色及其政策有效性研究

学术界对于政府是否应对产业发展实施政策干预的认识和态度存在较大分歧，大体存在“赞同干预”、“反对干预”和“有条件干预”三种观点，并主要以日韩、拉丁美洲等国家为案例对政府政策的有效性进行检验，并给出相应证据支持。一是赞同政府的产业干预。沃格尔（1985）[1]、佐贯利雄（1988）[2]和南亮进（1992）[3]等以日本为研究案例，指出日本当时的问题在于产业结构的后进性，完全依靠市场机制，不可能改变自己的比较劣势，需要通过政府的积极干预手段，主动推进产业结构的调整升级。Richard Luedde - Neurath（1986）[4]、SaKong（1987）[5]和 Amsden（1989）[6]研究发现，日本、韩国等国家在经济发展上取得成功很大程度上要归功于政府产业政策的实施。二是反对政府的产业干预。持反对观点者主要认为政府干预会影响市场机制正常发挥作用，导致价格信号紊乱，扭曲资源配置方向，造成政策低效或无效。Krueger & B. Tuncer（1980）[7]根据土耳其各产业的横截面资料比较研究了各部门全要素生产率的增长率，结论是：没有发现受到较多保护的产业全要素生产率的增长率整体高于受到较少保护的产业，其原因是早期的经济发展理论存在暗含的信息充分、政策无成本等不现实的假设。Beason & Weinstein（1996）[8]考察了日本产业政策对部门全要素生产率增长的影响效应，没有发现税收、补贴等优惠政策（以税收、补贴和有效保护比来衡量）会增加目标部门的规模收益，或者对目标部门资本积累率或全要素生产率的增长率有贡献的证据。Lee（1996）[9]采用类似方法对韩国产业进行研究，也得出了相一致的结论。Lawrence & Weinstein（1999）[10]同样以日本和韩国为案例进行扩展研究，发现不同政策手段效果不同，即差别的公司税率对部门全要素生产率的增长率有显著影响，而直接补贴和补贴贷款对部门全要素生产率的增长率没有影响。三是持有条件干预观点，即认为产业政策的有效性发挥是有条件的。Tetsuji Okazaki（1996）[11]对日本战后经济恢复时期的政企关系进行了研究，认为只有在政府与企业对政策目标达成共识、信息对称以及政府有力的制度保证同时具备时，产业政策才会有效。青木昌彦等（1998）[12]通过对日本、韩国石化产业的案例进行研究分析，发现要实现政策的有效性，必须要求政府通过精心设计制度来减少信息问题的干扰。

国内学者围绕政府的产业干预及其政策有效性也进行了系列研究。江小涓（1993）[13]通过比较分析欧美发达国家以及拉美、亚洲地区国家的产业政策实践，指出了产业政策成功、无效或效果不明显的原因，并深入分析了我国不同行业、不同时期的产业政策绩效。汪同三和齐建国（1996）[14]、郭克莎（1998）[15]运用计量经济模型研究并测算了产业政策对经济增长的影响效应。黄卫来（1999）[16]则运用CGE模型（可计算一般均衡模型）对高技术产业政策的效果进行了分析。

2.2 财税政策与产业结构调整的相关研究

财税政策形成的利益分配机制会对地方政府行为产生影响，并由此对产业结构调整产生影响（姚金武，2010）[17]。以欧美为代表的外国学者主要基于财税政策的产业效应展开研究，从中反映出财税政策对某一产业或行业的影响，从而揭示财税政策的效果或有效性。Ganley & Salmon（1997）[18]选取英国24个产业部门，使用VAR模型（向量自回归模型）分析财政货币政策的产业效应，实证研究表明财政政策的传导过程存在非对称的产业效应。Hayo & Uhlenbrock（1999）[19]采用同样的方法，实证分析了德国制造业和采矿业中的子部门，得出了类似结论。Alam & Waheed（2006）[20]以巴基斯坦的7个产业部门为研究对象，采用VAR模型分析财税政策对产业结构的影响，实证结果证明财税政策存在非对称的产业效应。国内学者关于财税政策与产业结构调整的相关研究，主要集中在财税政策的产业效应（刘溶沧和马拴友，2001[21]；苏明等，2002[22]；郭庆旺和贾俊雪，2006[23]；贾莎，2012[24]；黄显林，2013[25]；刘建民等，2014[26]）以及财政作用于产业结构的理论机制和效应（樊丽明和李齐云，1991[27]；徐徐和余功斌，1992[28]；马拴友，1997[29]；国建业和唐龙生，2001[30]；傅道忠，2004[31]；张晓云，2009[32]；李明，2012[33]；涂晓今，2012[34]；吴淑凤，2013[35]；史卫，2015[36]；胡晓锋，2015[37]）等方面的研究。张斌（2011）[38]运用VAR模型分析我国财税政策对传统产业、新兴产业和落后产业的动态冲击影响，结果显示财政收支政策对新兴产业的影响比较显著，且是中长期有效的；财政支出政策对传统产业和落后产业的影响都比较显著，也是中长期有效的，而财政收入政策对其影响则较弱。张同斌和高铁梅（2012）[39]构建了高新技术产业的CGE模型，考察了财政激励政策和税收优惠政策对高新技术产业发展以及产业结构调整的影响，研究结果显示：财政激励政策比税收优惠政策能够更加有效地促进高新技术产业的产出增长，财税政策的激励作用对于高新技术产业增加值的增长和内部结构的优化都具有积极影响，并且税收优惠政策的效果更为显著。

关于财税政策对产业结构调整的作用效果，主要有三种观点：一是“促进论”，认为财税政策对产业结构调整具有正向促进作用，比如国建业和唐龙生（2001）[30]从理论上分析了财政政策在促进产业结构调整方面的有效性，而 Darrat（1999）[40]和 Wahab（2010）[41]则认为税收的差别化税率与累进制、补贴和财政支出的倾斜性均有利于实现产业结构的调整升级。郭晔和赖章福（2010[42]，2011[43]）利用面板数据模型进行实证研究，发现财政政策具有显著的产业结构调整效应。唐松等（2010）[44]认为公共财政发挥了示范、辐射和带动作用，为我国产业结构调整发挥了重要作用。张同斌和高铁梅（2012）[39]基于 CGE 模型模拟并考察了财政激励政策和税收优惠政策对高新技术产业发展和产业结构调整的直接影响和间接影响及其方向和程度，发现财税政策的激励作用对于高新技术产业增加值的增长和内部结构的优化都具有积极影响，并且税收优惠政策的效果更为显著。安苑和宋凌云（2016）[45]通过研究发现财政结构性调整显著带动了产业结构调整，并促使产业结构趋向高度化，其主要机制在于财税资源在产业间的差异性配置及其向更加依赖外部融资的产业部门倾斜。二是“抑制论”，认为由于财税政策自身的不完善性导致其对产业结构调整的促进效应有限，甚至具有负向抑制效应。如李新（2006）[46]通过研究认为目前财政在形成合理的产业结构方面的能力十分有限，甚至无形中引发了产业结构的劣化，造成三次产业结构失衡和区域产业结构趋同。Binh et al.（2008）[47]以 26 个 OECD 国家为研究样本，考察财政干预对产业发展的影响，发现市场比财政更有利于产业发展，持此观点的还有 Barakat（2014）[48]。王雪珍（2012）[49]认为财政政策不能有效激励技术创新，并且在企业专业化分工方面引导作用不足，使得其在产业结构调整中的促进作用有限。赵楠和高娜（2014）[50]利用统计方法研究发现财政政策对产业结构升级存在负面效应。三是“不确定性论”，认为政府及其实施的财税政策对产业发展的作用效果受其他影响因素及具体条件的制约，具有一定的不确定性。刘建武（2002）[51]认为政府的预见性和前瞻性政策能够引导资源流向有前途的产业；而如果政府判断失误，不仅将导致资源的大量浪费，而且将错失产业发展机遇。

由于各地区在经济基础、资源禀赋、需求偏好、技术储备等方面存在差异性，财税政策对各地区产业结构调整的作用效果并不一致。林亚楠(2010)[52]对地方财政保护影响区域产业结构差异的作用效应进行理论分析，认为：东部、中部地区地方财政收入对区域产业结构趋异的影响力度不大；而西部地区增加地方财政收入会导致区域产业结构趋同。安苑和宋凌云（2016）[45]的研究结果表明财政结构性调整对产业结构调整幅度的影响存在“西高东低”的地区差异，而对产业结构高度化的影响则主要集中于东部地区。

此外，不同的财税政策工具对产业结构的作用或效应也具有差异性，如胡向婷和张璐（2005）[53]认为政府设置贸易壁垒增加地区间贸易成本，会促进地区间产业结构趋同；政府的投资行为则在整体上促进了地区间产业结构的差异化。张斌（2011）[38]运用VAR模型分析了财政支出政策与收入政策对传统产业、新兴产业和落后产业的动态冲击影响，发现财政支出政策对三种产业的影响均比较显著，且中长期有效，但是财政收入政策仅仅对新兴产业存在显著影响。张斌（2012）[54]基于1999—2010年省级面板数据，实证检验了税制结构和财政支出对产业结构升级的影响效应，结果表明：就资本而言，税收结构和支出结构调整显著影响产出弹性；就劳动而言，税收结构调整显著改善产出弹性，但支出结构调整不显著；就经济总量而言，税收结构调整的影响显著，支出结构调整的影响微弱。柳光强等（2015）[55]基于上市公司的微观数据实证分析了税收优惠和财政补贴对信息技术、新能源产业发展的影响效果，结果表明税收优惠、财政补贴均对信息技术、新能源产业发展具有显著的正影响但差异明显，这种差异既体现在不同产业间，也体现在同一产业内部。王倩（2015）[56]通过构建一个双寡头的古诺博弈模型，分析地方官员在财政支出和税收方面的策略性安排对区域间产业结构的影响，研究认为财政支出的策略效应对于产业同构的影响大于税收的策略效应。康凌翔（2016）[57]以地方政府对企业在新产业上的产出补贴、投入补贴、税收水平等变量来代表地方政府产业政策干预的方式和程度，通过构建模型来分析在地方各种产业政策的干预下企业实施产业转型升级行为的改变以及由此带来产业转型升级的效果。

部分学者的研究则同时考虑了财税政策的区域性效应和不同政策工具作用效果的异质性，例如，郭琪（2011）[58]基于2003—2009年中国东部、中部、西部地区面板数据，利用不变系数模型对产业结构调整中的政策效应进行实证检验，发现各政策工具效应排名依次为：税收政策、信贷政策、支出政策与直接融资政策；在促进产业结构调整中存在金融职能的财政化，且东部地区表现得更为明显。张海星和靳伟凤（2014）[59]通过构建东部、中部、西部地区省级动态面板数据模型，实证检验了 1998—2012 年间我国两轮积极财政政策实施以来地方政府投资与税收对区域产业结构趋同化的影响，结果表明：地方政府物质资本投资和地方税收加剧了区域产业结构趋同，而地方政府人力资本投资则降低了区域产业结构趋同，并对产业结构的优化升级具有正向推动作用；地方政府物质资本投资、人力资本投资和税收等三大财政政策变量对产业结构趋同的影响均具有明显的区域差异性。

还有一些学者重点关注了财税政策对战略性新兴产业、光伏产业、环保服务产业等特定产业的影响。其中，曹燕萍和李恒（2006）[60]认为各国政府都会采取财政行为来弥补私人收益与社会收益间的差额，激励企业研发投入的增加，进而影响到高新技术产业的现实发展进程。吴金光和肖丫苹（2013）[61]基于 2000—2012 年高端电子、生物制药以及信息技术等行业上市企业半年度数据样本，利用回归模型实证检验了财税政策对战略性新兴产业的影响效应。熊勇清（2015）[62]从“供给端”与“需求端”比较视角分析了财政补贴对光伏产业的作用效应，认为现行“供给端”财政补贴方案对于促进光伏产业的发展发挥了积极作用，但也带来了产能非理性扩张、过度依赖出口和国内市场严重滞后等一系列问题，财政补贴应适度偏向“需求端”。朱延福和薛金奇（2015）[63]基于长三角区域 2010—2014 年间季度数据，建立相关回归方程，研究结果表明财政直接投入对环保服务产业季度产值产生正向影响。

“土地财政”作为财税体制改革进程中的重要现象，对地方政府行为以及由此引致的产业结构调整产生了重要影响，从而引发学者的广泛关注和研究。陈志勇和陈莉莉（2011）[64]基于 2000—2009 年省级面板数据，探析了财政体制变迁与“土地财政”以及产业结构调整之间的联系机制，发现税收收入集权效应和土地房产财税收入的分权效应促使我国产业结构中房地产业比重上升；王剑锋等（2014）[65]从历史视角出发，研究发现中国土地财政引发了产业结构失衡；类似研究还有丘海雄（2012）[66]等。

随着时间的推移，关于财税政策与产业结构调整方面的理论研究成果不断涌现，与此同时，相关的实证研究成果也从不同的角度对其进行深入分析。首先，部分学者重点关注了财税政策对产业结构调整的动态效应，如张斌（2011）[67]基于 1980—2009 年经济数据，采用 VAR 模型实证检验了政府支出和税收对产业结构的动态冲击效应。储德银和建克成（2014）[68]基于 2004—2011 年省级面板数据，利用动态面板模型从总量与结构效应双重视角实证考察我国财政政策对产业结构调整的实际影响，结果发现：在总量效应方面，税收政策有利于产业结构调整，而财政支出政策却阻滞产业结构升级；在结构效应方面，政府投资性支出和行政管理支出不利于产业结构调整，但教育支出和科技支出对产业结构调整却存在正向促进作用；所得税与产业结构调整显著正相关，而商品税对产业结构调整的影响虽然为负，但并不显著。陶长琪和刘振（2016）[69]基于我国14个副省级市2007—2013年的样本数据，采用动态模型分别考察财政收支的总量与结构对产业结构升级的影响效应。其次，另外一些研究者则从空间效应视角考察了财税政策对产业发展和结构调整的空间外溢性（刘建民等，2012[70]），比如刘建民等（2013）[71]基于1997—2010年省级面板数据，采用空间计量模型实证检验了财税政策对战略性新兴产业的空间效应。此外，在对财税政策的产业结构调整效应进行实证检验的过程中，大部分学者都是基于参数同质性的假设前提下，却忽略了可能存在的参数异质性和非线性相关的可能。毛军和刘建民（2014）[72]则克服了这一研究缺陷，基于2000—2012年省级面板数据，分别以经济发展水平和居民消费水平为第三方阀值转换条件，采用PSTR模型（面板平滑转换模型）实证检验了财税政策影响产业结构升级的非线性效应。

基于不同角度的理论与实证研究结果，众多研究者从多个层面提出了促进产业结构升级的财税政策建议。例如苏明等（2002）[22]从税收、财政支出、转移支付与公债等方面对三次产业结构调整提出了具体的政策措施。周敏倩（2003）[73]认为，政府运用财政政策支持产业结构优化和升级必须解决两个理论和实践前提：一是财政政策内容和手段的实施要与建立公共财政体制目标相统一；二是要充分利用国债投资与产业结构调整之间的关联性。苑广睿（2004）[74]指出，应根据经济长期增长的总体目标，综合运用各项财政政策工具来促进产业间及产业内部结构不断协调。Hinloopen（2006）[75]则主张为了实现产业结构调整与优化，必须加强财政法律法规的完善和财政收支的平衡。牛慧峰和温馨（2011）[76]认为财政政策作为国家宏观经济的调控手段，应该不断地通过制度创新来积极推动产业结构调整和升级。另有部分学者通过借鉴其他国家的先进经验，提出适用于我国产业结构调整的财税政策建议，例如：张海星和刘德权（2011）[77]通过分析日本和美国政府在产业结构优化升级中的作用，并基于我国产业发展的现实基础，提出推动产业结构优化升级的财政支出和税收政策；李子伦和马君（2014）[78]则梳理了国外政府运用财政支出政策和税收政策扶持科技创新、教育培训和节能减排等方面的经验措施，并基于我国现实情况提出促进产业结构升级的财政政策建议；类似的研究还有戴鹏

(2012)[79]等。王华和龚钰（2013）[80]认为运用财税政策加大科技创新的投入和优惠能够很好地促进产业结构升级。马亚静（2014）[81]认为应根据财税政策的不同着力点以及作用方式制定差异化财税政策，在战略性新兴产业四个生命周期阶段（幼稚产业、主导产业、支柱产业和衰退产业）依次采取财税扶持政策、财税促进政策、财税保护政策以及财税援助政策。张馨艺（2015）[82]基于新常态下产业结构特征，明确了产业结构升级过程中财税政策的基本取向，主要应支持发展现代农业、工业转型升级、新兴服务业和小微企业发展，鼓励资源节约利用、环境保护和增强自主创新能力。

2.3 财政分权与产业结构升级的相关研究

在财政分权体制改革的宏观进程中，中央政府向地方政府分权以及制度规范决定了地方政府的目标和约束，地方政府是中央政府发展地区产业的代理人，是上一级政策的执行者，同时其又是部分地区市场规则的制定者和某种程度上地区市场活动的参与者，这种多重身份使地方政府的决策行为表现出明显的制度特征。各级政府通过与中央政府谈判和博弈，竞相在土地、财税、贸易等方面争取更大的政策空间，一定程度上会影响地方政府的产业发展战略选择，进而对产业转型升级以及产业结构布局带来影响。现有财政分权格局究竟对产业结构升级形成了何种影响，如何通过优化分权结构来加快实现产业结构升级目标，具有重要的研究意义，从而引发国内外学者的广泛关注和思考。

在关于中国财政分权与产业结构升级之间的关联度研究中，部分学者主要关注财政分权体制下地方政府行为对产业发展和结构调整的影响（安苑和王珺，2014[83]）。周飞舟（2006）[84]认为在分税制背景和委托代理条件下，无论从财政收入还是财政支出角度而言，地方政府均倾向于发展能为地方财政创收、提升地方政府绩效以及便于获取寻租收益的产业和行业，比如房地产和建筑行业，这一观点也得到了张芬（2016）[85]的证实，其基于 1999—2010 年中国经济数据，探讨了财政分权对产业结构的影响，研究结果表明：财政分权程度越低，以工业和建筑业为代表的第二产业发展越快。可能的原因是：一方面，在分税制改革背景下，由于大部分企业增值税归中央政府所有，地方政府开始依赖以营业税为代表的其他税种和土地出让收入来获取财源，使得土地开发、房地产、建筑、基础设施建设投资等成为地方财政收入主要来源，而这些行业主要集中在第二产业领域；另一方面，不同产业对地方政府的财政贡献程度并不完全相同，这就导致了地方政府对不同产业的重视和支持力度的不同（郑培，2014[86]）。基于财政资源最大化目的，地方政府将第二产业视为经济建设重点和扶持目标，从而进一步提升了第二产业在产业结构中的占比和增速。张少军和刘志彪（2010）[87]通过构造一个中央政府和地方政府之间的双重任务“委托—代理”模型，从政府治理结构的角度探讨整个经济的市场环境如何改变地方政府的偏好，进而影响其在产业升级和区域协调发展方面的策略选择。研究表明：中国公共组织的分权治理结构在有效激励地方政府产业升级活动的同时，却在激励地方政府实现区域协调发展方面表现得乏善可陈。靳涛和陈栋（2014）[88]基于中国省级面板数据，实证分析地方政府行为影响产业结构协调度的直接效应和间接效应，认为前者由地方政府通过财政支出直接干预地方经济所造成，后者则由地方政府通过影响国有经济从而进一步影响产业结构调整，同时发现这两种影响效应具有地区差异。安苑和王珺（2014）[89]基于1998—2007年的区域和产业数据，采用双重差分方法考察地方政府的财政行为波动性对产业结构升级的影响，研究发现财政行为波动显著抑制产业结构升级，财政行为波动性越大，技术复杂程度更高的产业相对份额下降越多。

大部分学者（杜秋莹，2006[90]；林文，2011[91]；等）倾向于将财政分权作为一个研究视角或者影响因素之一进行分析，对两者间的关系缺乏细致的考察；也有部分学者尝试进行了描述，其中，张少军和刘志彪（2010）[87]、谢永鸿（2011）[92]的研究表明，中国的分权治理结构有效激励了地方政府促进产业升级活动。关于财政分权对产业结构升级的作用效应，学者并未达成一致观点。一是“促进论”，认为财政分权有利于产业结构升级。王燕武和王俊海（2009）[93]通过构建一个不完全信息动态博弈的理论框架，系统阐述了“晋升激励”机制下不同类型的地方政府行为与地区产业结构趋同之间的逻辑关联，并基于1999—2007年省级数据进行实证检验，研究发现地方政府追求财政收益控制权的行为将有利于地区产业结构的差异化。黄显林（2013）[25]基于1997—2010年省级面板数据，探讨财税政策对地区产业结构发展的总体影响效应和地区差异效应，研究发现：财政分权度越高，地方获得的财税政策空间越大，越能促进地区产业结构发展水平的提升。二是“抑制论”，认为财政分权不利于产业结构升级。杜秋莹等（2006）[90]将金融发展与产业结构优化之间的作用机制置于财政分权体制这一背景下，发现由于外部约束与目标函数的差异使得地方政府在金融资源的控制方式、程度上表现出不同的特征，特别是分税制的实施，使面临财政困境的欠发达地区政府加大了对金融部门的干预，从而制约了产业结构效益的提升。周光亮（2012）[94]基于省级面板数据，实证分析了财政分权改革后地方政府投资对产业结构调整的影响，研究结论显示，我国地方政府投资由于处于投资竞争的现实使得其对第二产业的发展过于偏重，而对第三产业的发展推动较小，从而不利于我国产业结构的调整。褚敏和靳涛（2013）[95]认为转型期地方政府对经济的干预以及国有垄断利益集团对经济的控制相结合，即行政垄断是阻碍产业结构升级的重要影响因素。魏福成等（2013）[96]基于新政治经济学视角对产业升级和转型的障碍提出了一个新的机制，研究表明中国式财政分权会阻碍产业升级。刘玉龙等（2014）[97]基于1998—2007年省际面板数据，实证研究了“螺旋式”、“双重”分权体制安排对中国产业结构的影响，研究表明：总体而言，中央政府对地方政府的“纵向”分权对产业结构优化存在显著负效应，而政府对市场的“横向”分权对产业结构优化存在显著正效应。

另外，更多的学者在考察财政分权影响产业结构升级的作用效果时，不再局限于全国总体层面，而开始关注产业结构升级的区域异质性（黄显林，2013[25]；刘玉龙等，2014[97]）。杜秋莹等（2006）[90]、朱轶和吴超林（2010）[98]都分别基于东部、中部、西部地区的面板数据进行研究，分析了财政分权和产业结构优化升级的关系。潘晓川（2012）[99]基于1997—2009年省级面板数据，实证检验了财政分权对三次产业的影响效应，研究发现：由于各级政府在财政资源分配控制权和公共资金安排方式上存在差异，对地区产业结构将会产生异质性影响。刘玉龙等（2014）[97]通过研究认为东部地区的“纵向”分权抑制了产业结构优化升级，而“横向”分权促进了产业结构优化升级；中部地区的“横向”分权和“纵向”分权均不利于产业结构优化升级；西部地区的“纵向”分权抑制了产业结构优化升级，而“横向”分权对产业结构优化作用效果不明显。

在研究财政分权与产业结构升级的关系时，更多学者是基于参数同质性和线性相关的假设前提，却忽视了可能存在的参数异质性和非线性相关的可能。刘建民等（2014）[26]克服了上述研究缺陷，选取2001—2012年间湖南省14个地区（市、州）的面板数据，运用门槛估计方法分别考察了省以下财政收入分权与财政支出分权在以城市化水平与人力资本水平为门槛条件下影响产业转型升级的门槛效应；实证研究表明，在城市化水平与人力资本水平门槛条件下，省以下财政分权与省域内产业转型升级之间存在显著的非线性关系，即财政分权对产业转型升级的影响呈现出阀值转换特征，且收入分权与支出分权在不同的门槛变量下呈现出差异明显的门槛效应。

此外，在考察财政分权对产业结构升级的影响效应时，通常的做法是从支出角度构建财政分权指标，而实际上只有同时从收入分权和支出分权两个维度进行考察，揭示两者可能存在的影响差异，才能作出更精确、细致的描述（刘建民等，2014[26]）。崔志坤和李菁菁（2015）[100]的研究则克服了仅考虑财政支出分权这一缺陷，基于我国2005—2012年省级面板数据，通过现代计量经济学方法探讨了财政分权以及由此引发的政府竞争对产业结构升级的影响；结果表明：财政分权对产业结构升级的影响具有非对称性，即财政收入分权对产业结构升级具有消极影响，而财政支出分权对产业结构升级影响不显著。从总体上看政府竞争有利于产业结构升级，但是其影响效应具有地区差异性，即东部地区政府竞争促进产业结构升级，而中部、西部地区政府竞争阻碍产业结构升级。

还有学者从其他角度考察了财政分权对产业结构的影响效应。其中，部分学者考察了财政分权对产业结构趋同的影响，胡向婷和张璐（2005）[53]从财政分权角度实证研究了中国各地区的产业结构雷同问题；刘瑞明（2007）[101]利用一个模仿博弈模型进行研究，结果表明在以政治控制权收益为目标的晋升激励体制下，地方政府官员将采取模仿经济发展战略上的方式最大化自身利益，从而导致区域间产业结构趋同；类似研究还有王燕武和王俊海（2009）[93]等。另有部分学者关注了产能过剩问题，如王立国和张日旭（2010）[102]以现阶段我国财政分权体制为背景，对钢铁、水泥、电解铝、风电设备、多晶硅等行业中的产能过剩问题进行研究。还有学者探讨了财政分权对行业外商投资的影响效应，张亮（2013）[103]基于2001—2007年省级区域25个细分工业行业数据，实证检验了财政分权对区域行业外商投资的影响，发现财政分权度较高地区的资本密集度大的行业外商投资较多。

2.4 财政支出与产业结构升级的相关研究

国内外学者对财政支出与产业结构升级之间的关系主要从供给与需求两方面进行研究。陈新华（1990）[104]、蔡建明（2006）[105]通过研究发现：

一方面，财政支出通过影响资本、劳动力、技术等资源要素供给与配置，从而造成产业结构调整与变化；另一方面，财政支出通过带动政府、企业、个人的投资与消费需求，从而推动相关产业结构的发展。

政府财政支出通过有意识地安排支出项目、调整支出结构，不仅可通过直接投资影响产业发展，还可通过其示范作用引导社会各类经济主体的产业选择和投资决策。基于政策方向、程度、周期、时滞等方面的考虑，学者们认为财政支出对产业结构升级的影响效应具有“双刃剑”的两面性特征（杨晓峰，2016[106]），既可以推进产业结构向高技术化、高知识化、高资本密集化和高附加值化发展，又可能进一步加深产业结构调整的扭曲与失衡。Lichtenberg（2008）[107]认为政府的财政支出职能需要政府的干预，且财政支出规模越大越有利于扩大有效需求、改善需求结构以此来促进产业结构的调整和优化。郭杰（2004）[108]运用简单的线性回归模型实证分析了财政支出结构对产业结构优化升级的影响，认为政府支出在我国产业结构优化与升级中发挥了重要作用。郭小东等（2009）[109]认为财政支出主要通过改变全要素生产率以及产业间资本、劳动、技术等生产要素积累的方式来影响产业结构。刘芳和张志宇（2014）[110]认为财政支出政策的有效性使得政府可以充分利用财政支出行为干预经济活动，实现产业协调化、高度化基础上的经济发展目标。王保滔等（2014）[111]利用回归和脉冲响应模型分析了财政支出对产业结构升级的影响，发现财政支出对产业结构升级具有明显促进作用。

大量学者考察了某项或多项财政支出项目对产业结构调整的影响。Hamberg（1966）[112]提出政府对企业科研支出的增加会导致企业本身的支出比重下降，由此促进了企业对科技研发的积极性，使得企业的生产效率和生产技术得到提高，有利于产业结构的调整和优化。Feldman & Kelley（2006）[113]的研究结论表明：政府对科研和人力资本投入越多，越有利于科学技术进步和产业发展与结构优化。王宏利（2009）[114]认为经济建设支出是一种政府对市场的“越位”行为，长期而言，并不利于产业结构优化。赵文哲和周业安（2009）[115]通过研究发现财政科技支出有利于提升企业创新积极性，进而对产业结构优化产生正向促进作用。杨大楷和孙敏（2009）[116]认为公共投资与三次产业总产值之间均具有长期的正向均衡关系，其中对第三产业的正效应最大，而对第一产业的影响最小。于力和胡燕京（2011）[117]通过研究发现文教、科学、卫生事业支出对三次产业的推动作用十分明显，而基本建设支出、挖潜改造资金和科技三项支出、支农支出和行政管理支出对三次产业的贡献则各不相同，有些甚至阻碍了三次产业的发展。董万好和刘兰娟（2012）[118]构建了一个在复杂现实背景下分析财政科教支出影响产业结构调整的CGE模型，结果显示财政科技和教育投入对于促进产业结构转型具有推动作用。石奇和孔群喜（2012）[119]采用误差修正模型考察了1979—2008年间包括基本建设支出、教育支出和科研支出等在内的财政生产性公共支出对三次产业的影响效应，研究发现财政生产性公共支出的“定向”诱导功能推进了特定产业的发展，从而提升产业结构并优化资源配置。安苑和王珺（2012）[120]通过研究发现财政支出不同项目的波动性对于产业结构升级的影响存在差异，与基本建设支出和科教文卫支出相比，行政管理支出的波动性具有更大的负面作用。刘兰娟等（2013）[121]构建了财政科技投入对产业结构的CGE模型，仿真模拟显示出财政科技投入对第三产业具有显著的正向促进作用。尚晓贺和陶江（2015）[122]通过研究也发现财政科技支出对产业结构调整具有正向促进作用。严成樑（2016）[123]构建了一个包含生产性财政支出和福利性财政支出的产业结构模型，并基于地级市面板数据考察了财政支出影响产业结构变迁的作用机理和影响效果，认为应增加生产性财政支出和福利性财政支出，以加快我国产业结构优化升级。

部分学者同时从总量与结构视角考察财政支出对产业结构调整的影响。于力和胡燕京（2011）[117]采用全国24个省份1978—2006年的面板数据，对我国财政支出总量和结构影响产业结构升级的作用效应进行了分析。储德银和建克成（2014）[68]从总量与结构双重视角考察财政支出对产业结构调整的影响效应，结果表明：在总量效应方面，财政支出阻碍产业结构升级；在结构效应方面，政府投资性支出和行政管理支出不利于产业结构调整，但教育支出和科技支出对产业结构调整则存在正向促进作用。另外一些学者同时考察了财政支出对产业结构影响的总体效应、结构效应和区域效应。尚晓贺和陶江（2015）[122]利用1995—2013年我国30个省区的面板数据实证分析了地方财政支出及地方财政科技支出对产业结构转型的影响，结果表明：地方财政支出总体上不利于第三产业和高技术产业的发展，地方财政科技支出有利于第三产业和高技术产业的发展，分区域回归显示影响效应具有显著差异。还有一些学者对比研究了中央和地方财政支出对产业发展及结构调整的影响。此外，王检等（2016）[124]从财政支出“质”的角度出发，着重分析了财政支出效率对产业结构的影响效应，结果表明：财政支出效率对产业结构具有显著的正向影响，并通过资本和劳动的积累引起了产业结构的变动，并且这种作用效应具有区域异质性。

一些学者从动态效应视角考察了财政支出对产业结构调整的作用效

应。陈立泰等（2012）[125]通过建立动态面板数据模型，利用中国28个省市1990—2010年的数据，检验了财政支出对服务业发展的影响，结果显示：财政支出对服务业发展具有正向作用；从省际层面来看，支出效应具有滞后性和深度扩张性；从区域层面来看，各类地方支出在不同地区对服务业发展的作用弹性不同。刘建民和杨华（2015）[126]选取湖南省13个市2002—2012年相关的面板数据，利用动态系统广义矩估计方法对湖南省财政支出与产业转型升级之间的关系进行了实证分析，结果表明：财政支出规模与产业转型升级存在着显著的正相关关系，但正向效应微弱；财政支出结构与产业转型升级存在着显著的负相关关系，在一定程度上不利于产业转型升级。另外一些学者从空间效应视角考察了财政支出对产业结构调整的作用效应，比如肖卫国和刘杰（2014）[127]利用2005—2011年中国面板数据，实证检验了地方财政支出对文化产业发展的空间溢出效应，结果显示：财政部门的资金投入不仅可以有效地促进本省文化产业的发展，还可以通过空间溢出效应促进邻近省份文化产业的发展。与此同时，在2005—2011年间，财政支出对文化产业发展的本地效应与空间溢出效应存在协同关系，财政支出对文化产业发展的空间溢出效应总体为正，且处于不断上升的趋势。贾敬全和殷李松（2015）[128]在石奇和孔群喜（2012）[119]研究的基础上，以安徽省为研究样本，利用SDM模型实证分析了财政支出对产业结构升级的直接效应、间接效应和总体效应，研究表明：应遵循“区位定向诱导”原则，充分发挥财政支出对产业结构升级的正向促进作用，抑制负面效应。还有一些学者从非线性角度考察了财政支出对产业的影响，如安棋和王九云（2013）[129]基于2007—2011年中国31个省级面板数据，以交通产业财政支出规模和地区经济发展水平作为门槛变量，构建非线性动态面板门槛回归模型，研究了财政支出对中国交通产业经济增长的门槛效应，实证结果显示：交通产业财政支出对交通产业经济增长的影响具有显著的门槛效应；地区经济发展水平能够影响财政支出对交通产业经济增长贡献效应的发挥，并存在明显的门槛效应。但是上述学者的研究样本均局限于某个地区或某个行业，其研究结论并不一定适用于全国地区或全部产业。

也有学者分析了财政支出对某类产业的影响，例如，钟优慧和杨志江（2009）[130]通过研究发现财政支出对农业产业结构的调整和优化作用十分重要。王宏利（2009）[114]则运用格兰杰因果检验法、向量自回归模型、脉冲响应函数和预测方差分解来研究财政支出规模与结构对农业、制造业、金融保险业与能源行业的影响。此外，还有学者通过研究认识到产业结构反过来也会影响到财政支出，比如顾佳峰（2010）[131]利用空间计量方法实证检验工业以及居民储蓄对教育财政支出可能存在的挤出效应，发现产业结构对教育财政投入会形成挤出影响，但其研究样本是基于中国县级横截面数据。

2.5 税收政策与产业结构升级的相关研究

国外对税收政策产业效应的研究较为成熟，但更多地聚焦在对某个税种的效应分析上，国内也不乏税收收入产业调节方面的研究成果，但大部分还停留在理论定性分析和政策比较介绍等层面，实证分析方面则大多建立在线性相关和参数同质性的假设前提下，使用的研究样本也多为全国总体或者某个地区的数据。许永现（1990）[132]认为国家可以通过税种、税目、税率、减免税等具体手段调整三次产业的结构。Gentry & Hubbard（2000）[133]通过研究发现累进税制对企业家投资和创新行为具有消极影响，从而不利于产业结构升级。Van Pottelsberghe et al.（2003）[134]运用17个国家的面板数据做实证研究，发现税收优惠能明显增加企业R&D活动，提高技术等软实力。李文（2006）[135]认为税收政策能够通过改变需求结构进而影响供给结构，并最终改变产业结构。税收政策对产业结构变迁产生影响的需求途径主要包括：改变中间需求与最终需求的比例以及中间需求结构、改变消费结构、改变消费需求与投资需求的比例、改变投资需求结构。何莉等（2007）[136]认为资本引导资源在产业间配置形成了产业结构，从而奠定了政府产业结构调整的物质基础，同时关注产业结构调整对税制改革的要求，剖析了与我国产业政策相悖的、阻碍资本形成和流动及流向的税制梗阻，尝试寻求一条推进产业结构调整和优化升级的税制改革之路。Laura Vartia（2008）[137]利用OECD国家相关行业数据进行实证分析，发现公司税与最高个人所得税对行业生产力水平具有负向抑制作用，而R&D的税收激励政策则对生产率具有正向促进作用。Schwellnus & Arnold（2008）[138]以1996—2004年间OECD国家不同类型公司为研究样本，实证检验了税制结构与行业生产力和投资量之间的关系，发现公司税不利于产业结构优化。周权雄和龙自云（2010）[139]研究分析了产业结构调整与地方财政收入可持续增长之间的内在联系，并利用2002—2009年间中国省级数据实证分析各地区三次产业结构与地方财政收入之间的相关关系和因果关系。张同斌和高铁梅（2012）[39]通过构建高新技术产业的 CGE 模型进行模拟分析，发现税收优惠政策对产业结构调整的激励效果并不十分显著。

部分学者选择某个地区作为研究样本，例如，杨传亮（2011）[140]以山东省微山县为研究样本，提出了促进产业结构调整、优化财政收入结构的措施和建议。李悦诚和林艳（2013）[141]以青岛产业结构和税负结构为分析基础，研究发现我国现行税制与产业结构调整的不相适应性，并从完善自主创新和技术进步的税收政策、构建环保税收体系、完善和加强对现代服务业的税收扶持等方面，就促进我国产业结构调整的税收政策优化提出建议。姚凤民和文生超（2014）[142]以广东省为研究样本，通过计量分析发现广东省第三产业的发展与广东省的经济以及税收收入存在显著的正相关关系。陈平（2016）[143]基于广东省 2007—2015 年相关数据，采用回归模型实证检验了产业结构调整与税收增长的协调性关系，发现工业、建筑业等第二产业对税收增长具有负向抑制作用，而房地产业、批发业等第三产业对税收增长具有正向促进作用。黄电（2016）[144]同样以广东省为例，利用相关线性分析方法对第三产业与税收的关系进行分析。胡安琴和韦彩霞（2016）[145]运用经济学、管理学、税法新政策等基本理论，分析保定地区新能源产业与政府财税政策之间的关系。

另有部分学者主要研究具体税类对产业结构的影响。Arthur（1980）[146]以墨西哥 1895—1975 年的时间序列数据为样本，经过回归分析，结果发现该国直接税的份额与第二产业比重呈正相关，与第一产业比重呈负相关。张斌（2011）[147]通过构建以流转税、所得税、产业结构系数为变量的 VAR 模型，结果发现：从长期来看，流转税对产业结构的调整比较显著，所得税则相对弱些；从短期来看，正好相反。李大明和李波（2011）[148]具体阐述了货物与劳务税对产业结构的作用机理，认为应建立货物与劳务税和所得税之间的协调配合机制，进而充分发挥货物与劳务税对产业结构调整的引导功能。大部分学者考察某个税种或某几个税种对产业结构调整的影响效应。武少芩（2000）[149]细致地考察了增值税、营业税、消费税与三次产业之间的互动关系。黎昌卫（2006）[150]分别从增值税、消费税、营业税、企业所得税、个人所得税、宏观税负等方面分析了税收政策在促进产业结构优化中存在的不足，认为生产型增值税制约了产业结构优化升级、消费税的税目设置不利于产业结构调整、营业税扶持第三产业力度不够、企业所得税产业导向不明确、个人所得税缺乏创新鼓励、宏观税费负担水平较高，提出应以支持产业技术升级为重点、突出税收政策产业导向、配合国家财政政策全面推进产业结构优化升级。王晓雷

(2007)[151]系统阐述了差别出口退税政策的产业结构调整与优化效应。张海星和许芬（2010）[152]具体剖析了现行资源税制对产业结构升级的作用机制、制约因素与影响效应。刘盈曦和郭其友（2014）[153]基于1994—2011年间数据，利用一般均衡模型实证检验了差异性出口退税机制对产业结构优化的影响效应。徐梅和刘芬红（2016）[154]具体分析了消费税制度对产业结构的直接效应和间接效应。谢贞发等（2016）[155]基于1994—2011年全国地级市数据，实证检验了增值税与营业税的税收分成激励对产业规模及结构的影响，发现营业税的高分成激励抑制了第二产业的发展，却促进了第三产业的发展。

随着“营改增”进程的持续推进和全面实施，大量学者集中考察了“营改增”对产业结构调整的影响效应。梁强和贾康（2013）[156]首先阐述了税制影响产业发展的作用机制，进而在全面回顾并总结判断1994年工商税制改革对我国产业结构优化调整的影响历程及效应的基础上，提出下一步加快推进“营改增”与产业结构优化升级的政策建议。梁云凤和王宁(2016)[157]以北京市为研究样本，利用可计算一般均衡模型分析了行业差别税率或统一税率等四种模拟方案下“营改增”对北京市产业发展的影响效应。刘峰（2016）[158]以陕西省为研究样本，具体阐述了“营改增”、小型微利企业税收优惠政策对第三产业的影响效应。毛海静（2016）[159]则阐述了“营改增”对服务行业的影响。

另有部分学者关注了税负与产业结构升级的关系。Stotsky & Mariam (1997)[160]运用撒哈拉沙漠以南43个非洲国家1990—1995年的数据，分析了宏观税负与三次产业构成、产业发展水平、对外贸易份额等变量之间的关系，发现宏观税负与农业和采掘业的产值呈负相关，而与出口额和人均收入水平呈正相关。万莹和史忠良（2009）[161]利用2007年统计数据，对中国各地区间税收负担率与产业结构的相关性进行实证分析，证明第三产业的发展与税收增长之间确实存在显著的正相关性。贾莎（2012）[162]通过实证研究，发现第二、第三产业税负率的不断提升是我国税收超速增长的主要原因。曹海娟（2014）[163]运用省级面板数据实证检验了税负对我国各个地区产业结构的影响，结果发现：产业税负变化影响中部、西部地区产业结构变化比东部地区更为强烈，并进一步得出各地区第二产业和第三产业结构与税负之间的关系。欧阳华生（2015）[164]通过对九十个国家的相关数据进行分析和检验，结果表明：产业升级与经济发展水平密切相关，与税负呈现反向变动关系，即产业升级的同时税负也会下降，降低税负有利于促进产业升级，这种影响在不同经济发展水平国家之间表现尤为明显。

还有学者主要研究了税收优惠与产业结构调整的关系。张桂玲和左浩泄（2005）[165]认为中国税收优惠政策偏重于生产投入环节，研发环节相对薄弱，不利于增强中国产业的自主创新能力。刘蓉（2005）[166]指出税收优惠要以产业优化升级为向导，以保证产业政策的实现为前提，要努力实现由地区性优惠向产业性优惠的转变，以间接优惠方式为主，直接优惠方式为辅。戴罗仙和黄娜（2007）[167]提出应实行间接优惠为主、多种优惠方式相结合的产业税收优惠模式，实行产业优惠为主、区域优惠为辅的产业导向型税收优惠政策，并应使内外资企业产业税收优惠政策趋于一致。马念谊和吴若冰（2014）[168]基于隐性税收理论，利用 2007—2011 年全国税收调查企业为样本建立面板数据模型，分析税收优惠与企业税前收益率的关系。

2.6 对已有研究文献的简要评述

国内外许多学者已经对产业结构升级的内涵和实质做出了明确的界定，对推进产业结构升级的目标和意义也提出了各自的见解，并且有不少文献对我国产业结构升级的水平、进度、效益等方面按照自己的方法做出了一定的评价。对于制约产业结构升级的因素，学术界也从不同方面进行了探讨。通过对以上文献的系统梳理可以发现，学术界对财税政策与产业发展的相关研究非常丰富，并在理论及经验研究方面积累了丰硕的研究成果，为后人的研究奠定了坚实的基础。总体来看，由于研究的对象、思路和方法的差异，国内外学者关于财税政策与产业结构升级的相关研究并没有得到一致的结论。随着研究的不断深入，诸多文献从时间层面、区域层面、制度层面等寻求财税政策影响产业结构升级的最新证据，并涌现出促进论、条件论、抑制论和不确定性论等不同观点。虽然上述研究成果从理论和实证角度解释了财税政策对产业结构升级的影响机制，但缺乏一个系统、完整的研究框架。纵观现有的研究可以发现存在以下几点不足：

1. 从掌握的相关文献来看，国外一部分学者侧重于研究政府干预产业的必要性，重点在于揭示政策的有效性问题，而大部分学者则关注政策的产业效应，揭示政策的经济影响效应。前者通常以经济起飞时期的日本、韩国为案例展开研究，后者则以欧美发达国家为样本。根据已有的针对日本、韩国等经济体的研究结论，在财税政策有效性问题上没有达成共识。我国也是使用财税政策较多的国家，希望通过政府力量加速产业结构升级从而实现经济的转型；与日本、韩国当时的经济发展阶段相比较，我们在经济环境与发展目标上存在相似之处。那么，我国财税政策的有效性是否得到了充分发挥？资源约束、制度约束等问题在多大程度上影响财税政策的有效性发挥？面对目前加强宏观调控能力的需要，这些问题很值得我们去研究，尤其是在艰巨的产业结构升级任务下，更应该对我国财税政策的产业效应作出更加全面的考量。近年来，国内学者开始关注财税政策的产业效应问题，但缺乏一个系统的分析框架，特别在如何保障财税政策有效性方面，仅仅限于定性的分析，缺乏理论基础，在保障财税政策有效性的实现机制模型化上，研究工作还有待于进一步深化。本书将在已有思想的基础上，系统地利用数理模型进行精确的刻画，为实现财税政策手段运用机制化奠定理论基础，力图为财税政策调控产业结构升级提供方法论基础。

2. 现有研究大多采用传统面板数据模型来分析财政分权与产业结构升级之间的关系，引入空间计量方法的研究还很少。传统的面板回归通常假定各个地区的产业发展和结构调整是相互独立的，这显然与现实存在偏离，经济资源的流动性、财税政策的外溢性等客观因素使得一个地区的产业结构升级必然会受到邻近地区产业发展状况的影响，产业结构升级存在很强的空间联动性，而财政资源的高度集聚、公共政策的外部性等则进一步加强了产业结构升级的空间相关性。如果忽略这种空间相关性的影响，模型估计将是有偏的或产生错误的参数检验（Anselin，1990[169]），其估计结果存在较大的随机性和偶然。为了克服上述研究缺陷，本书将运用空间计量模型全面分析我国产业结构升级的空间集群特征及其演化规律，并分别从财政收入分权和支出分权两个角度探讨财政分权的产业结构调整效应并将其纳入空间计量模型，深入考察财政分权体制下政府的角色和地位对当地产业结构的影响及其在跨区域产业协调发展中所起的作用。

3. 大部分文献从财政支出规模与结构等方面对财政支出政策的产业结构调整效应进行了合理的解释，但却忽视了从“质”的层面研究财政支出效率对产业结构升级可能存在的影响效应。此外，大部分文献更多采用的是静态面板模型，能将产业结构升级所具备的动态调整特征作为研究切入点的文献并不多见。与以往研究财政支出与产业结构升级的文献不同，本书将从产业结构升级的动态调整特征出发，着重探讨财政支出“规模—结构—效率”三维机制与产业结构升级的互动成因，为理解财政支出在产业结构升级过程中的角色和地位提供一个更为全面的研究视角。

4. 其他研究者关于财政收入与产业结构升级的实证分析大多建立在线性相关和参数同质性的假设前提下，对产业结构升级的总体情况和线性发展进行整体宏观把握，较少涉及不同发展阶段或不同区域环境下经济发展水平和人力资本水平等第三方外部因素条件具有异质性的前提下财政收入总量和结构对各区域产业结构的影响有何差异性。本书将研究视角聚焦在财政收入对产业结构升级的非线性影响效应层面，采用门槛回归模型阐释财政收入总量、财政收入结构、税制结构和具体税类（货劳税、所得税和财产税）影响产业结构升级的门槛非线性效应。

第3章

财税政策影响产业结构升级的理论机制

在影响产业结构升级的因素中，财税政策作为一种重要的政府治理制度安排和宏观经济调控手段，起着至关重要的作用。财税政策对产业结构升级的调控机制主要表现为财税政策的正负双向作用：一方面，对干预地区产业发展和结构调整的地方政府行为产生影响的财政分权制度、以税收和非税收入为主要财力支持的财政支出政策、各项税费优惠和倾斜性支持政策有利于提升市场主体的技术创新偏好，推动技术进步，实现产业结构升级；另一方面，财政分权制度背景下的地方政府行为异化可能对市场主体干预过多或干预不当，政府财政支出可能对企业投资和个人消费产生“挤出效应”，财政收入的增加可能会加重企业和个人等市场主体的交易成本，从而不利于产业结构升级进程的推进。本章将分别从财政分权制度背景层面、财政支出“规模—结构—效率”三维机制层面、财政收入总量与结构层面探讨财税政策影响产业结构升级的具体作用机制。

3.1 财政分权对产业结构升级的影响机制

财政分权是影响产业结构升级的重要制度因素之一，因为财政分权在一定程度上会影响地方政府财政资源充裕程度及地方政府行为，进而对稀缺资源的流动及产业结构的区域布局带来影响，一方面以财政分权为核心的制度因素有助于诱发地区之间的技术扩散、创新溢出与竞争效应，在增加产业结构升级正外部性效应同时促进区域间产业均衡发展；另一方面财政分权制度下的地方政府干预过多或不当会导致企业创新主体地位的丧失，从而不利于产业结构升级水平的提升。

基于中国产业政策实现机制，本章建立如下博弈模型来分析财政分权体制下地方政府行为对产业结构升级的影响机制。假设经济系统中包含中央政府、地方政府和厂商三个行为主体。中央政府作为经济社会规划者，本身并不参与决策，主要外生决定财政分权比例 λ 和税率 t。假设某国有两个地区 i 和 j，各自的产出水平分别为 Q_i 和 Q_j，税收水平分别为 $T_i=tQ_i$ 和 $T_j=tQ_j$，则全国总税收收入为 T，其中：

$$T = T_i + T_j = t(Q_i + Q_j) \tag{3.1}$$

由（3.1）式可知，在不考虑地区外部性、腐败、地区保护等其他因素的条件下，两个地区的地方政府可获得的财政资源为 λt（Q_i+Q_j），则中央政府可获得的财政资源为（$1-\lambda$）t（Q_i+Q_j）。

由于财政资源的稀缺性和有限性，作为理性经济人的地方政府在执行产业结构升级政策的同时也追求自身利益最大化。在当前以 GDP 为核心的官员晋升激励下，地方政府主要通过追求经济增长来获得政治晋升，因此地方政府将在政治利益和经济利益之间进行权衡。假设地方政府将一部分财政资源投入到地方经济增长中，将剩余部分投入到推动并执行产业结构升级政策中。

假定地方政府 i 产业结构升级支出比例为 ξ_i，即相对应的财政资源为 $\xi_i\lambda tQ_i$，则经济建设支出相对应的财政资源为（$1-\xi_i$）λtQ_i；同理，地方政府 j 分配到产业结构升级和经济建设的财政资源分别为 $\xi_j\lambda tQ_j$ 和（$1-\xi_j$）λtQ_j。由于产业结构升级反映的是资本、劳动力、技术等资源要素在不同行业间流动和分配，若投入到升级指数较高行业的资源分配比例越大，要素生产率、边际工资、利润水平的提高将吸引更多资本、劳动力、技术等资源要素进入相关行业，从而进一步有利于产业结构升级进程的推进。

由于经济增长指标的短期易观测性，假定中央政府将 GDP 作为唯一的政治考核指标，从而引发地方政府间为了追求经济效益展开激烈的“政治晋升锦标赛”，规则设定为：若地区 i 的产出大于地区 j 的产出，则地区 i 的地方政府官员将获得提拔，其获得的效用为 1，反之由于不晋升，地区 i 的效用为 0。

在财政分权体制下，地方政府与中央政府之间、地方政府之间、地方政府与厂商之间的博弈顺序为：首先，地方政府基于中央政府给定的财政

分权比例 λ 和税率 t，对厂商行为作出预判，进而选择自身努力程度 θ（地区 i 和 j 的努力程度分别为 θ_i 和 θ_j）和产业结构升级所对应的财政资源分配比例 ξ（地区 i 和 j 投入到产业结构升级的资源比例分别为 ξ_i 和 ξ_j）。其次，厂商观测并接收到地方政府释放出的产业发展导向相关的政策信息，从而作出最优产量决策。假定地方政府 i 自身努力成本函数为：

$$C(\theta_i) = \frac{1}{2}\theta_i^2 \tag{3.2}$$

则地方政府 i 的效用函数可表示为：

$$U_i = P_r(Q_i \geqslant Q_j) \cdot I - \frac{1}{2}\theta_i^2 + \frac{\xi_i \lambda t Q_i}{\rho} \tag{3.3}$$

（3.3）式中，$\rho \geqslant 0$ 且为常数，表征产业结构升级所带来的收益被观测到的难易程度，ρ 越大，难度越大，则 $\frac{\xi_i \lambda t Q_i}{\rho}$ 表征产业结构升级给地区 i 所带来的收益。

假定每个地区的厂商均处于完全竞争市场，因此价格保持恒定不变，本章将其标准化为1。则厂商 i 的生产成本函数为：

$$C_i(Q_i, \theta_i, \xi_i) = \frac{1}{2}Q_i^2 - \theta_i Q_i - (1 - \xi_i)\lambda t Q_i \tag{3.4}$$

（3.4）式中，$(1-\xi_i)\lambda t Q_i$ 表征地方政府 i 为经济建设而分配的财政资源，由于地方经济建设支出有利于厂商降低成本，故而将其纳入厂商生产成本函数中予以减除。因此，厂商的利润函数为：

$$\pi_i = (1 - t)Q_i - \frac{1}{2}Q_i^2 + \theta_i Q_i + (1 - \xi_i)\lambda t Q_i \tag{3.5}$$

那么，厂商利润最大化的一阶求导条件应为：

$$\frac{\partial \pi_i}{\partial Q_i} = (1 - t) - Q_i + \theta_i + (1 - \xi_i)\lambda t = 0 \tag{3.6}$$

求解可得厂商的最优产出：

$$Q_i^* = (1 - t) + \theta_i + (1 - \xi_i)\lambda t \tag{3.7}$$

将（3.7）式代入（3.3）式中，则地方政府效用函数可表示为：

$$\begin{aligned} U_i &= P_r(Q_i \geqslant Q_j) \cdot I - \frac{1}{2}\theta_i^2 + \frac{\xi_i \lambda t Q_i}{\rho} \\ &= P_r[(1 - t) + \theta_i + (1 - \xi_i)\lambda t + \varepsilon_i \\ &\geqslant (1 - t) + \theta_j + (1 - \xi_j)\lambda t + \varepsilon_j] \cdot I - \frac{1}{2}\theta_i^2 + \frac{\xi_i \lambda t Q_i}{\rho} \end{aligned}$$

$$= P_r[\varepsilon_j - \varepsilon_i \leqslant (\theta_i - \theta_j) + (\xi_j - \xi_i)\lambda t] \cdot I - \frac{1}{2}\theta_i^2 + \frac{\xi_i \lambda t Q_i}{\rho}$$

$$= \omega[(\theta_i - \theta_j) + (\xi_j - \xi_i)\lambda t + \frac{1}{2\omega}] - \frac{1}{2}\theta_i^2$$

$$+ \frac{\xi_i \lambda t}{\rho}[(1 - t) + \theta_i + (1 - \xi_i)\lambda t] \tag{3.8}$$

（3.8）式中，ε_i 和 ε_j 为经济支出的独立同分布的随机干扰项，且 $\varepsilon_j - \varepsilon_i$ 服从 $[-\frac{1}{2\omega}, \frac{1}{2\omega}]$ 上的均匀分布，$\omega > 0$。

地方政府 i 效用最大化的一阶求导条件为：

$$\frac{\partial U_i}{\partial \theta_i} = \omega I - \theta_i + \frac{\xi_i \lambda t}{\rho} = 0 \tag{3.9}$$

$$\frac{\partial U_i}{\partial \xi_i} = -\omega\lambda t I + \frac{\lambda t}{\rho}[(1 - t) + \theta_i + \lambda t - 2\xi_i \lambda t] = 0 \tag{3.10}$$

通过计算（3.9）式和（3.10）式可得：

$$\xi_i = \frac{\rho}{2\rho - 1} + \frac{\rho(1-\rho)\omega I + \rho(1-t)}{(2\rho - 1)\lambda t} \tag{3.11}$$

由（3.11）式可得产业结构升级所获得的财政资源分配比例 ξ_i 对财政分权比例 λ 的偏导数为：

$$\frac{\partial \xi_i}{\partial \lambda} = -\frac{\rho(1-\rho)\omega I + \rho(1-t)}{(2\rho - 1)\lambda^2 t} \tag{3.12}$$

由于 $\omega > 0$，$\rho > 0$，$I > 0$，$\lambda^2 > 0$，且 $0 \leqslant t \leqslant 1$，由（3.12）式可知：

1. 当 $0 < \rho < \frac{1}{2}$ 时，$\frac{\partial \xi_i}{\partial \lambda} > 0$，表明产业结构升级的收益短期内被地方政府观测到的难度越低时，财政分权程度的提高将有利于产业结构升级进程的推进。

2. 当 $\frac{1}{2} < \rho < 1$ 时，$\frac{\partial \xi_i}{\partial \lambda} < 0$，表明产业结构升级的收益短期内被地方政府观测到的难度越高时，财政分权程度的提高不利于产业结构升级进程的推进。

3. 当 $\rho > 1$ 时，$\frac{\partial \xi_i}{\partial \lambda}$ 符号具备不确定性，表明财政分权对产业结构升级的作用效果无法判断。

中国目前以财政分权和政治晋升为主要内容的治理结构本身所固有的激励不相容性，使得地方政府之间缺乏协同合作的激励。一方面，在分权式的治理结构下，地方政府往往倾向于通过重复建设和市场分割等方式，而不是通过与其他地方政府分工协作来发展经济；另一方面，由于中央政府规制中的信息不对称，许多地方政府极可能隐匿行动从事明为产业结构升级实为经济建设的活动。面对产业升级和缩小地区差距的双重挑战，地方政府之间缺乏合作使其陷入了集体非理性的困境，而要克服集体选择的非理性就应该重新设计对地方政府的激励契约，以约束它具有严重负外部性的行为。

财政分权对产业结构升级的影响主要取决于财政分权制度的负外部性和正外部性两种效应的合力大小。负外部性主要体现为：财政分权体制下地方政府被赋予极大的权力实现对本地产业和企业的管理，使得地方政府的财政收入与本地产业发展绩效、企业经营效益息息相关，而地方政府行为以追求资本投资与经济增长作为其核心目标，从而造成财政资源配置可能与产业结构升级方向相背离。财政分权度的提高也有可能推进产业结构升级，这主要归因于地方政府可支配财力的扩张可以带来技术进步、创新溢出以及竞争效应，从而使得企业发展和产业结构调整获得财政分权制度的正外部性。由此，财政分权对产业结构升级的作用效应最终取决于正、负外部效应的博弈结果。

3.2 财政支出对产业结构升级的影响机制

3.2.1 财政支出影响产业发展的作用机理分析

本章首先将基于 C－D 生产函数对财政支出影响产业发展的作用机制进行具体阐释。假设各地区满足规模报酬不变约束条件下的 C－D 生产函数的具体形式为：

$$Y = AK^{\alpha}L^{\beta}G^{\gamma}, \alpha + \beta + \gamma = 1 \tag{3.13}$$

（3.13）式中：Y、A、K、L 和 G 分别表示地区产出、技术进步、资本投入量、劳动力投入量和财政支出，α、β 和 γ 分别表示资本投入、劳动力投入和财政支出的产出弹性。

各产业满足规模报酬不变约束条件下的 C－D 生产函数表示如下：

$$Y_i = A_iK_i^{\alpha_i}L_i^{\beta_i}G_i^{\gamma_i}, \alpha_i + \beta_i + \gamma_i = 1 \tag{3.14}$$

（3.14）式中：$i=1$，2，3，分别表示第一、第二和第三产业；Y_i、A_i、K_i、L_i 和 G_i 分别表示第 i 产业的地区产出、技术进步、资本投入量、劳动力投入量和财政支出，α_i、β_i 和 γ_i 分别表示第 i 产业的资本投入、劳动力投入和财政支出的产出弹性。由（3.13）式和（3.14）式可知：

$$\frac{Y}{L}=A\left(\frac{K}{L}\right)^{\alpha}\left(\frac{G}{L}\right)^{\gamma} \tag{3.15}$$

$$\frac{Y_i}{L_i}=A_i\left(\frac{K_i}{L_i}\right)^{\alpha_i}\left(\frac{G_i}{L_i}\right)^{\gamma_i} \tag{3.16}$$

（3.15）式和（3.16）式分别表示地区生产函数和产业生产函数的人均形式。产业结构升级主要表现为从低级形态向高级形态转变的过程或趋势，其主要驱动力源于技术进步和比较优势的变迁。本章使用技术使用系数 TEC_i 来反映某产业在发展与结构调整过程中与本地区经济发展过程中的技术使用程度，具体测度方式如下：

$$TEC_i=\frac{K_i/L_i}{K/L}=\left(\frac{Y_i}{L_i}\right)^{1/\alpha_i}\left(\frac{Y}{L}\right)^{-1/\alpha}\frac{A^{1/\alpha}}{A_i^{1/\alpha_i}}\left(\frac{G}{L}\right)^{\gamma/\alpha}\left(\frac{G_i}{L_i}\right)^{-\gamma_i/\alpha_i} \tag{3.17}$$

由（3.17）式可知：

$$\frac{Y_i}{L_i}=(TEC_i)^{\alpha_i}\left(\frac{Y}{L}\right)^{\alpha_i/\alpha}\frac{A_i}{A^{\alpha_i/\alpha}}\left(\frac{G_i}{L_i}\right)^{\gamma_i}\left(\frac{G}{L}\right)^{-\gamma\alpha_i/\alpha} \tag{3.18}$$

$$\bar{Y}_i=(TEC_i)^{\alpha_i}(\bar{Y})^{\alpha_i/\alpha}\frac{A_i}{A^{\alpha_i/\alpha}}(\bar{G}_i)^{\gamma_i}(\bar{G})^{-\gamma\alpha_i/\alpha} \tag{3.19}$$

（3.19）式中：$\bar{Y}_i$、$\bar{Y}$、$\bar{G}_i$和 $\bar{G}$ 分别为产业 i 的人均产出、地区人均产出、产业 i 人均财政支出和地区人均财政支出。当资本投入和财政支出的产出弹性为正时，即 $\alpha>0$、$\alpha_i>0$、$\gamma>0$ 和 $\gamma_i>0$，产业的人均财政支出对产业的人均产出具有正向促进效应。由此表明，提高某产业的人均财政支出将促进该产业产出率的提升，最终实现该产业的持续发展。

3.2.2　财政支出对产业结构升级的影响机制分析

产业结构升级目标的实现不仅依靠经济持续增长来推动，还受到资本、劳动力、技术、信息等生产要素作用的影响。当产业结构升级过程面临生产资源约束，即存在资本、劳动力、技术、信息等生产要素的短缺问题时，各级政府可以通过制定相应的财政支出政策，增加产业结构升级所需的生产要素供给，提高生产要素的配置和使用效率，从而持续稳定推进产业结构升级进程。本章主要探讨财政支出规模、结构与效率对产业结构升级的作用机制。

1. 财政支出规模对产业结构升级的影响主要表现为以下三种类型：一是引导效应，即政府通过对公共资金进行重点配置，从而引导生产要素在产业间和产业内的合理流向；二是示范效应，即政府扶持产业结构升级财政支出的增长促进了企业、个人等市场主体为实现产业结构升级目标支出的进一步增长，也可以称为互补效应；三是替代效应，是指政府扶持产业结构升级财政支出的增长替代了市场主体的相关支出，对市场主体为实现产业结构升级目标的资金支出产生“挤出效应”。

2. 财政支出结构的优化调整过程，既决定着产业结构的协调发展，也直接影响到产业结构升级过程的有序推进与效率。根据财政支出项目功能或性质上的差异性，本章将政府财政支出划分为政府投资性支出、政府消费性支出和政府民生性支出三种类型，三者具体作用于产业结构升级的影响机制主要表现为：（1）基于 Barro（1990）[170]包含政府支出的内生经济增长模型可知，由于政府投资性支出具备生产性特征，可以直接视为生产要素的重要组成部分，应当直接纳入宏观生产函数。政府以投资者的身份进行公共投资，直接增加或减少相应产业或产品的投资需求，从而对产业结构升级产生作用。（2）政府消费性支出虽不具备生产性特性，但在维护政府机构正常运转和社会经济稳定发展方面具有重要作用，可以为产业结构升级提供一个预期稳定、收益有保障的经济发展环境，从而有效降低市场主体的交易成本和投资收益的不确定性。（3）政府民生性支出亦属于非生产性支出，但可以通过增加生产要素数量、提升生产要素质量来间接影响产业结构升级。一方面，政府可以通过制定相应的财政支出政策来动员消费者进行社会储蓄，从而解决产业结构升级过程中的资本要素短缺问题；另一方面，政府还可以通过增加教育、医疗、卫生、社保等必要的公共产品和服务方面的投入，从而改善产业结构升级环境和生产要素供给的质量。

3. 财政支出效率对产业结构升级的影响主要体现在以下两个方面：一是生产要素配置效率对产业结构升级的影响。财政支出效率的提高不仅促进了生产要素积累，还引致了生产要素的流动和重新配置，进而引起产业结构变动。二是各级政府提供公共产品和服务的效率对产业结构升级的影响。公共产品和服务供给效率的提高，有利于产业发展和结构调整所需基础设施、制度环境的优化，从而极大地促进产业结构升级进程的推进。

3.3 财政收入对产业结构升级的影响机制

财政收入政策对产业结构的宏观调控机制主要体现在政府与市场双重调控作用下不同产业的产品边际成本率、平均价格和均衡产量的差异化上。财政收入政策通过以上调控手段对产业结构升级产生影响，其影响路径和机理如下：优惠的财政收入政策或者较重的宏观税费负担（包括税收收入和非税收入）通过对一些具有某生产要素共同特征的市场主体产生正向或者负向的影响，进而对该生产要素及产业部门产生积极或消极的影响作用。具体作用点在于政府通过财政收入政策改变不同产业的宏观税费负担和比较收益，进而引发不同产业之间生产要素的“替代效应”和“再分配效应”，导致资本、劳动力、技术、信息等生产要素在产业间定向流动和重新配置，最终促进产业结构往合理化、高级化的方向发展。

假设某产业产出函数为：

$$Q_j = A_j F_j(K_j, L_j) \tag{3.20}$$

该产业对应的成本函数为：

$$C_j = r_j \times K_j + w_j \times L_j \tag{3.21}$$

（3.20）式和（3.21）式中：$j=1$，2，3，分别表示第一、第二、第三产业；K_j，L_j 和 A_j 分别表示第 j 产业的资本、劳动力和技术进步；r_j 和 w_j 分别表示第 j 产业的利率和名义工资水平。

假设对第一、第二、第三产业进行等量资本投资 K_0，此时某产业的产出为：$\frac{\partial Q_j}{\partial K_j} \times K_0$。由此，第一、第二、第三产业的净产值分别为：

$$Y_1 = \frac{\partial Q_1}{\partial K_1} \times K_0 - (r_1 \times K_0 + w_1 \times L_1) \tag{3.22}$$

$$Y_2 = \frac{\partial Q_2}{\partial K_2} \times K_0 - (r_2 \times K_0 + w_2 \times L_2) \tag{3.23}$$

$$Y_3 = \frac{\partial Q_3}{\partial K_3} \times K_0 - (r_3 \times K_0 + w_3 \times L_3) \tag{3.24}$$

假设资本和劳动力两种生产要素的宏观税费负担分别为 t_{kj} 和 t_{lj}，则（3.22）式、（3.23）式和（3.24）式分别演变为：

$$Y_1 = \frac{\partial Q_1}{\partial K_1} \times K_0 - [(r_1 + t_{k1}) \times K_0 + (w_1 + t_{l1}) \times L_1] \tag{3.25}$$

$$Y_2 = \frac{\partial Q_2}{\partial K_2} \times K_0 - [(r_2 + t_{k2}) \times K_0 + (w_2 + t_{l2}) \times L_2] \tag{3.26}$$

$$Y_3 = \frac{\partial Q_3}{\partial K_3} \times K_0 - [(r_3 + t_{k3}) \times K_0 + (w_3 + t_{l3}) \times L_3] \tag{3.27}$$

鉴于全国银行利率的一致性，可假设 $r_1 = r_2 = r_3 = r$，GDP 为国内生产总值。产业结构升级反映三次产业之间相互作用所产生的机制效应，本章采用产业结构升级指数（ITU）予以表征，具体测度方法为：$ITU = \sum_{j=1}^{n} q(j) \times j$，$q(j)$ 为第 j 产业占地区生产总值比重，$n=3$，ITU 的取值范围为［1，3］。则可知：

$$ITU = \frac{\frac{\partial Q_1}{\partial K_1} \times K_0 - [(r + t_{k1}) \times K_0 + (w_1 + t_{l1}) \times L_1]}{GDP} \times 1 + \frac{\frac{\partial Q_2}{\partial K_2} \times K_0 - [(r + t_{k2}) \times K_0 + (w_2 + t_{l2}) \times L_2]}{GDP} \times 2 + \frac{\frac{\partial Q_3}{\partial K_3} \times K_0 - [(r + t_{k3}) \times K_0 + (w_3 + t_{l3}) \times L_3]}{GDP} \times 3 \tag{3.28}$$

基于（3.28）式中的产业结构升级分别求导，得出结果如下：

$$\frac{dITU}{dt_{k1}} = -\frac{K_0}{GDP} < 0 \tag{3.29}$$

$$\frac{dITU}{dt_{l1}} = -\frac{L_1}{GDP} < 0 \tag{3.30}$$

$$\frac{dITU}{dt_{k2}} = -\frac{2K_0}{GDP} < 0 \tag{3.31}$$

$$\frac{dITU}{dt_{l2}} = -\frac{2L_2}{GDP} < 0 \tag{3.32}$$

$$\frac{dITU}{dt_{k3}} = -\frac{3K_0}{GDP} < 0 \tag{3.33}$$

$$\frac{dITU}{dt_{l3}} = -\frac{3L_3}{GDP} < 0 \tag{3.34}$$

由（3.29）式、（3.30）式、（3.31）式、（3.32）式、（3.33）式和（3.34）式可知：

1. 对第一、第二、第三产业的资本和劳动力征收税费，均不利于产业

结构升级。一方面，某产业资本、劳动力税费负担的增加会对企业成本施加影响，从而改变企业盈利能力，最终会对整个行业和市场的规模产生影响；另一方面，不同产业所承担的税费负担差异导致其所承担的成本也会呈现出差异化，进而消费者在进行产品选择时的偏好也会受到影响，最终通过产品供给结构的变化使得产业结构受到影响。

2. 在对第一、第二、第三产业进行等量资本投资的前提下，某产业资本的宏观税费负担对产业结构升级所产生的抑制效应按从大到小的顺序依次排为：第三产业 > 第二产业 > 第一产业。对不同产业资本税费征收力度的不同，可以影响资本在不同产业的投向和数量，从而影响资金在不同产业间的流动和分布，资本投向变化也必然会导致相关产业资本存量的变化，进而影响不同产业的再生产规模和劳动力需求量，最后影响产业发展以及产业结构。

3. 某产业劳动力的税费负担对产业结构升级的抑制效应程度受各产业劳动力人数的影响。对某产业劳动力征收税费，可以影响该产业劳动力的数量和质量，而劳动力数量和质量会影响企业生产的劳动效益，最终影响企业的收益率，从而对产业结构的变动产生影响。

此外，假设$\frac{\partial Q_j}{\partial A_j}>0$，即某产业技术进步有利于该产业产出的提高，引入某产业技术研发相关的宏观税费征收量 t_{kj}，则$\frac{\partial A_j}{\partial t_{kj}}<0$，表明与技术研发相关的税费优惠政策（减少相应的税费负担）将有利于技术进步。此时，

$$ITU = \frac{Q_1}{GDP}\times 1 + \frac{Q_2}{GDP}\times 2 + \frac{Q_3}{GDP}\times 3 \tag{3.35}$$

将（3.20）式代入（3.35）式，可得：

$$ITU = \frac{A_1F_1(K_1,L_1)}{GDP}\times 1 + \frac{A_2F_2(K_2,L_2)}{GDP}\times 2 + \frac{A_3F_3(K_3,L_3)}{GDP}\times 3 \tag{3.36}$$

对（3.36）式进行求导，结果可得：

$$\frac{dITU}{dt_{A1}} = \frac{dITU}{dA_1}\times\frac{\partial A_1}{\partial t_{k1}} = \frac{F_1(K_1,L_1)}{GDP}\times\frac{\partial A_1}{\partial t_{k1}} < 0 \tag{3.37}$$

$$\frac{dITU}{dt_{A2}} = \frac{dITU}{dA_2}\times\frac{\partial A_2}{\partial t_{k2}} = \frac{2F_2(K_2,L_2)}{GDP}\times\frac{\partial A_2}{\partial t_{k2}} < 0 \tag{3.38}$$

$$\frac{dITU}{dt_{A3}} = \frac{dITU}{dA_3}\times\frac{\partial A_3}{\partial t_{k3}} = \frac{3F_3(K_3,L_3)}{GDP}\times\frac{\partial A_3}{\partial t_{k3}} < 0 \tag{3.39}$$

由（3.37）式、（3.38）式和（3.39）式可知：

1. 技术进步相关税费的增加不利于产业结构升级，反之，技术研发和科技创新层面的税费优惠政策则有利于产业结构升级进程的推进。例如：政府部门在技术研发和科技创新等方面实施的税费优惠政策，可以增加企业对技术创新的投资偏好和消费者对技术含量高产品的消费偏好，进而引导企业在技术进步上实施一定的努力。

2. 技术进步相关税费政策对产业结构升级的具体影响程度和大小还受到各产业资本、劳动力等生产要素的数量和质量的影响。此外，资本、劳动力等生产要素也受到了技术进步的影响，主要表现为：税费政策可以通过影响企业的研发投入、科研成果的转化水平、知识和创新资本相关的利率水平和劳动力的教育水平等因素影响科技发展，进而影响产业发展和产业结构升级。

第4章

财税政策作用下我国产业结构升级的特征

研究财税政策对产业结构升级的影响效应及其最优财税政策设计，首先必须对我国财税政策和产业结构升级的基本状态有一个清楚的把握。本章将重点考察财政分权与产业结构升级的空间集群特征、财政支出与产业结构升级的动态演变特征以及财政收入与产业结构升级的区域异质特征。

4.1 财政分权与产业结构升级的空间集群特征

4.1.1 财政分权与产业结构升级的空间自相关格局

为了刻画研究期间我国财政分权与产业结构升级的空间聚类格局及演变情况，需要采用全域空间自相关方法计算财政分权与产业结构升级的 Moran's I 指数。Moran's I 指数是变量观测值与其空间滞后变量的相关系数，其取值范围位于［-1，1］。若各地区财政分权与产业结构升级呈现空间正相关，则 Moran's I 指数在 0—1 之间，表明相似观测值的区域在空间集聚分布，且 Moran's I 指数越接近于 1，其空间正相关性越强；反之则表明相似观测值的区域呈离散分布状态。Moran's I 指数的具体测度公式如下所示（Li et al.，2014[171]）：

$$\text{Moran's I} = \frac{n\sum_{i=1}^{n}\sum_{j=1}^{n}w_{ij}(x_i - \bar{x})(x_j - \bar{x})}{\sum_{i}^{n}\sum_{j=1}^{n}w_{ij}\sum_{i=1}^{n}(x_i - \bar{x})^2} \tag{4.1}$$

（4.1）式中：x_i 和 x_j 分别表示地区 i 和 j 的各项指标，n 表示地区数量，这里指31个省、自治区、直辖市（以下简称省区）①，w_{ij}表示空间权重，基于稳健性考虑，Moran's I 指数的测度过程中同时选取邻接权重矩阵、地理权重矩阵、经济权重矩阵和混合权重矩阵进行计算。

本章将采用邻接权重矩阵（W_{0-1}）、地理权重矩阵（W_{geo}）、经济权重矩阵（W_{eco}）和混合权重矩阵（$W_{geo-eco}$）进行空间计量权重设定。具体而言：

W_{0-1}构建方式为：若两个地区在地理上是相邻的，令 $W_{0-1}=1$，否则为0。

W_{geo}具体构造方式为：

$$W_{geo} = \begin{cases} \dfrac{1}{D_{ij}^2} & i \neq j \\ 0 & i = j \end{cases} \tag{4.2}$$

（4.2）式中：D_{ij} 为根据地区行政中心的经纬度数据计算出地区 i 和地区 j 之间的地理距离，其计算公式为：

$$D_{ij} = R \times \arccos[\sin\varphi_A \sin\varphi_B + \cos\varphi_A \cos\varphi_B \cos(\lambda_B - \lambda_A)] \tag{4.3}$$

（4.3）式中：R 为地球大圆半径（6378公里），λ 和 φ 分别为两个省（自治区、直辖市）行政单位中心的经度和纬度，经纬度数据来源于国家基础地理信息系统。

鉴于不同省区经济发展水平存在区域差异和空间相关的客观事实，构建不同经济辐射影响下的经济权重矩阵 W_{eco} 为：

$$W_{eco} = \begin{cases} \dfrac{1}{|GDP_i - GDP_j|} & i \neq j \\ 0 & i = j \end{cases} \tag{4.4}$$

（4.4）式中：GDP_i 和 GDP_j 分别表示 i 地区和 j 地区的人均GDP，由于经济发展相对速度的不均衡会使得不同空间单元经济属性（经济权重矩阵）是动态变化的，因此，采用样本研究期间各省区人均GDP平均数构建经济权重指标。

经济发展水平相近的地区往往会发生策略性竞争，同时集聚效应会呈

---

① 因笔者不掌握我国香港特别行政区、澳门特别行政区和台湾省的统计资料，故本书研究不包括它们。

现出随地理距离逐渐衰减的特征（Rosenthal & Strange，2003[172]）。为了综合反映地理信息与经济特征的空间影响效应，准确度量个体间的空间相关关系，本章构建混合权重矩阵来综合考虑地理距离和经济距离的交互影响对我国区域产业结构升级的影响，$W_{geo-eco}$ 具体构建形式为：

$$W_{geo-eco} = W_{geo} \times W_{eco} \tag{4.5}$$

具体估算过程中对四类空间权重矩阵进行标准化处理，确保空间权重矩阵每行元素之和等于 1。

财政收入分权、财政支出分权和产业结构升级指标具体度量方式如下：

借鉴郭庆旺、贾俊雪（2010）[173]和龚锋、雷欣（2010）[174]的做法，财政收入分权（RD）和财政支出分权（ED）的具体测度公式分别为：

$$RD = \frac{PFR_{province}}{PFR_{province} + PFR_{nation}} \times \left[1 - \frac{GDP_{province}}{GDP_{nation}}\right] \tag{4.6}$$

$$ED = \frac{PFE_{province}}{PFE_{province} + PFE_{nation}} \times \left[1 - \frac{GDP_{province}}{GDP_{nation}}\right] \tag{4.7}$$

（4.6）式和（4.7）式中：$PFR_{province}$和 PFR_{nation}分别为省级人均财政收入和中央本级人均财政收入，$PFE_{province}$和 PFE_{nation}分别为省级人均财政支出和中央本级人均财政支出，$GDP_{province}$和 GDP_{nation}分别为各省区国内生产总值和全国国内生产总值，$1-\frac{GDP_{province}}{GDP_{nation}}$为经济规模的缩减因子，该指标同时剔除了人口规模与经济规模的影响。

产业结构升级反映三次产业之间相互作用所产生的机制效应，其具体测度方法为：

$$ITU = \sum_{j=1}^{n} q(j) \times j \tag{4.8}$$

（4.8）式中：$q(j)$ 为第 j 产业占地区生产总值比重，$n=3$，ITU 的取值范围为［1，3］。

若产业结构升级指数较高，表明产业结构合理高效、协调融洽，三次产业之间的协同效应最终将带来资源要素利用效率的整体提高；若产业结构升级指数较低，则说明产业结构不尽合理，存在资源浪费或未被充分利用等情形。

表 4.1、表 4.2、表 4.3 分别列出了基于以上四种空间权重矩阵下财政收入分权、财政支出分权和区域产业结构升级数据的 Moran's I 指数。由计算结果可知，2000—2014 年间财政分权与产业结构升级的 Moran's I 指数均

为正值，且均至少通过了10%的显著性水平检验，这表明财政分权与产业结构升级在地理空间上存在显著的正自相关关系（空间依赖性），在空间分布上并非随机散布，而是呈现出某些地区财政分权与产业结构升级的相似值之间在空间分布上趋于集群的现象，即财政分权程度与产业结构升级指数水平较高的地区倾向于与其他高数值地区相邻、数值较低的地区倾向于与其他低数值地区相邻近的空间关联结构。其中，财政收入分权 Moran's I 指数如表4.1所示。

表4.1　　2000—2014年财政收入分权 Moran's I 指数表

年份	邻接权重矩阵	地理权重矩阵	经济权重矩阵	混合权重矩阵
2000	0.364***	0.323***	0.358***	0.584***
2001	0.364***	0.313***	0.371***	0.597***
2002	0.354***	0.318***	0.387***	0.621***
2003	0.356***	0.315***	0.391***	0.630***
2004	0.353***	0.324***	0.377***	0.619***
2005	0.349***	0.323***	0.374***	0.617***
2006	0.222**	0.276***	0.330***	0.545***
2007	0.318***	0.306***	0.367***	0.604***
2008	0.320***	0.298***	0.360***	0.585***
2009	0.319***	0.292***	0.344***	0.567***
2010	0.299***	0.262***	0.314***	0.520***
2011	0.250***	0.222***	0.293***	0.483***
2012	0.232**	0.220***	0.275***	0.470***
2013	0.211**	0.213***	0.278***	0.470***
2014	0.193**	0.196***	0.266***	0.464***

注：***、**、*分别表示在1%、5%、10%的显著性水平。

财政支出分权 Moran's I 指数如表4.2所示。

表4.2　　2000—2014年财政支出分权 Moran's I 指数表

年份	邻接权重矩阵	地理权重矩阵	经济权重矩阵	混合权重矩阵
2000	0.296***	0.219***	0.181*	0.354***
2001	0.307***	0.207***	0.136*	0.324***
2002	0.316***	0.204***	0.226**	0.297***
2003	0.307***	0.207***	0.174**	0.305***
2004	0.324***	0.218***	0.195**	0.309***
2005	0.317***	0.203***	0.124***	0.273***

续表

年份	邻接权重矩阵	地理权重矩阵	经济权重矩阵	混合权重矩阵
2006	0.307***	0.196***	0.184***	0.249**
2007	0.298***	0.182***	0.175***	0.241**
2008	0.342***	0.176***	0.164**	0.257**
2009	0.337***	0.165**	0.168**	0.240**
2010	0.333***	0.166**	0.146**	0.241**
2011	0.280***	0.133**	0.148**	0.202**
2012	0.265***	0.125**	0.208**	0.203**
2013	0.268***	0.127**	0.211**	0.205**
2014	0.266***	0.128**	0.195**	0.210**

注：***、**、*分别表示在 1%、5%、10% 的显著性水平。

产业结构升级 Moran's I 指数如表 4.3 所示。

表 4.3　　2000—2014 年产业结构升级 Moran's I 指数表

年份	邻接权重矩阵	地理权重矩阵	经济权重矩阵	混合权重矩阵
2000	0.168**	0.203***	0.216***	0.423***
2001	0.150*	0.210***	0.216***	0.447***
2002	0.141*	0.213***	0.204***	0.447***
2003	0.137*	0.224***	0.235***	0.461***
2004	0.136*	0.229***	0.231***	0.469***
2005	0.123**	0.164***	0.192***	0.360***
2006	0.116**	0.145**	0.183***	0.334***
2007	0.148**	0.162***	0.193***	0.367***
2008	0.154*	0.150**	0.199***	0.354***
2009	0.191*	0.179***	0.203***	0.402***
2010	0.133*	0.197***	0.220***	0.438***
2011	0.140*	0.207***	0.222***	0.456***
2012	0.142*	0.203***	0.218***	0.445***
2013	0.153**	0.207***	0.220***	0.454***
2014	0.146*	0.195***	0.211***	0.437***

注：***、**、*分别表示在 1%、5%、10% 的显著性水平。

图 4.1、图 4.2、图 4.3 分别显示了财政收入分权程度、财政支出分权程度和产业结构升级指数水平在 2000—2014 年间 Moran's I 统计值的变化趋势，可以发现财政分权与产业结构升级在四种不同空间距离权重矩阵下的 Moran's I 值演变轨迹基本一致，其中，产业结构升级指数水平 Moran's I 统计值的演变轨迹呈现出较为显著的"U"形波动特征，表明近年来区域之间产业结构升级水平的非均衡性呈现出逐年攀升的态势。

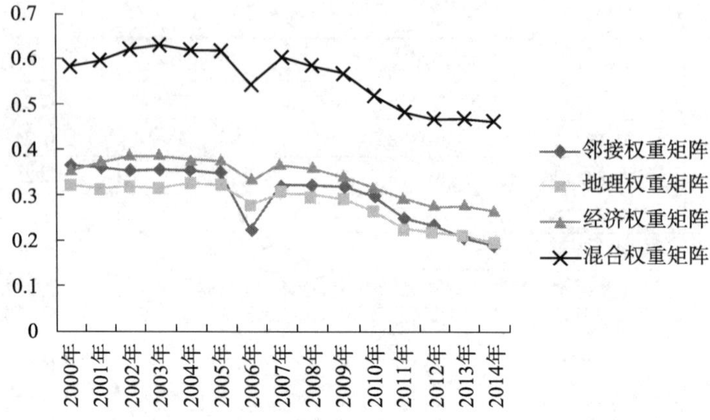

图 4.1　2000—2014 年财政收入分权 Moran's I 统计值变化趋势图

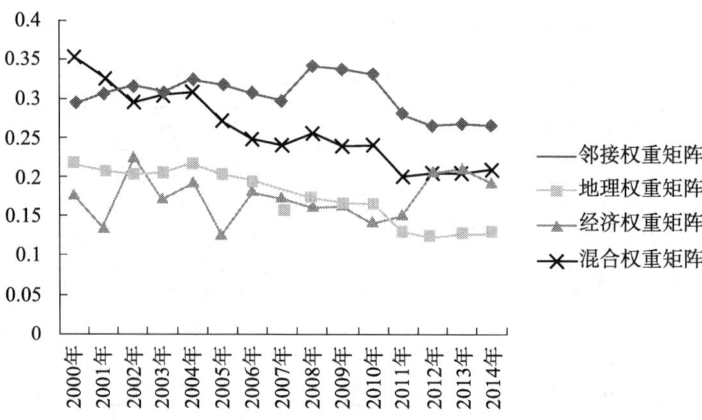

图 4.2　2000—2014 年财政支出分权 Moran's I 统计值变化趋势图

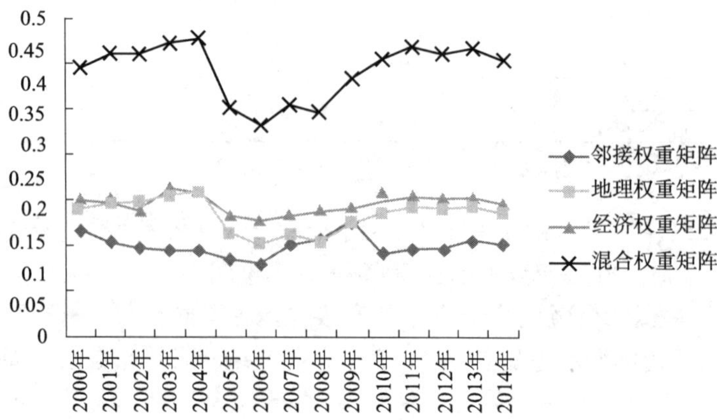

图 4.3　2000—2014 年产业结构升级 Moran's I 统计值变化趋势图

Moran's I 统计值仅反映了财政分权与产业结构升级在空间分布上存在显著的空间依赖性，却没有办法区分具体的空间集聚格局，在这种情况下可以通过观测 Moran 散点图来揭示省份之间的高值集聚和低值集聚。Moran 散点图将财政收支分权（产业结构升级）分为四个象限，其中第一象限（HH：高数值—高空间滞后）、第三象限（LL：低数值—低空间滞后）体现出正的空间相关性，第二象限（LH：低数值—高空间滞后）、第四象限（HL：高数值—低空间滞后）体现出负的空间相关性。

图 4.4 依次具体列示了 2000 年、2007 年和 2014 年这三个典型年份中国 31 个省区财政收入分权（*RD*）的 Moran 散点图，由于篇幅所限，本章仅列出了基于混合权重矩阵下的 Moran 散点图，下同。

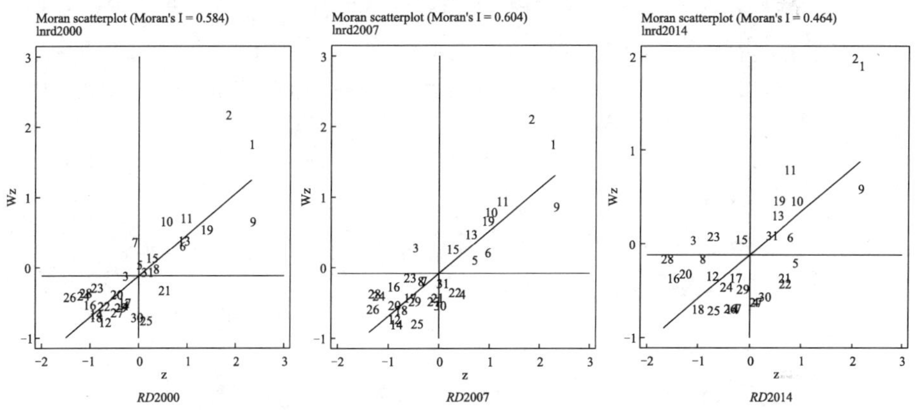

图 4.4 财政收入分权典型年份 Moran 散点图（基于混合权重矩阵）

如图 4.4 所示，财政收入分权的 Moran 散点图显示出大部分省区位于第一象限（HH）和第三象限（LL），这一结果进一步证实了财政收入分权存在显著的正向空间相关性。同时，表 4.4 具体列示了 2000 年、2007 年和 2014 年这三个典型年份中国 31 个省区财政收入分权的 Moran 散点图（基于混合权重矩阵）对应的地区分类情况。

在财政收入分权的空间集群检验中，2014 年有 9 个省区位于第一象限，比 2000 年少 2 个；2014 年有 13 个省区位于第三象限，比 2000 年少 3 个。整体而言，2000 年、2014 年财政收入分权的 Moran 散点位于第一、三象限的省区合计占样本总数的比重分别为 87.10%、70.97%。如表 4.4 所示，2014 年位于第一象限（HH，高—高集聚）的省区有北京、天津、辽宁、上海、江苏、浙江、福建、广东和新疆，其含义为财政收入分权程度较高的省区被收入分权程度同样较高的省区所包围，可以发现这些省区主

表 4.4 财政收入分权 Moran 散点图对应的地区分类表（基于混合权重矩阵）

年份	地区分类
2000 年	（1）第一象限：北京、天津、辽宁、黑龙江、上海、江苏、浙江、福建、山东、广东、新疆（11 个） （2）第二象限：内蒙古、吉林（2 个） （3）第三象限：山西、安徽、江西、河南、湖北、湖南、广西、重庆、四川、贵州、西藏、陕西、甘肃、青海、宁夏（16 个） （4）第二、三象限交叉处：河北（1 个） （5）第四象限：海南、云南（2 个）
2007 年	（1）第一象限：北京、天津、内蒙古、辽宁、上海、江苏、浙江、福建、山东、广东（10 个） （2）第二象限：河北（1 个） （3）第三象限：吉林、黑龙江、安徽、江西、河南、湖北、湖南、广西、海南、四川、贵州、云南、西藏、陕西、甘肃、青海、宁夏（17 个） （4）第三、四象限交叉处：新疆（1 个） （5）第四象限：山西、重庆（2 个）
2014 年	（1）第一象限：北京、天津、辽宁、上海、江苏、浙江、福建、广东、新疆（9 个） （2）第二象限：河北、山东、四川（3 个） （3）第三象限：吉林、黑龙江、安徽、江西、河南、湖北、湖南、广西、贵州、云南、西藏、甘肃、青海（13 个） （4）第四象限：山西、内蒙古、海南、重庆、陕西、宁夏（6 个）

要集中在经济发达的东部；位于第二象限（LH，低—高集聚）的省区有河北、山东和四川，其含义为财政收入分权程度较低的省区被收入分权程度较高的省区所包围；位于第三象限（LL，低—低集聚）的省区有吉林、黑龙江、安徽、江西、河南、湖北、湖南、广西、贵州、云南、西藏、甘肃和青海，其含义为财政收入分权程度较低的省区被收入分权程度较低的省区所包围，主要集中在中西部地区；位于第四象限（HL，高—低集聚）的省区有山西、内蒙古、海南、重庆、陕西和宁夏，其含义为财政收入分权程度较高的省区被收入分权程度较低的省区所包围。由此可见，中国各个省区财政收入分权的空间集聚性非常明显，呈现出显著的正向局域相关和空间集聚特征。

图 4.5 依次具体列示了 2000 年、2007 年和 2014 年这三个典型年份中国 31 个省区财政支出分权（*ED*）的 Moran 散点图（基于混合权重矩阵）。

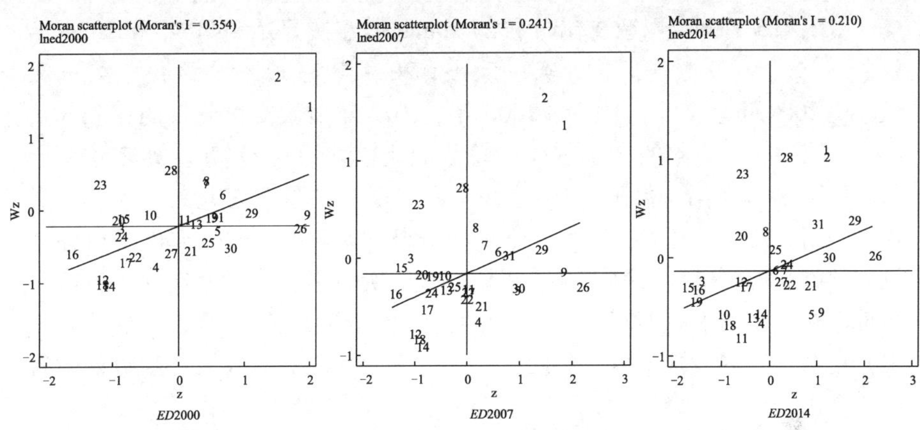

图 4.5　财政支出分权典型年份 Moran 散点图（基于混合权重矩阵）

同时，表 4.5 具体列示了 2000 年、2007 年和 2014 年这三个典型年份中国 31 个省区财政支出分权的 Moran 散点图（基于混合权重矩阵）对应的地区分类情况。

表 4.5　　财政支出分权 Moran 散点图对应的地区分类表（基于混合权重矩阵）

年份	地区分类
2000 年	（1）第一象限：北京、天津、辽宁、吉林、黑龙江、上海、浙江、福建、广东、青海、新疆（11 个） （2）第二象限：江苏、山东、广西、四川、甘肃（5 个） （3）第三象限：河北、山西、安徽、江西、河南、湖北、湖南、重庆、贵州、陕西（10 个） （4）第四象限：内蒙古、海南、云南、西藏、宁夏（5 个）
2007 年	（1）第一象限：北京、天津、辽宁、吉林、黑龙江、上海、青海、新疆（8 个） （2）第二象限：河北、山东、四川、甘肃（4 个） （3）第三象限：江苏、浙江、安徽、福建、江西、河南、湖北、湖南、广东、广西、重庆、贵州、云南、陕西（14 个） （4）第四象限：山西、内蒙古、海南、西藏、宁夏（5 个）
2014 年	（1）第一象限：北京、天津、贵州、云南、西藏、甘肃、青海、宁夏、新疆（9 个） （2）第一、四象限交叉处：辽宁、吉林（2 个） （3）第二象限：黑龙江、广西、四川（3 个） （4）第三象限：河北、山西、江苏、浙江、安徽、福建、江西、山东、河南、湖北、湖南、广东（12 个） （5）第四象限：内蒙古、上海、海南、重庆、陕西（5 个）

由图 4.5 可知，财政支出分权的 Moran 散点图显示 2000 年和 2014 年分别有 11 个和 9 个省区位于第一象限，2014 年有 12 个省区位于第三象限，比 2000 年多 2 个。因而，2000 年、2014 年财政支出分权的 Moran 散点位于第一、三象限的省区占样本总数的比重均为 67.74%。如表 4.5 所示，2014 年位于第一象限（HH，高—高集聚）的省区有北京、天津、贵州、云南、西藏、甘肃、青海、宁夏和新疆，其含义为财政支出分权程度较高的省区被支出分权程度同样较高的省区所包围，可以发现这些省区主要集中在直辖市和西部经济欠发达地区；位于第二象限（LH，低—高集聚）的省区有黑龙江、广西和四川，其含义为财政支出分权程度较低的省区被支出分权程度较高的省区所包围；位于第三象限（LL，低—低集聚）的省区有河北、山西、江苏、浙江、安徽、福建、江西、山东、河南、湖北、湖南和广东，其含义为财政支出分权程度较低的省区被支出分权程度较低的省区所包围，主要集中在中东部地区；位于第四象限（HL，高—低集聚）的省区有内蒙古、上海、海南、重庆和陕西，其含义为财政支出分权程度较高的省区被支出分权程度较低的省区所包围。由此可见，中国各个省区财政支出分权的空间集聚性非常明显，呈现出显著的正向局域相关和空间集聚特征。

图 4.6 依次具体列示了 2000 年、2007 年和 2014 年这三个典型年份中国 31 个省区产业结构升级（*ITU*）的 Moran 散点图（基于混合权重矩阵）。

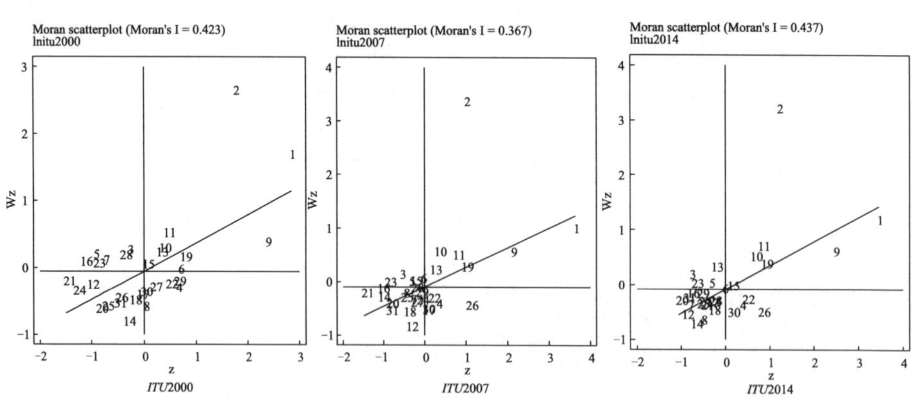

图 4.6　产业结构升级典型年份 Moran 散点图（基于混合权重矩阵）

表 4.6 具体列示了 2000 年、2007 年和 2014 年这三个典型年份中国 31 个省区产业结构升级的 Moran 散点图（基于混合权重矩阵）对应的地区分类情况。

表 4.6　　产业结构升级 Moran 散点图对应的地区分类表（基于混合权重矩阵）

年份	地区分类
2000 年	(1) 第一象限：北京、天津、辽宁、上海、江苏、浙江、福建、广东（8 个） (2) 第一、二象限交叉处：山东（1 个） (3) 第二象限：河北、内蒙古、吉林、河南、四川、甘肃（6 个） (4) 第三象限：安徽、江西、湖北、湖南、广西、海南、贵州、云南、西藏、新疆（10 个） (5) 第三、四象限交叉处：宁夏（1 个） (6) 第四象限：山西、黑龙江、重庆、陕西、青海（5 个）
2007 年	(1) 第一象限：北京、天津、上海、江苏、浙江、福建、广东（7 个） (2) 第二象限：河北、内蒙古、辽宁、山东、四川（5 个） (3) 第三象限：吉林、黑龙江、安徽、江西、河南、湖南、广西、海南、贵州、云南、陕西、甘肃、青海、新疆（14 个） (4) 第三、四象限交叉处：宁夏（1 个） (5) 第四象限：山西、湖北、重庆、西藏（4 个）
2014 年	(1) 第一象限：北京、天津、上海、江苏、浙江、山东、广东（7 个） (2) 第二象限：河北、内蒙古、福建、四川（4 个） (3) 第二、三象限交叉处：辽宁（1 个） (4) 第三象限：吉林、黑龙江、安徽、江西、河南、湖北、湖南、广西、海南、贵州、云南、陕西、甘肃、青海、新疆（15 个） (5) 第四象限：山西、重庆、西藏、宁夏（4 个）

如表 4.6 所示，产业结构升级的 Moran 散点图显示 2014 年位于第一象限的省区有 8 个，比 2000 年少 1 个，2014 年位于第三象限的省区个数为 15 个，比 2000 年多 5 个。整体而言，2000 年、2014 年产业结构升级的 Moran 散点位于第一、三象限的省区合计占样本总数的比重分别为 58.06%、70.97%。2014 年位于第一象限（HH，高—高集聚）的省区有北京、天津、上海、江苏、浙江、山东、广东，其含义为产业升级水平较高的省区被产业结构升级水平同样较高的省区所包围，可以发现这些省区主要集中在经济较为发达的东部地区；位于第二象限（LH，低—高集聚）的省区有河北、内蒙古、福建和四川，其含义为产业结构升级水平较低的省区被产业结构升级水平较高的省区所包围；位于第三象限（LL，低—低集聚）的省区有吉林、黑龙江、安徽、江西、河南、湖北、湖南、广西、海南、贵州、云南、陕西、甘肃、青海和新疆，其含义为产业结构升级水平较低的省区被产业结构升级水平较低的省区所包围，主要集中在中部地

区；位于第四象限（HL，高—低集聚）的省区有山西、重庆、西藏和宁夏，其含义为产业结构升级水平较高的省区被产业结构升级水平较低的省区所包围。由此可见，中国各个省区产业结构升级的空间集聚性非常明显，呈现出显著的正向局域相关和空间集聚特征。

4.1.2 财政分权与产业结构升级的空间动态跃迁过程

借鉴 Rey（2001）[175]使用的时空跃迁测度法，本章可以通过观察 Moran 散点图进一步发现财政收支分权（收入分权和支出分权）、产业结构升级的空间动态跃迁过程。

空间动态跃迁类型具体表现为以下五类：第一种类型是相关空间邻近省区的跃迁，具体表现为由第一象限（HH）迁移到第四象限（HL）、由第二象限（LH）迁移到第三象限（LL）、由第四象限（HL）迁移到第一象限（HH）、由第三象限（LL）迁移到第二象限（LH）；第二种类型是某省区及其邻居均跃迁至其他不同的区域，具体表现为由第一象限（HH）迁移到第三象限（LL）、由第三象限（LL）迁移到第一象限（HH）、由第二象限（LH）迁移到第四象限（HL）、由第四象限（HL）迁移到第二象限（LH）；第三种类型是相对位移的省区跃迁，具体表现为由第一象限（HH）迁移到第二象限（LH）、由第四象限（HL）迁移到第三象限（LL）、由第二象限（LH）迁移到第一象限（HH）、由第三象限（LL）迁移到第四象限（HL）；第四种类型是象限交叉处省区的相对跃迁；第五种类型是省区及其邻居保持相同水平，即在整个考察期内保持不变（见表 4.7）。

表 4.7 中国省区财政分权与产业结构升级 Moran 散点的空间跃迁（2000—2014）

类型	财政收入分权		财政支出分权		产业结构升级	
	变迁路径	代表省区	变迁路径	代表省区	变迁路径	代表省区
相关空间邻近省区的跃迁	HH→HL	—	HH→HL	上海	HH→HL	—
	LH→LL	吉林	LH→LL	江苏、山东	LH→LL	吉林、河南、甘肃
	HL→HH	—	HL→HH	云南、西藏、宁夏	HL→HH	—
	LL→LH	四川	LL→LH	—	LL→LH	—

续表

类型	财政收入分权		财政支出分权		产业结构升级	
	变迁路径	代表省区	变迁路径	代表省区	变迁路径	代表省区
某省区及其邻居均跃迁至其他不同的省区	HH→LL	黑龙江	HH→LL	浙江、福建、广东	HH→LL	—
	LL→HH	—	LL→HH	贵州	LL→HH	—
	LH→HL	内蒙古	LH→HL	—	LH→HL	—
	HL→LH	—	HL→LH	—	HL→LH	—
相对位移的省区跃迁	HH→LH	山东	HH→LH	黑龙江	HH→LH	福建
	HL→LL	云南	HL→LL	—	HL→LL	黑龙江、陕西、青海
	LH→HH	—	LH→HH	甘肃	LH→HH	—
	LL→HL	山西、重庆、陕西、宁夏	LL→HL	重庆、陕西	LL→HL	西藏
象限交叉处省区的相对跃迁	LH、LL 交叉处→LH	河北	HH→HH、HL 交叉处	辽宁、吉林	HH→LH、LL 交叉处	辽宁
					HH、HL 交叉处→HH	山东
					LL、HL 交叉处→HL	宁夏
省区及其邻居保持相同水平	—	其余 20 省	—	其余 15 省	—	其余 20 省

如表 4.7 所示，在 2000—2014 年期间，财政收入分权属于相关空间邻近省区的跃迁类型的有 2 个，具体包括从 LH 迁移到 LL、LL 迁移到 LH，代表性省区分别为吉林和四川。属于某省区及其邻居均跃迁至其他不同的省区类型的有 2 个，具体表现为 HH 跃迁到 LL、LH 跃迁到 HL，代表性省区分别为黑龙江和内蒙古。属于相对位移的省区跃迁类型的有 6 个，其中，山东由 HH 跃迁至 LH，云南由 HL 跃迁至 LL，而山西、重庆、陕西和宁夏则由 LL 跃迁至 HL。属于象限交叉处省区的相对跃迁类型的只有河北，由 LH、LL 交叉处跃迁至 LH。其余 20 个省区均属于第五种类型，即省区及其邻居保持相同水平，占总体的 64.52%，具体包括：北京、天津、辽宁、上海、江苏、浙江、福建、广东、新疆、安徽、江西、河南、湖北、湖南、广西、贵州、西藏、甘肃、青海、海南。可见，财政收入分权在我国地理分布上存在明显的“路径依赖”特征。

财政支出分权属于相关空间邻近省区的跃迁类型的有 6 个，其中，上海由 HH 跃迁至 HL，江苏和山东由 LH 跃迁至 LL，云南、西藏和宁夏则由 HL 跃迁至 HH。属于某省区及其邻居均跃迁至其他不同的省区类型的有 4 个，其中，浙江、福建和广东由 HH 跃迁至 LL，而贵州则由 LL 跃迁至 HH。属于相对位移的省区跃迁类型的有 4 个，其中，黑龙江由 HH 跃迁至 LH，甘肃由 LH 跃迁至 HH，重庆和陕西则由 LL 跃迁至 HL。属于象限交叉处省区的相对跃迁类型的有辽宁和吉林，具体表现为由 HH 跃迁至 HH、HL 交叉处。财政支出分权在 2000—2014 年期间最普遍的变迁类型依然是省区及其邻居保持相同水平，其中有 15 个省区表现出空间上的稳定性，占到样本总体的 48.39%。

在样本考察期间，产业结构升级属于相关空间邻近省区的跃迁类型的有吉林、河南、甘肃这 3 个省区，具体表现为由 LH 跃迁至 LL。属于相对位移的省区跃迁类型的有 5 个，其中，福建由 HH 跃迁至 LH，黑龙江、陕西和青海由 HL 跃迁至 LL，西藏则由 LL 跃迁至 HL。属于象限交叉处省区的相对跃迁类型的有辽宁、山东和宁夏，具体表现为辽宁由 HH 跃迁至 LH、LL 交叉处，山东由 HH、HL 交叉处跃迁至 HH，宁夏则由 LL、HL 交叉处跃迁至 HL。有 20 个省区及其邻居保持相同水平，占到样本总体的 64.52%。此外，某省区及其邻居均跃迁至其他不同的省区这种类型的空间变迁现象在考察期内未发生，说明中国省区产业结构升级存在高度的空间稳定性，产业发展同样具有严重的路径依赖性。

4.2 财政支出与产业结构升级的动态演变特征

4.2.1 财政支出“规模—结构—效率”的动态演变特征

4.2.1.1 财政支出规模的动态演变特征

财政支出规模为各级政府在一定时期内安排的财政支出数量，通常表现为财政支出总量。目前关于财政支出规模的衡量指标包括以下几类：（1）绝对规模指标，一般采用当年财政支出绝对额予以表征。（2）相对规模指标，一般采用当年财政支出占当年国内生产总值比重或当年中央财政支出占全国财政支出比重予以表征，前者主要反映政府对经济与市场的干预程度，后者则主要反映中央政府对地方政府的控制程度。（3）人均规模指标，一般采用人均财政支出予以表征，该指标某种程度上可以反映人均可享受的公共服务水平。为了综合反映财政支出规模对产业结构升级的动态影响效应，本章最终选取当年财政支出占 GDP 比重作为财政支出规模（*FE*）的度量指标。2000—2014 年间全国财政支出规模的演变趋势如图 4.7 所示。

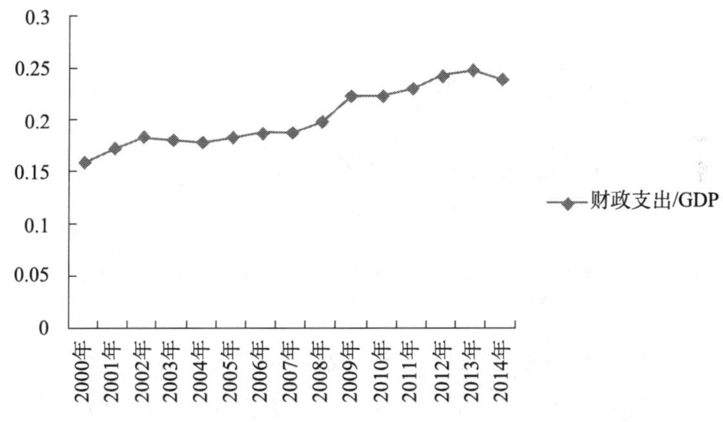

图 4.7　2000—2014 年间全国财政支出规模走势图

资料来源：根据历年《中国统计年鉴》的统计数据整理计算得出。

由图 4.7 可知，2000—2014 年间，中国全国财政支出占当年 GDP 比重呈逐年递增趋势，表明全国财政支出规模不断增长。此外，为了直观反映区域财政支出规模差异的具体演化，本章采用非参数的高斯正态 Kernel 密度（核密度）分布函数估算了中国省区财政支出规模空间差异的核密度函数。受篇幅限制，本章选取 2000 年、2007 年和 2014 年的财政支出规模差异核密度函数作为典型样本进行对比分析，具体如图 4.8 所示。其中，横轴表示中国省区财政支出规模，纵轴表示相对应的 Kernel 密度值。

由图 4.8 可知，从具体分布形态来看：首先，中国省区层面的财政支出规模水平“左偏”现象明显，表明大部分省区的财政支出水平低于全国平均水平。其次，中国财政支出规模水平的主峰在 2000 年、2007 年和 2014 年这三个典型年份期间逐步向右侧移动，表明随着时间的推移，中国省区间财政支出规模水平的差距在不断缩小。另外，中国区域财政支出规模分布由 2000 年的“单峰”形状逐步演化至 2014 年的“多峰”形状，表明中国区域财政支出规模分布呈现出由“单极化”转变为“多极化”的发展态势。

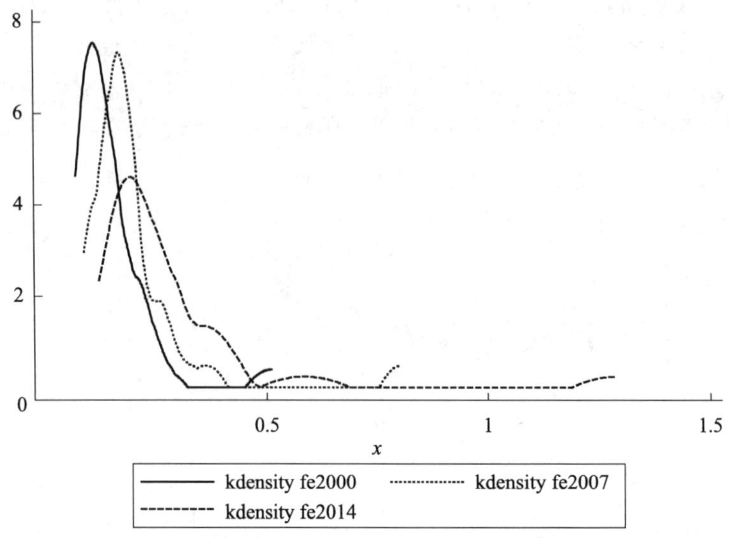

图 4.8 典型年份财政支出规模 Kernel 密度函数分布图

注：图中横轴代表各省区财政支出规模与财政支出规模均值的比值，纵轴代表概率密度，曲线即为各代表年份的省区财政支出规模差异核密度估计曲线。

4.2.1.2 财政支出结构的动态演变特征

财政支出结构是指政府各类财政支出项目在财政支出总额中的组合和比重。为了反映不同性质或类别的财政支出项目对产业结构升级的影响效应，本章将政府财政支出主要区分为以下三大类：(1) 政府投资性支出（*GIE*），指政府在基础设施建设、部分重大基础工业、区域开发、科技创新、高新技术产业发展等方面的财政支出，主要目的是为了大力发展经济。本章采用政府投资性支出占 GDP 比重予以表征。(2) 政府消费性支出（*GCE*），指政府在国防、公共安全、行政管理等方面的财政支出，主要目的是为了维护国家安全及公共管理机构的正常运转。本章采用政府消费性支出占 GDP 比重予以表征。(3) 政府民生性支出（*GPE*），指政府在教育、社会保障与就业、医疗卫生、支农等方面的财政支出以及对落后地区的转移支付支出，主要目的是为公众尤其是低收入群体提供基础社会保障，具有社会财富再分配功能。本章采用政府民生性支出占 GDP 比重予以表征。2000—2014 年间全国财政支出结构演化趋势如图 4.9 所示。

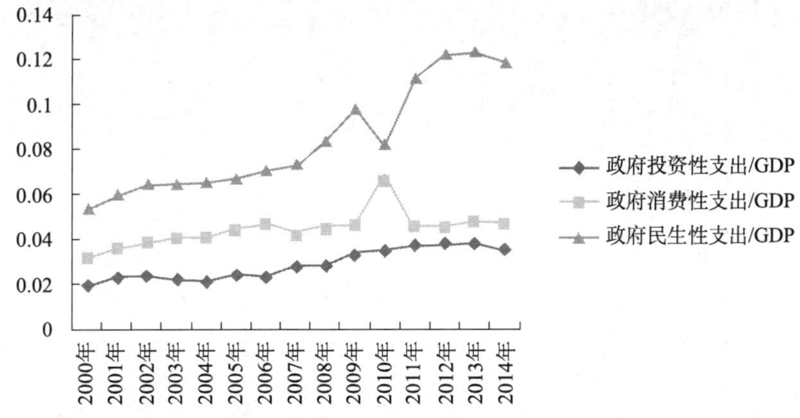

图 4.9　2000—2014 年全国财政支出结构演化趋势图

资料来源：根据历年《中国统计年鉴》、《中国财政年鉴》的统计数据整理计算得出。

由图 4.9 可知，2000—2014 年间，中国政府投资性支出、政府消费性支出以及政府民生性支出占当年 GDP 比重基本呈现递增趋势，其中，三种类别财政支出项目比重按大小顺序依次排列为：政府民生性支出 > 政府消费性支出 > 政府投资性支出。接下来，本章采用非参数的高斯正态 Kernel 密度分布函数分别估算了 2000 年、2007 年和 2014 年三个典型年份中国省区财政支出结构（政府投资性支出、政府消费性支出和政府民生性支出）空间差异的核密度函数。

其中，政府投资性支出在 2000 年、2007 年和 2014 年三个典型年份间的核密度函数分布图如图 4. 10 所示。横轴表示全国省区政府投资性支出，纵轴表示相对应的 Kernel 密度值。

政府消费性支出在 2000 年、2007 年和 2014 年三个典型年份间的核密度函数分布图如图 4. 11 所示。横轴表示全国省区政府消费性支出，纵轴表示相对应的 Kernel 密度值。

政府民生性支出在 2000 年、2007 年和 2014 年三个典型年份间的核密度函数分布图如图 4. 12 所示。横轴表示全国省区政府民生性支出，纵轴表示相对应的 Kernel 密度值。

由图 4. 10、图 4. 11 和图 4. 12 可知，从具体分布形态来看：首先，中国省区层面的政府投资性支出水平、政府消费性支出水平和政府民生性支出水平均表现出显著的“左偏”现象，表明大部分地区的政府投资性支出水平、政府消费性支出水平和政府民生性支出水平均低于各自指标的全国平均水平。其次，中国政府投资性支出水平、政府消费性支出水平和政府

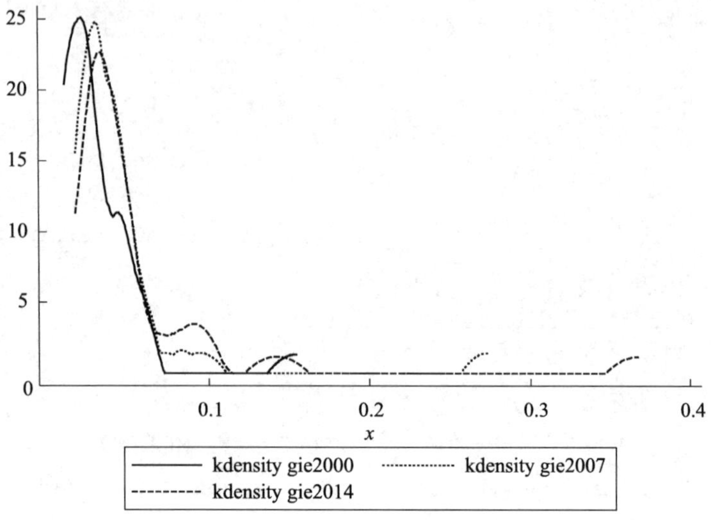

图 4.10　典型年份政府投资性支出 Kernel 密度函数分布图

注：图中横轴代表各省区政府投资性支出与政府投资性支出均值的比值，纵轴代表概率密度，曲线即为各代表年份的省区政府投资性支出差异核密度估计曲线。

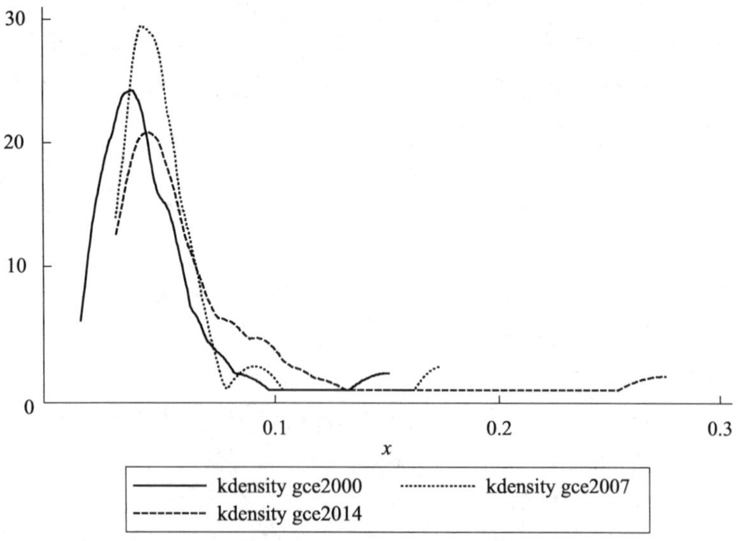

图 4.11　典型年份政府消费性支出 Kernel 密度函数分布图

注：图中横轴代表各省区政府消费性支出与政府消费性支出均值的比值，纵轴代表概率密度，曲线即为各代表年份的省区政府消费性支出差异核密度估计曲线。

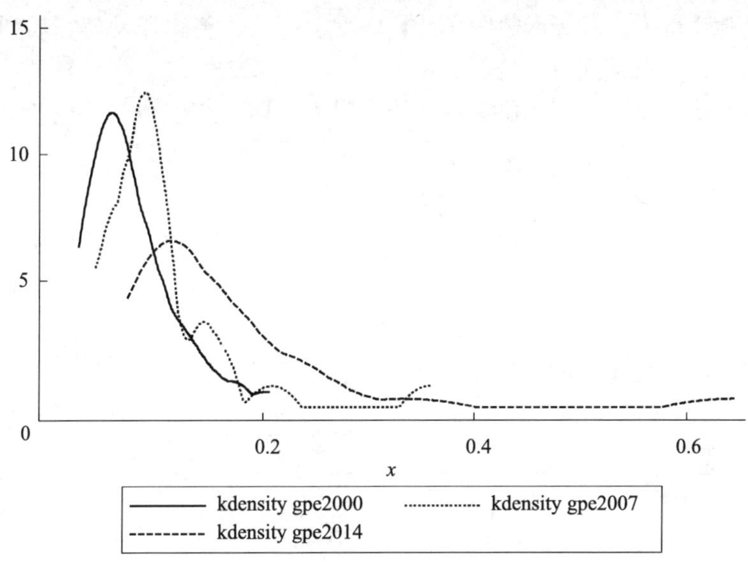

图 4.12　典型年份政府民生性支出 Kernel 密度函数分布图

注：图中横轴代表各省区政府民生性支出与政府民生性支出均值的比值，纵轴代表概率密度，曲线即为各代表年份的省区政府民生性支出差异核密度估计曲线。

民生性支出水平的主峰在 2000 年、2007 年和 2014 年这三个典型年份期间均逐步向右侧移动，表明随着时间的推移，中国省区间政府投资性支出水平、政府消费性支出水平和政府民生性支出水平的差距在不断缩小。另外，中国区域政府投资性支出分布由 2000 年的“双峰”形状逐步演化至 2014 年的“多峰”形状，表明中国区域政府投资性支出分布呈现出由“两极化”转变为“多极化”的发展态势；中国区域政府消费性支出分布由 2000 年的“单峰”形状逐步演化至 2014 年的“多峰”形状，表明中国区域政府消费性支出分布呈现出由“单极化”转变为“多极化”的发展态势。

4.2.1.3　财政支出效率的动态演变特征

1. 财政支出效率的测度。财政支出效率是指财政系统的投入产出比。为了追求经济发展目标，各省区通过对财政资源进行配置与调整，从而实现财政效率的最大化。已有文献对财政支出效率的测度，主要采用回归分析法、因子分析法和传统 DEA 方法等，本章将运用考虑非期望产出的非径向、非角度超效率 SBM 模型来测算财政支出效率。与传统的径向 DEA 方法（Data Envelopment Analysis，数据包络分析方法）不同，SBM 模型是直接将松弛变量引入目标函数中来计算效率值，其经济解释是使实际利润最大化而不是仅仅得到效益比例最大化（Tone，2002[176]）。SBM 模型首先假设有 n 个决策单元，每个决策单元均由投入、期望产出和非期望产出三个要素构成，其向量形式分别表示为 $X \in R^{m}$，$Y^{d} \in R^{r_1}$ 以及 $Y^{u} \in R^{r_2}$，X，Y^{d} 和 Y^{u} 是矩阵，$X = [x_1, \cdots, x_n] \in R^{m \times n}$、$Y^{d} = [y_1^{d}, \cdots, y_n^{d}] \in R^{s_1 \times n}$ 和 $Y^{u} = [y_1^{u}, \cdots, y_n^{u}] \in R^{s_2 \times n}$。其中，$X > 0$，$Y^{d} > 0$ 及 $Y^{u} > 0$，在规模报酬不变条件下生产可能集 P 定义为：

$$P = \{(X, Y^{d}, Y^{u}) \mid X \geqslant X\lambda, Y^{d} \leqslant Y^{d}\lambda, Y^{u} \geqslant Y^{u}\lambda, \lambda \geqslant 0\} \tag{4.9}$$

基于松弛变量下的 SBM 模型表示如下：

$$\rho = \min \frac{1 - \frac{1}{m}\sum_{i=1}^{m}\frac{w_i^{-}}{x_{i0}}}{1 + \frac{1}{s_1 + s_2}\left(\sum_{r=1}^{s_1}\frac{w_r^{d}}{y_{r0}^{d}} + \sum_{r=1}^{s_2}\frac{w_r^{u}}{y_{r0}^{u}}\right)} \tag{4.10}$$

$$\begin{aligned}
& s.t. \\
& x_0 = X\lambda + w^{-} \\
& y_0^{d} = Y^{d}\lambda - w^{d} \\
& y_0^{u} = Y^{u}\lambda + w^{u} \\
& w^{-} \geqslant 0, w^{d} \geqslant 0, w^{u} \geqslant 0
\end{aligned}$$

（4.9）式和（4.10）式中：s_1、s_2 分别表示投入与产出的松弛量。ρ 为效率评价标准，w^{-} 和 w^{u} 分别表示投入过剩与非期望产出过多，w^{d} 表示产出不足，m 为投入要素种类，λ 表示权重向量。目标函数 ρ 关于 w^{-}、w^{u} 和 w^{d} 严格递减。对于特定的评价单元，当 $w^{-}=0$、$w^{u}=0$ 和 $w^{d}=0$ 时，即 $\rho=1$ 时 DMU（Decision Making Unit，决策单元）为 SBM 有效率。如果 $\rho<1$，表明 DMU 为 SBM 非有效，存在投入冗余或产出不足。同时，Tone (2002)[176]还提出了超效率 SBM 模型，超效率 SBM 模型的基本原理是将被评价 DMU 从参照集中排除从而使得求解出的效率值可能大于 1，弥补了不能将所有决策单元效率值计算出来的缺陷。

为了测得财政支出效率，同时考虑到数据的可得性、准确性和一致性，本章接下来将以人均财政支出作为投入指标；至于产出指标的选取，一方面以教育水平、公共卫生、社保就业、农业情况、固定资产、基础设施、邮电通信、住房水平等公共服务供给水平指标作为期望产出；另一方面则以失业率和政府违规行为作为非期望产出。关于投入指标、期望产出和非期望产出的相关指标及数据处理说明如表 4.8 所示。

表 4.8　　　　　　　财政支出效率投入产出指标说明表

<table>
<tr><th rowspan="2">投入指标</th><th colspan="2">产出指标</th></tr>
<tr><th>期望产出</th><th>非期望产出</th></tr>
<tr><td>人均财政支出</td><td>（1）教育水平。教育情况选取人均教育年限来表征，其中人均教育年限计算方法如下：$education = pop1 \times 6 + pop2 \times 12 + pop3 \times 12 + pop4 \times 6$，其中，$pop1$、$pop2$、$pop3$ 和 $pop4$ 分别表示小学、中等职业教育、普通高中和高等学校的在校学生数占年末总人口的比重。
（2）公共卫生，采用人均卫生机构床位数予以表征。
（3）社会保障，采用基本社会保险覆盖率作为代理变量，
$$基本社会保险覆盖率 = \frac{已参保基本养老保险人数}{地区人口数} \times 50\% + \frac{已参保城镇职工医疗保险人数}{地区就业人口数} \times 50\%$$
（4）农业情况，采用有效灌溉面积与总播种面积之比来表征。
（5）固定资产，采用固定资产形成额占 GDP 比重来表征。
（6）基础设施，采用铁路网密度作为代理变量，具体则采用铁路营业里程与各省区土地面积之比来表征。
（7）邮电通信，采用人均邮电通信量来表征。
（8）住房水平，采用农村人均住房面积来表征。</td><td>（1）失业率，采用城镇失业率作为代理变量。
（2）政府违规行为，采用违规金额比重来表征。</td></tr>
</table>

基于 2000—2014 年间我国 31 个省区的投入产出数据，本章运用 MAX-DEA6.4 软件对各省区的财政支出效率进行测算。

2. 财政支出效率的动态演变特征。从测算结果来看，财政支出效率的均值为 0.616，标准差为 0.268，地区之间的效率差异较大。从区域视角来看，东部、中部、西部地区财政支出效率的平均值分别为 0.666、0.626 和 0.558，依次递减。为了直观反映区域财政支出效率差异的具体演化，本章采用非参数的高斯正态 Kernel 密度分布函数估算中国省区财政支出效率空间差异的核密度函数。受篇幅限制，本章选取 2000 年、2007 年和 2014 年的财政支出效率差异核密度函数作为典型样本进行对比分析，具体如图 4.13 所示。

由图 4.13 可知，从具体分布形态来看：首先，中国省区层面的财政支出效率水平呈现出一定程度的“右偏”特征，表明部分省区的财政支出效率高于全国平均水平。其次，中国财政支出效率水平的主峰在 2000 年、2007 年和 2014 年这三个典型年份期间逐步向左侧移动，表明随着时间的推移，中国省区间财政支出效率水平的差距在不断扩大。另外，中国区域财政支出效率分布由2000年的“双峰”形状逐步演化至2014年的“多峰”形状，表明中国区域财政支出效率分布呈现出由“两极化”转变为“多极化”的发展态势。

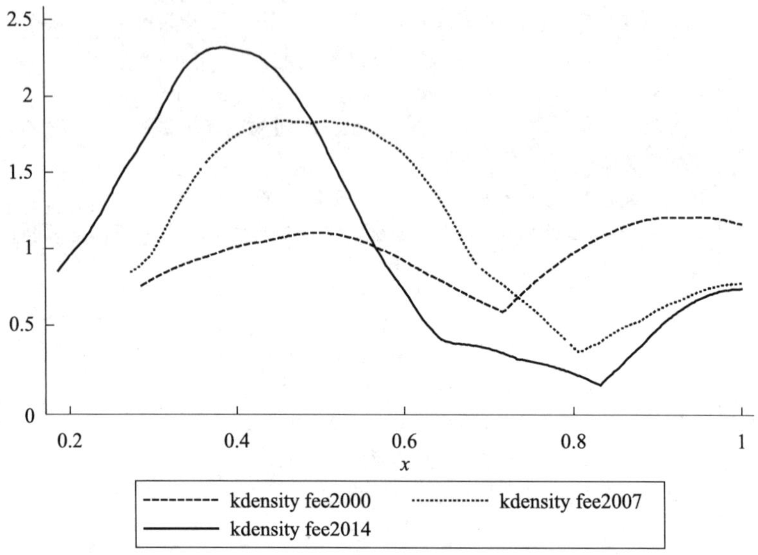

图4.13 典型年份财政支出效率Kernel密度函数分布图

注：图中横轴代表各省区财政支出效率与财政支出效率均值的比值，纵轴代表概率密度，曲线即为各代表年份的省区财政支出效率差异核密度估计曲线。

4.2.2 产业结构升级的动态演变特征

产业结构升级反映三次产业之间相互作用所产生的机制效应，本章采用产业结构升级指数（*ITU*）予以表征，具体测度方法为：$ITU = \sum_{j=1}^{n} q(j) \times j$，$q(j)$ 为第 j 产业占地区生产总值比重，$n=3$，*ITU* 的取值范围为［1，3］。若产业结构升级指数较高，表明产业结构合理高效、协调融洽，三次产业之间的协同效应最终将带来资源要素利用效率的整体提高；若产业结构升级指数较低，则说明产业结构不尽合理，存在资源浪费或未被充分利用等情形。2000—2014年间全国产业结构升级指数演化趋势如图4.14所示。

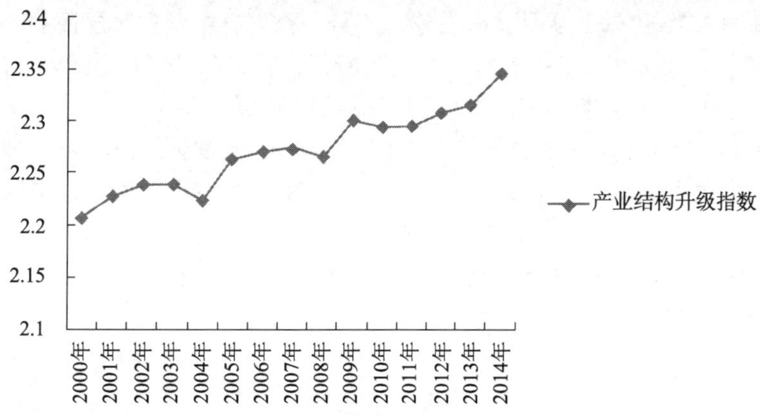

图 4.14　2000—2014 年间全国产业结构升级指数演化趋势图

资料来源：根据历年《中国统计年鉴》、各省统计年鉴的数据整理计算得出。

由图 4.14 可知，2000—2014 年间，中国产业结构升级指数基本呈现递增趋势。接下来，本章采用非参数的高斯正态 Kernel 密度分布函数分别估算了 2000 年、2007 年和 2014 年三个典型年份中国省区产业结构升级空间差异的核密度函数，具体如图 4.15 所示。

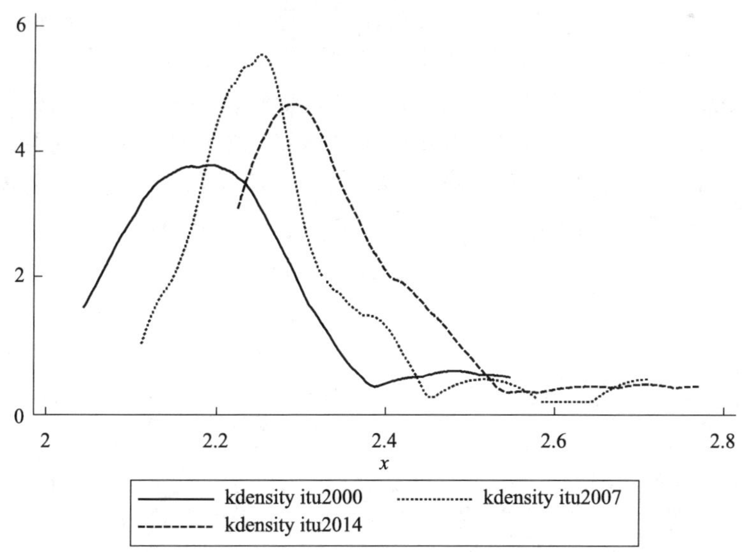

图 4.15　典型年份产业结构升级 Kernel 密度函数分布图

注：图中横轴代表各省区产业结构升级与产业结构升级均值的比值，纵轴代表概率密度，曲线即为各代表年份的省区产业结构升级差异核密度估计曲线。

由图 4.15 可知，从具体分布形态来看：首先，中国省区层面的产业结构升级水平呈现出一定程度的“左偏”特征，表明部分省区的产业结构升级低于全国平均水平。其次，中国产业结构升级水平的主峰在 2000 年、2007 年和 2014 年这三个典型年份期间逐步向右侧移动，表明随着时间的推移，中国省区间产业结构升级水平的差距在不断缩小。另外，中国区域产业结构升级分布由 2000 年的“双峰”形状逐步演化至 2014 年的“单峰”形状，表明中国区域产业结构升级分布呈现出由“两极化”转变为“单极化”的发展态势。

4.3 财政收入与产业结构升级的区域异质特征

4.3.1 财政收入的区域异质特征

财政收入政策，是指以税收收入和非税收入作为政府合法获取财政收入、调节社会资源配置和经济运行的制度安排的基本规定，主要包括收什么税费、收多少税费、如何收税费的设定和安排。财政收入作为国家治理系统中的一个重要子系统，主要由财政收入规则体系和财政收入征管组织体系构成，财政收入政策就是其中的规则体系，主要通过一定的财政收入总量、财政收入结构、具体税类、各项税种、税费率、宏观税费负担体现出来。一定的财政收入政策反映着政府与社会、政府与市场的关系，影响和制约着政府的治理、经济的运行和社会的和谐，是极其重要的经济制度安排和政府调控产业发展的重要工具。

本章将重点考察财政收入政策和产业结构升级在东部、中部和西部地区之间的区域异质特征。其中，东部地区包括北京、天津、河北、辽宁、上海、江苏、浙江、福建、山东、广东、海南等 11 个省区；中部地区包括黑龙江、吉林、山西、安徽、江西、河南、湖北、湖南等 8 个省区；西部地区包括内蒙古、广西、重庆、四川、贵州、云南、陕西、甘肃、青海、宁夏、新疆、西藏等 12 个省区。

4.3.1.1 财政收入总量的区域异质特征

财政收入总量是指政府为履行其职能、实施公共政策和提供公共产品与服务需要而筹集的一切资金的总和，本章采用财政收入占 GDP 的比重予以表征。图 4. 16 和图 4. 17 具体列示了 2000—2014 年间我国东部、中部、西部地区财政收入总量（地区平均值）的区域分布情况。

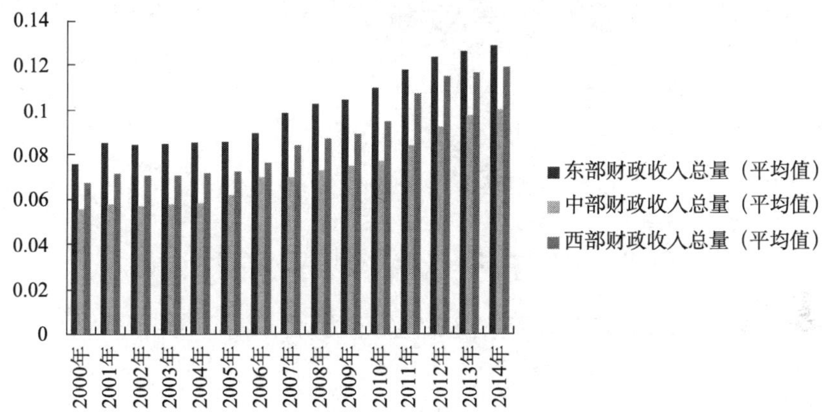

图 4. 16　2000—2014 年东部、中部、西部地区财政收入总量（平均值）分布图

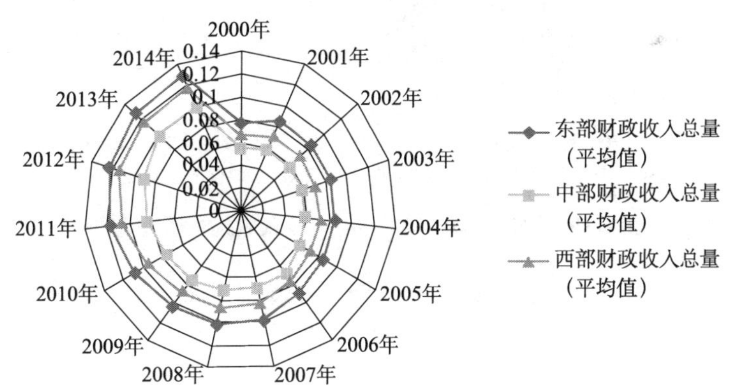

图 4. 17　2000—2014 年东部、中部、西部地区财政收入总量（平均值）雷达图

由图 4. 16 和图 4. 17 可知，财政收入总量在东部、中部、西部地区之间呈现较为显著的差异性，研究期间（2000—2014 年）财政收入占 GDP 比重按从大到小的顺序基本为：东部地区 > 西部地区 > 中部地区。接下来，为了具体显示财政收入总量的区域差异性，本章依次采用雷达图列示出东部、中部、西部地区内部各省区财政收入总量的分布情况。其中，东部地区具体省区财政收入总量的雷达分布情况如图 4. 18 所示。

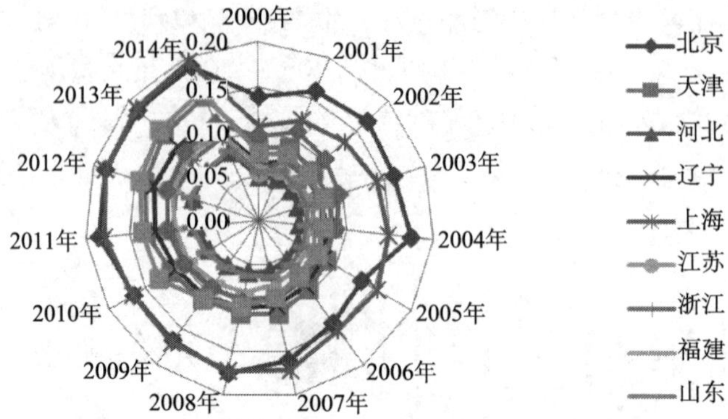

图 4.18　2000—2014 年东部地区财政收入总量雷达图

中部地区具体省区财政收入总量的雷达分布情况如图 4.19 所示。

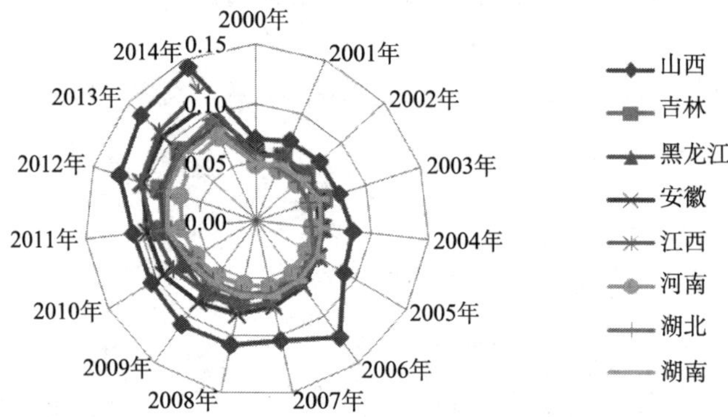

图 4.19　2000—2014 年中部地区财政收入总量雷达图

西部地区具体省区财政收入总量的雷达分布情况如图 4.20 所示。

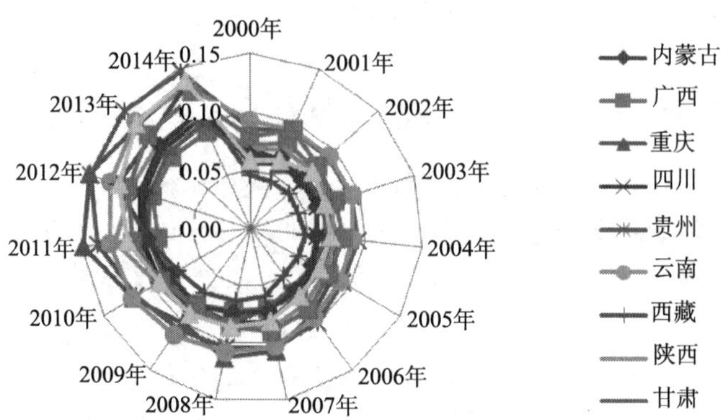

图 4.20　2000—2014 年西部地区财政收入总量雷达图

由图 4. 18、图 4. 19 和图 4. 20 可知，三大区域内部各省区的财政收入总量亦是呈现出一定程度上的异质特征，原因是各省区的经济基础、资源禀赋、发展阶段、政策环境、区位优势等方面存在差异性。

4. 3. 1. 2　财政收入结构的区域异质特征

财政收入主要由税收收入和非税收入两部分构成，其两者之间的比例对政府可支配财力、各级政府行为、各市场主体行为具有重要影响。本章主要关注财政收入结构指标的区域异质特征，采用非税收入与税收收入的比值予以表征。图 4. 21 和图 4. 22 具体列示了 2000—2014 年间我国东部、中部、西部地区财政收入结构指标（地区平均值）的区域分布情况。

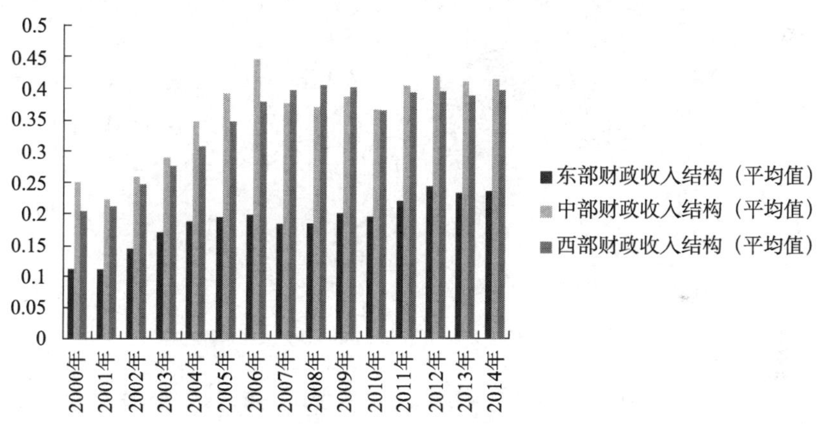

图 4. 21　2000—2014 年东部、中部、西部地区财政收入结构（平均值）分布图

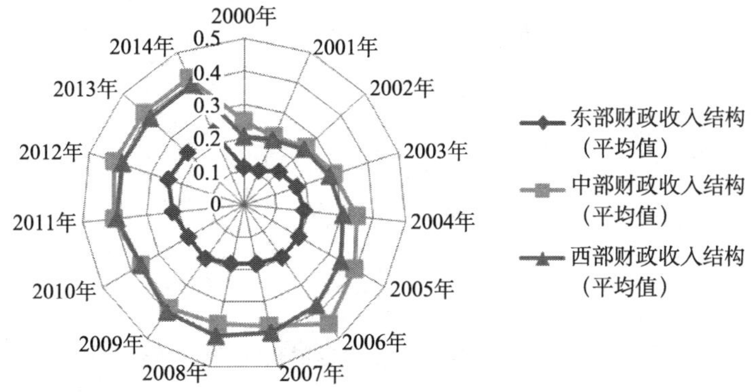

图 4. 22　2000—2014 年东部、中部、西部地区财政收入结构（平均值）雷达图

由图 4. 21 和图 4. 22 可知，财政收入结构在东部、中部、西部地区之间呈现较为显著的差异性，2000—2006 年间和 2010—2014 年间财政收入结构指标（非税收入与税收收入之比）按从大到小的顺序基本为：中部地区 > 西部地区 > 东部地区；2007—2009 年间按从大到小的顺序则为：西部地区 > 中部地区 > 东部地区。接下来，为了具体显示财政收入结构指标的区域差异性，本章依次采用雷达图列示出东部、中部、西部区域内部各省区财政收入结构指标的分布情况。其中，东部地区具体省区财政收入结构指标的雷达分布情况如图 4. 23 所示。

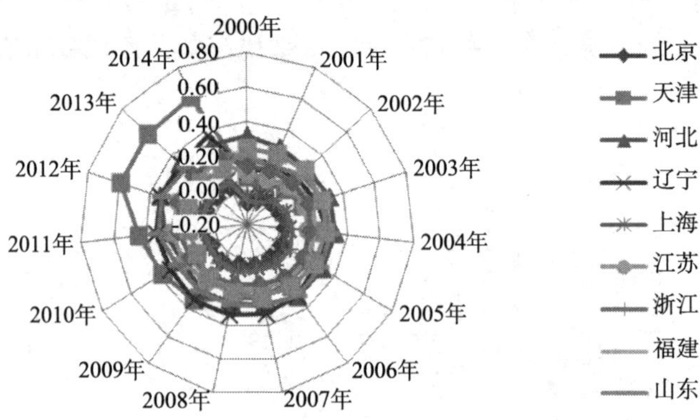

图 4. 23　2000—2014 年东部地区财政收入结构雷达图

中部地区具体省区财政收入结构指标的雷达分布情况如图 4. 24 所示。

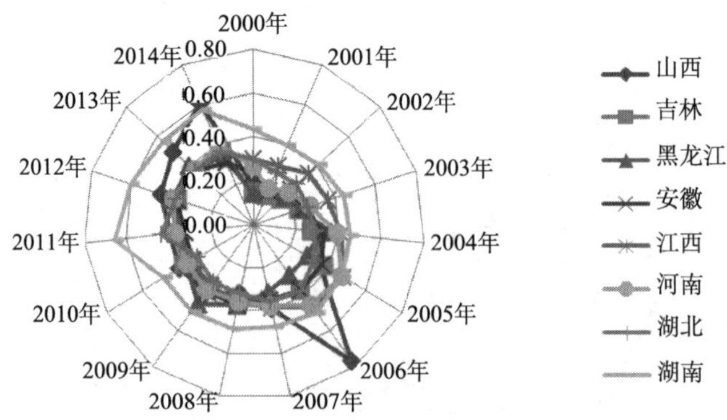

图 4. 24　2000—2014 年中部地区财政收入结构雷达图

西部地区具体省区财政收入结构指标的雷达分布情况如图 4. 25 所示。由图 4. 23、图 4. 24 和图 4. 25 可知，三大区域内部各省区的财政收入结构指标亦是呈现出一定程度的异质特征。较之其他两大区域而言，西部地区内部各省区之间的差异性更为明显。

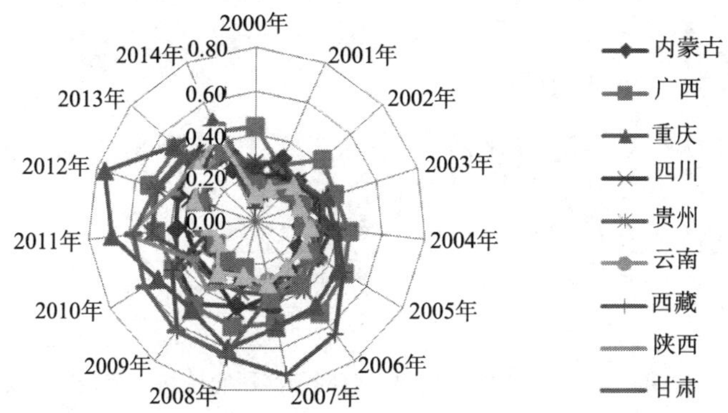

图4.25　2000—2014年西部地区财政收入结构雷达图

4.3.1.3　税制结构的区域异质特征

税制结构，是指各税类或税种在社会再生产中的分布状况及相互之间的比重关系，本章采用间接税与直接税的比值予以表征。其中，间接税主要包括增值税和营业税，鉴于营业税自1994年税制改革以来一直就属于地方税，即使2011年开始实行“营改增”改革试点，但在样本研究期间营业税仍然保留在地方，所以在计算时对此不需要进行调整，但是增值税是中央与地方共享税，中央与地方的分成比例在样本区间一直是3∶1，所以要将地方财政收入中的增值税收入乘以4即为该地区的实际增值税数据；直接税方面，企业所得税、个人所得税和财产税是地方直接税系的三大主要组成部分。由于所得税在1994—2001年属于地方税，2001年之后为提高中央政府的财力集中度，改为中央地方共享税，2002年中央与地方的分成比例为1∶1，2002年之后的分成比例为3∶2，因此，将2002年地方财政收入中的所得税收入乘以2，2003年及以后年份乘以2.5就能近似得到相应年份的地区实际所得税收入。房产税、车船税、城镇土地使用税、契税、耕地占用税以及土地增值税是财产税的重要组成部分，而这些税种在样本研究期间就一直归地方，不需进行调整，所以将这些税种直接相加就得到了该地区实际财产税收入。由于对相关税种的收入进行了调整，所以地方政府税收收入指标就采用经过相应调整之后的数据。图4.26和图4.27具体列示了2000—2014年间中国东部、中部、西部地区税制结构指标（地区平均值）的区域分布情况。

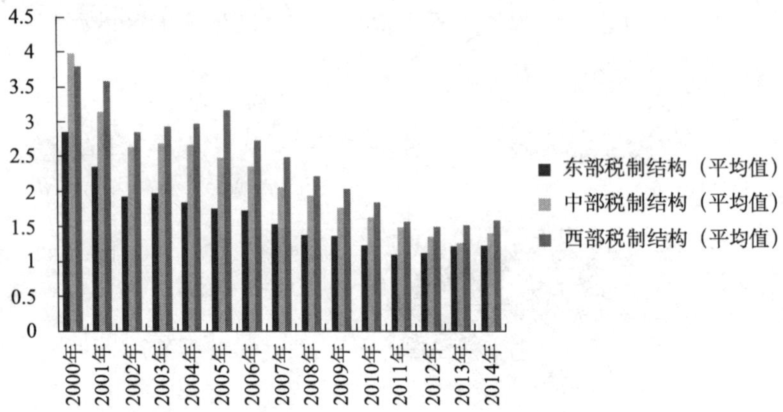

图 4.26　2000—2014 年东部、中部、西部地区税制结构（平均值）分布图

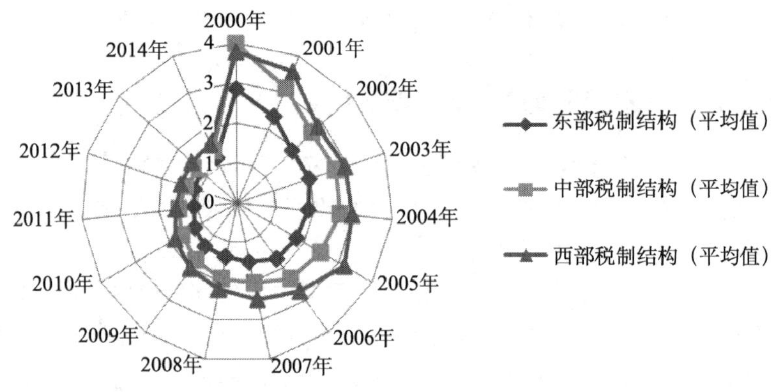

图 4.27　2000—2014 年东部、中部、西部地区税制结构（平均值）雷达图

由图 4.26 和图 4.27 可知，税制结构指标在东部、中部、西部地区之间呈现较为显著的差异性，除了 2000 年以外，2001—2014 年间间接税与直接税之比按从大到小的顺序基本为：西部地区 > 中部地区 > 东部地区。接下来，为了具体显示税制结构指标的区域差异性，本章依次采用雷达图列示出东部、中部、西部区域内部各省区间税制结构指标的分布情况。其中，东部地区具体省区税制结构指标的雷达分布情况如图 4.28 所示。

中东部地区具体省区税制结构指标的雷达分布情况如图 4.29 所示。

西部地区具体省区税制结构指标的雷达分布情况如图 4.30 所示。

由图 4.28、图 4.29 和图 4.30 可知，三大区域内部各省区的税制结构指标呈现出一定程度上的异质特征。

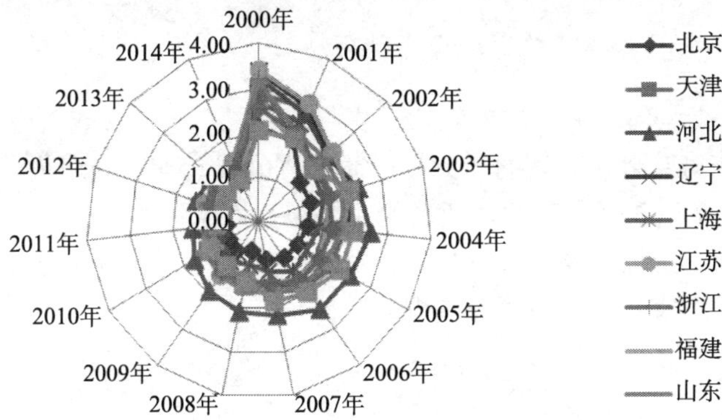

图4.28　2000—2014年东部地区税制结构雷达图

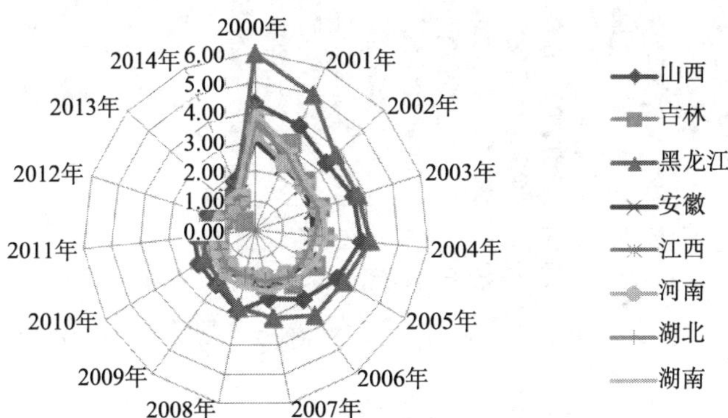

图4.29　2000—2014年中部地区税制结构雷达图

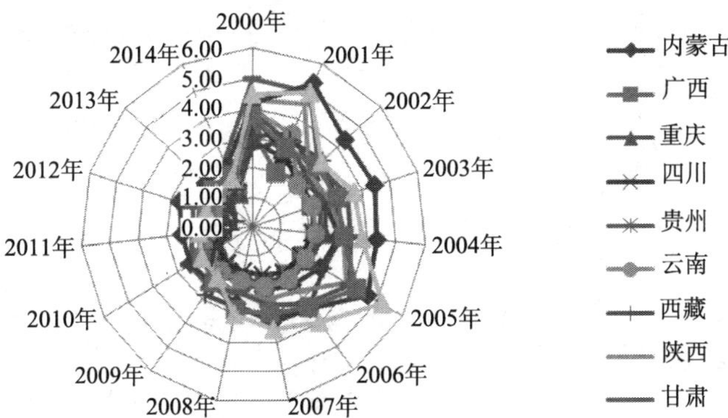

图4.30　2000—2014年西部地区税制结构雷达图

4.3.1.4　具体税类的区域异质特征

本章所指具体税类，主要包括货物与劳务税、所得税和财产税。

1. 货物与劳务税。货物与劳务税简称货劳税，本章采用货劳税占税收收入的比重予以表征，其中，货劳税主要包括增值税和营业税。图4.31和图4.32具体列示了2000—2014年间我国东部、中部、西部地区货劳税占比（地区平均值）的区域分布情况。

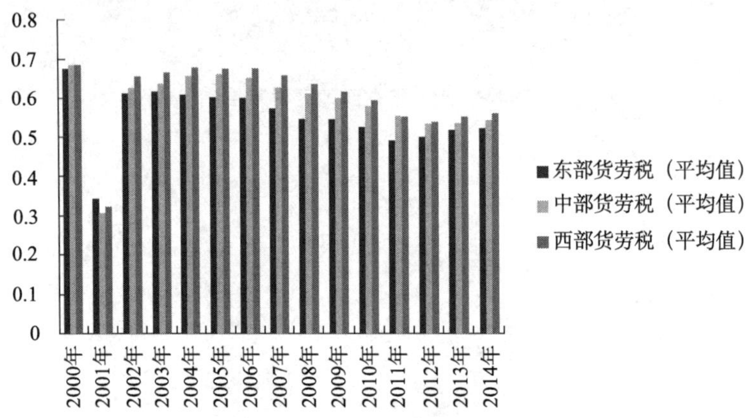

图4.31　2000—2014年东部、中部、西部地区货劳税（平均值）分布图

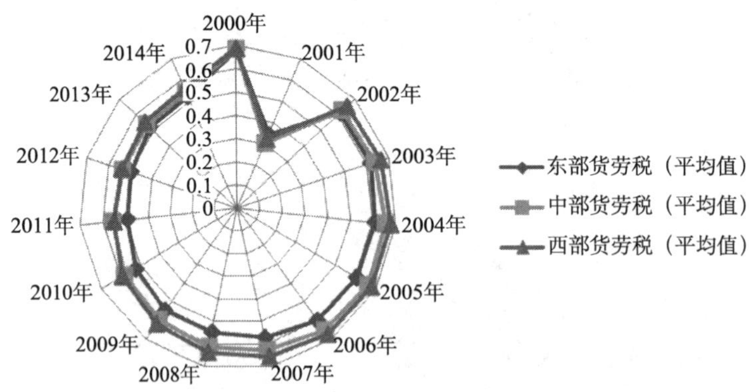

图4.32　2000—2014年东部、中部、西部地区货劳税（平均值）雷达图

由图4.31和图4.32可知，货劳税占比在东部、中部、西部地区之间呈现一定程度的差异性，除了2001年和2011年外，研究样本期间货劳税占税收收入比重按从大到小的顺序基本为：西部地区 > 中部地区 > 东部地区。接下来，为了具体显示货劳税占比的区域差异性，本章依次采用雷达图列示出东部、中部、西部区域内部各省区间货劳税占比的分布情况。其中，东部地区具体省区货劳税占比的雷达分布情况如图 4. 33 所示。

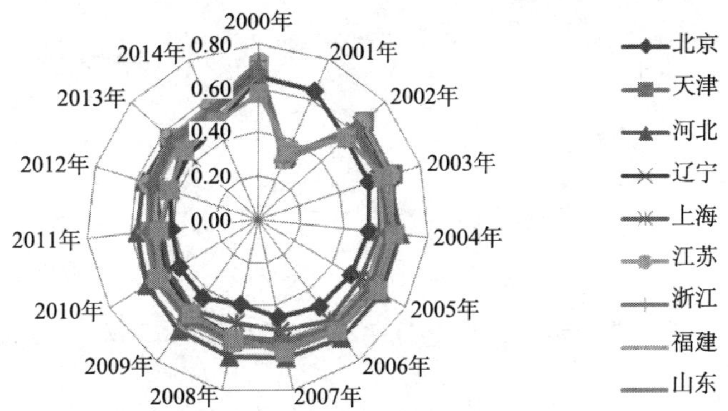

图 4. 33　2000—2014 年东部地区货劳税雷达图

中部地区具体省区货劳税占比的雷达分布情况如图 4. 34 所示。

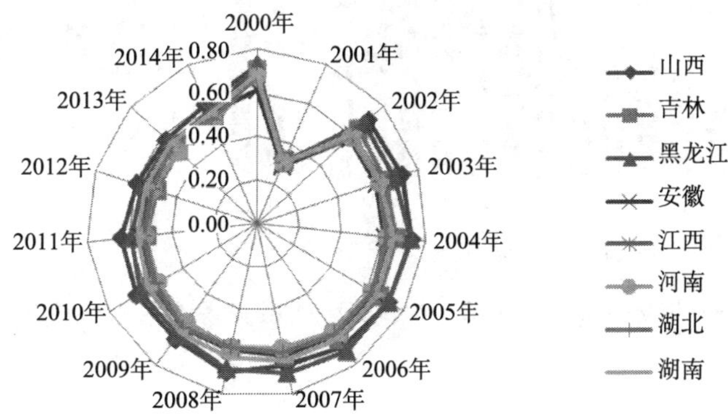

图 4. 34　2000—2014 年中部地区货劳税雷达图

西部地区具体省区货劳税占比的雷达分布情况如图 4. 35 所示。

由图 4. 33、图 4. 34 和图 4. 35 可知，三大区域内部各省区的货劳税占比呈现出一定程度上的异质特征，且三大区域的雷达分布形态具有相似性。

2. 所得税。所得税采用所得税占税收收入的比重予以表征，其中，所得税包括个人所得税和企业所得税。图 4. 36 和图 4. 37 具体列示了 2000—2014 年间我国东部、中部、西部地区所得税占比（地区平均值）的区域分布情况。

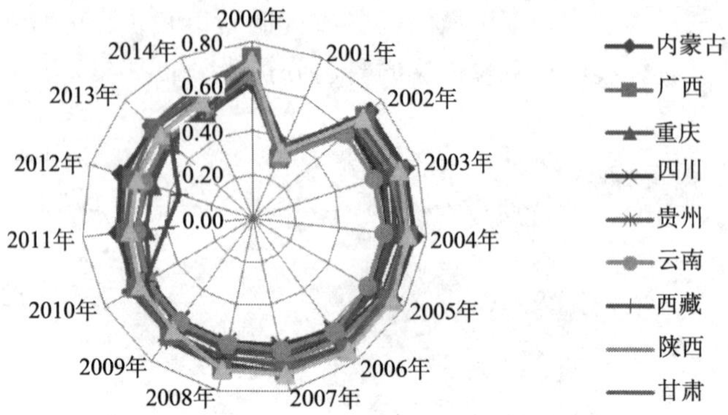

图 4.35　2000—2014 年西部地区货劳税雷达图

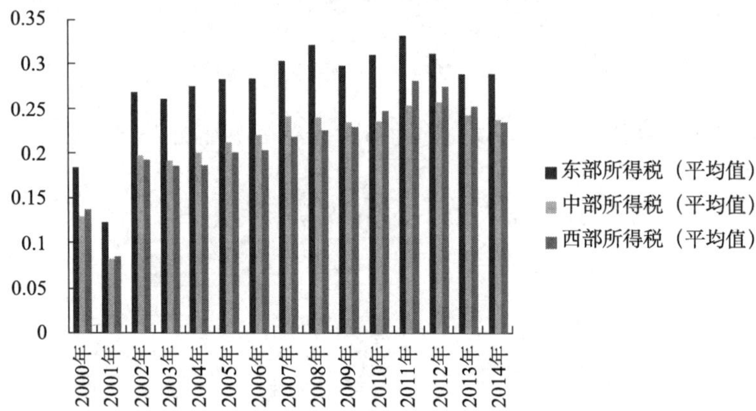

图 4.36　2000—2014 年东部、中部、西部地区所得税（平均值）分布图

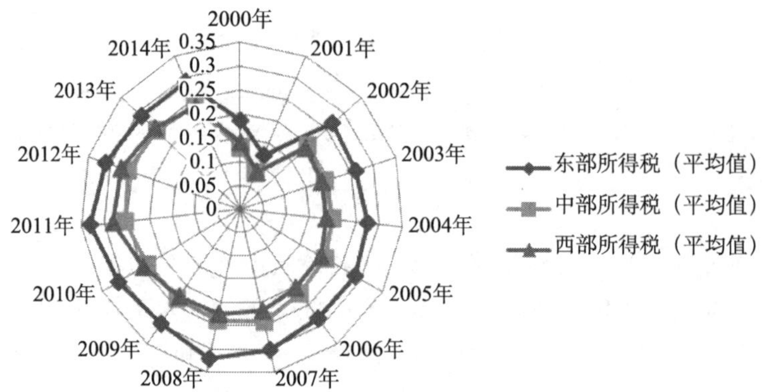

图 4.37　2000—2014 年东部、中部、西部地区所得税（平均值）雷达图

由图4.36和4.37可知，所得税占比在东部、中部、西部地区之间呈现一定程度的差异性，2000—2001年和2010—2013年间所得税占比按从大到小的顺序基本为：东部地区 > 西部地区 > 中部地区；2002—2009年间以及2014年所得税占比按从大到小的顺序基本为：东部地区 > 中部地区 > 西部地区。接下来，为了具体显示所得税占比的区域差异性，本章依次采用雷达图列示出东部、中部、西部区域内部各省区间所得税占比的分布情况。其中，东部地区具体省区所得税占比的雷达分布情况如图4.38所示。

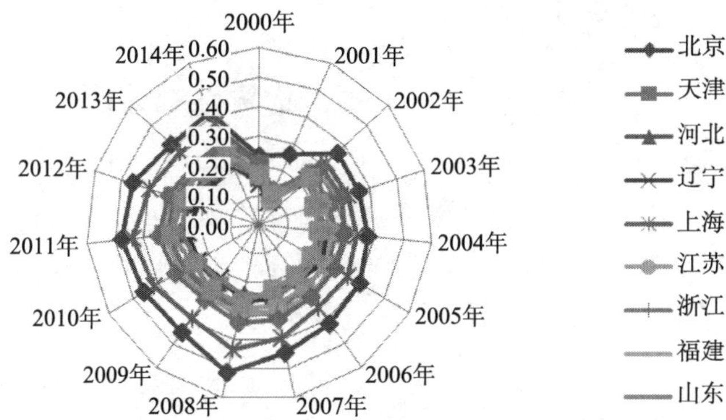

图4.38　2000—2014年东部地区所得税雷达图

中部地区具体省区所得税占比的雷达分布情况如图4.39所示。

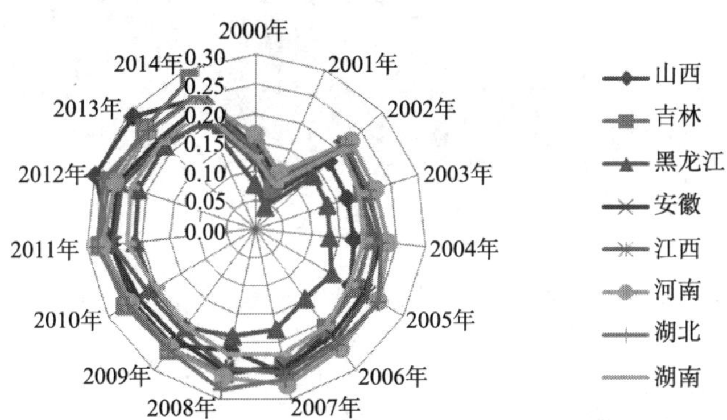

图4.39　2000—2014年中部地区所得税雷达图

西部地区具体省区所得税占比的雷达分布情况如图4.40所示。

由图4.38、图4.39和图4.40可知，三大区域内部各省区的所得税占比呈现出较为显著的异质特征，且东部地区和中部地区的异质性更为明显。

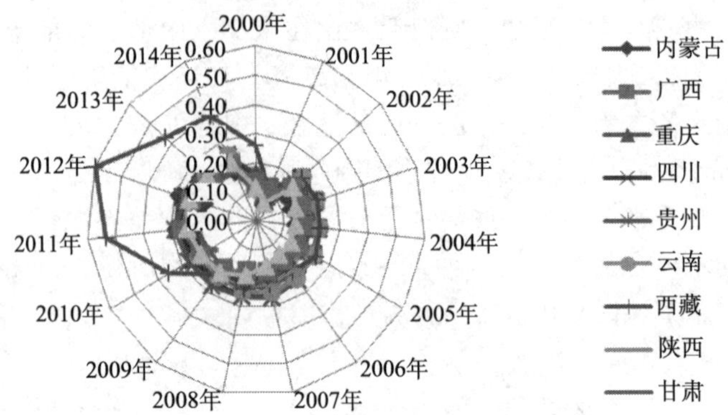

图 4.40　2000—2014 年西部地区所得税雷达图

3. 财产税。财产税采用财产税占税收收入的比重予以表征，其中，财产税包括房产税、城镇土地税、土地增值税、车船税、耕地占用税、契税。图 4.41 和图 4.42 具体列示了 2000—2014 年间我国东部、中部、西部地区财产税占比（地区平均值）的区域分布情况。

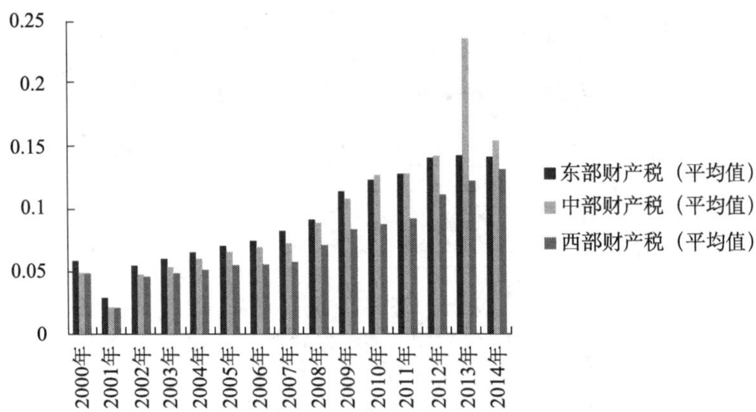

图 4.41　2000—2014 年东部、中部、西部地区财产税（平均值）分布图

由图 4.41 和图 4.42 可知，财产税占比在东部、中部、西部地区之间呈现一定程度的差异性，2000—2009 年间财产税占比按从大到小的顺序基本为：东部地区 > 中部地区 > 西部地区；2010—2014 年间财产税占比按从大到小的顺序基本为：中部地区 > 东部地区 > 西部地区。接下来，为了具体显示财产税占比的区域差异性，本章依次采用雷达图列示出东部、中部、西部区域内部各省区间财产税占比的分布情况。其中，东部地区具体省区财产税占比的雷达分布情况如图 4.43 所示。

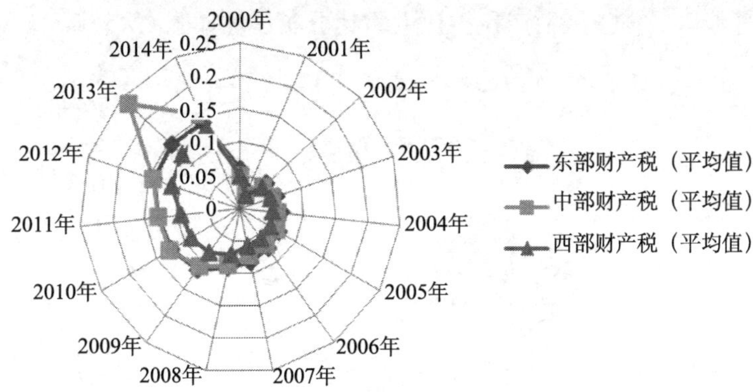

图 4.42　2000—2014 年东部、中部、西部地区财产税（平均值）雷达图

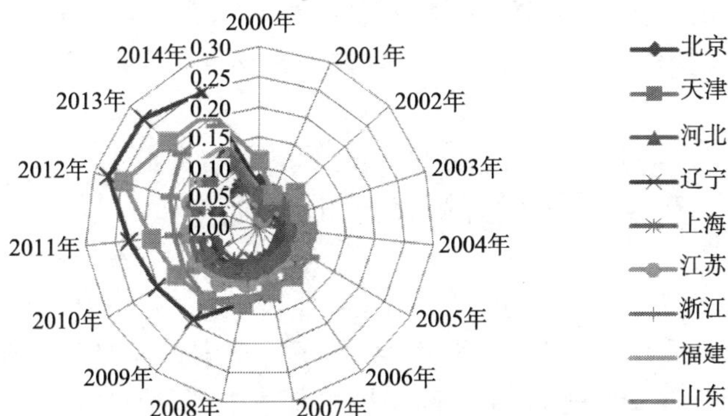

图 4.43　2000—2014 年东部地区财产税雷达图

中部地区具体省区财产税占比的雷达分布情况如图 4.44 所示。

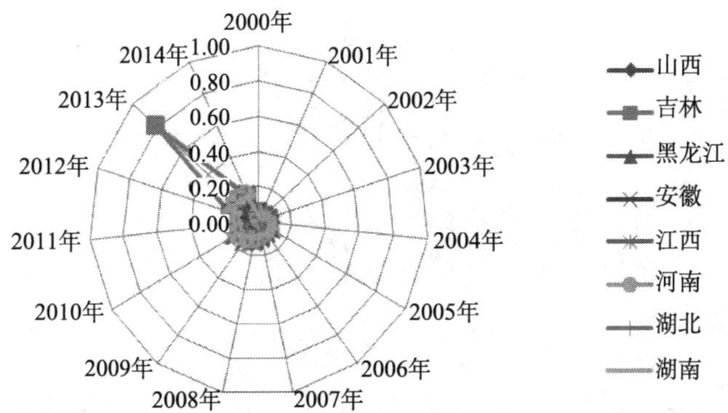

图 4.44　2000—2014 年中部地区财产税雷达图

西部地区具体省区财产税占比的雷达分布情况如图 4.45 所示。

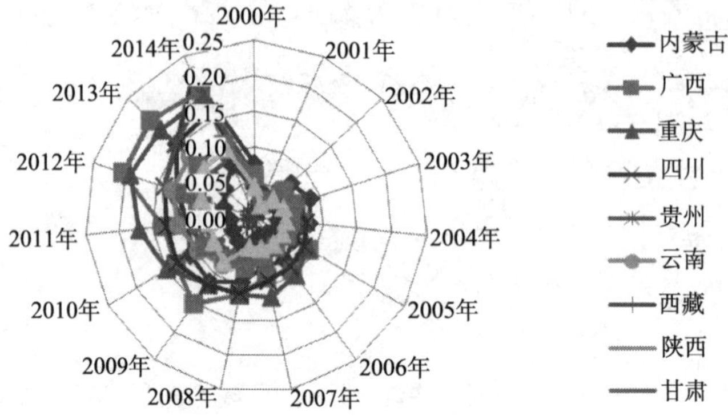

图 4.45　2000—2014 年西部地区财产税雷达图

由图 4.43、图 4.44 和图 4.45 可知，三大区域内部各省区的财产税占比呈现出一定程度上的异质特征，且东部地区和西部地区的异质性更为明显。

4.3.2　产业结构升级的区域异质特征

由于地区资源禀赋、经济发展基础、区位条件等方面的异质性，中国不同地区的产业结构升级水平和速度亦呈现出显著的差异性。图 4.46 和图 4.47 具体列示了 2000—2014 年间中国东部、中部、西部地区产业结构升级指数（地区平均值）的区域分布情况。

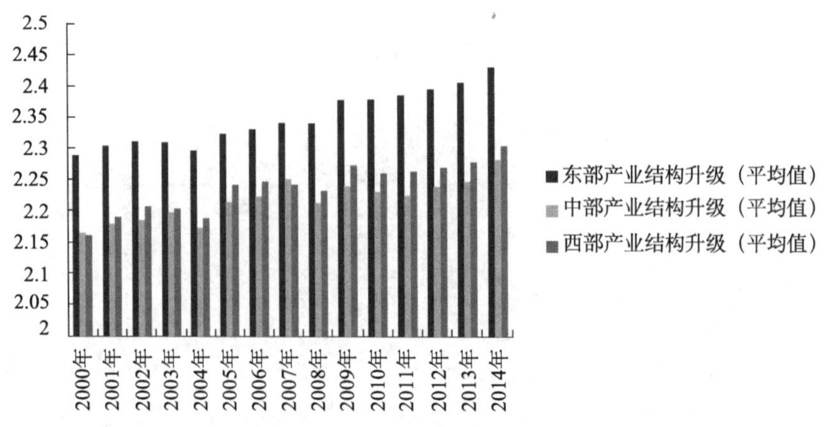

图 4.46　2000—2014 年东部、中部、西部地区产业结构升级（平均值）分布图

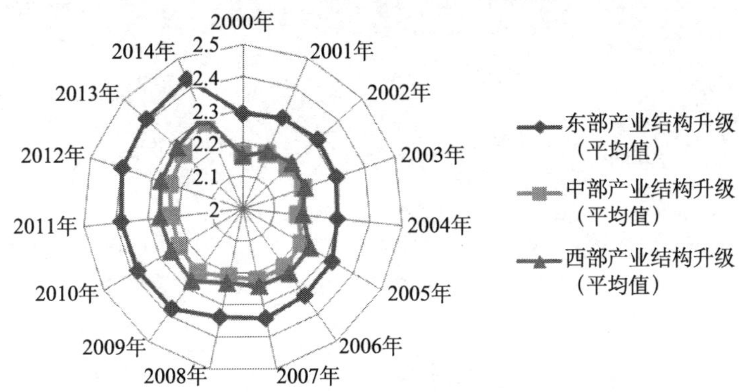

图 4.47　2000—2014 年东部、中部、西部地区产业结构升级（平均值）雷达图

由图 4.46 和图 4.47 可知，产业结构升级在东部、中部、西部地区之间呈现一定程度的差异性，除 2000 年外，2001—2014 年间产业结构升级指数按从大到小的顺序基本为：东部地区 > 西部地区 > 中部地区。接下来，为了具体显示产业结构升级的区域差异性，本章依次采用雷达图列示出东部、中部、西部区域内部各省区间产业结构升级的分布情况。其中，东部地区具体省区产业结构升级的雷达分布情况如图 4.48 所示。

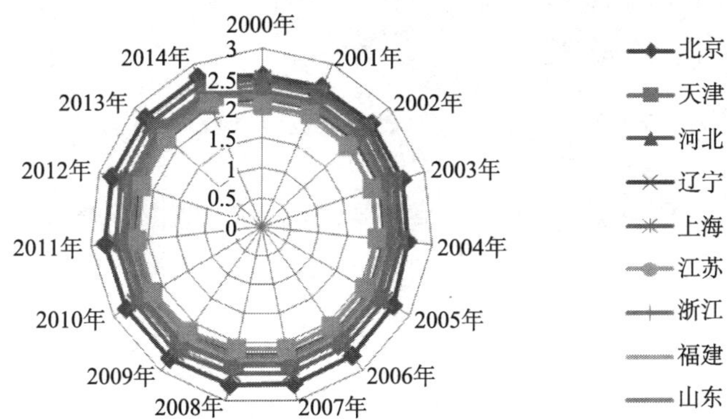

图 4.48　2000—2014 年东部地区产业结构升级雷达图

中部地区具体省区产业结构升级的雷达分布情况如图 4.49 所示。

西部地区具体省区产业结构升级的雷达分布情况如图 4.50 所示。

由图 4.48、图 4.49 和图 4.50 可知，三大区域内部各省区的产业结构升级呈现出一定程度上的异质特征。

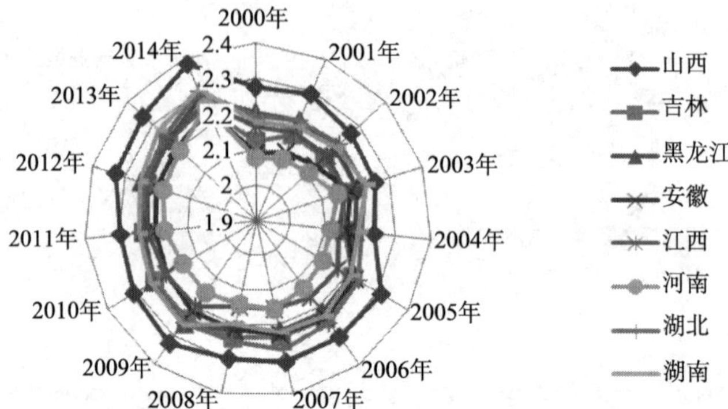

图 4.49　2000—2014 年中部地区产业结构升级雷达图

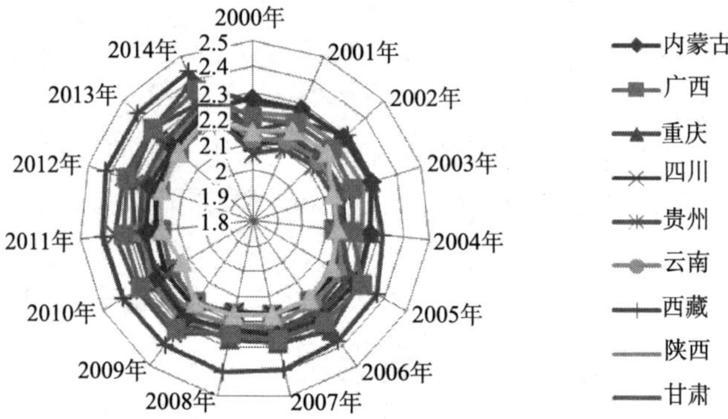

图 4.50　2000—2014 年西部地区产业结构升级雷达图

第5章

财政分权对产业结构升级的影响：基于空间效应视角

5.1 引言

在当前复杂多变的国际国内经济形势下，我国经济增长动力面临转换，加快推进产业结构升级将成为今后一段时期新的经济增长动力源。在产业培育、发展与转型升级过程中，应着力发挥并优化财政的资源要素配置效用，关注与重视以财政分权为核心的财政体制安排对产业转型升级以及产业结构布局带来的影响，充分发挥财税政策在引导经济要素在产业间流动、优化要素在产业间配置中的作用。为了实现产业结构升级目标，必须通过优化财政分权结构来提高产业结构升级效率，最终形成财政体制与产业发展的有效互动。在区域间的产业结构策略性竞争中，现有财政分权制度究竟会对区域产业结构升级产生何种影响？如何通过优化财政分权结构来提高产业结构升级水平、促进区域产业均衡发展，值得我们去深入研究。此外，在我国区域经济发展进程中，产业结构升级的进度在发达地区与欠发达地区之间并不一致，并且考虑到财政分权制度、公共政策的外溢性产生的策略性竞争与“搭便车”行为进一步增强了产业发展的空间关联性，本章认为有必要从产业结构的空间异质性、财政分权的本地效应与空间外部性出发，将地区间的交互依赖关系纳入到空间计量分析框架中，通过构建财政分权影响产业结构升级的空间计量模型，实证检验财政分权对产业结构升级的空间溢出效应，即财政分权体制下区域产业发展与竞争、区域产业转型与集聚的关系。

与以往研究相比，本章在研究视角、内容与方法上将从以下四个方面加以调整：第一，与以往单纯发现区域间产业结构存在差异的研究不同，本章从探讨不同区域间产业发展与结构调整互动相关的制度性成因出发，将财政分权这一制度性因素与产业结构升级纳入统一的分析框架，为理解中国整体区域间产业结构升级的空间差异提供了一个更为细致的研究视角；第二，与仅从支出角度构建财政分权指标的传统做法不同，本章将同时从支出分权和收入分权两个维度进行考察，从而使研究更加贴近现实；第三，利用综合了空间滞后模型和空间误差模型的 SDM 模型分别考察财政支出分权、财政收入分权对产业结构升级的空间溢出效应，并基于直接影响和间接影响两个角度对其影响路径进行科学识别；第四，利用空间变系数模型中的 GWR 模型，对财政分权影响区域产业结构升级的作用效应进行局域变参数实证估计，同时采用 LISA 方法来揭示这种影响作用的空间分布格局及空间关联模式特征。

5.2 财政分权对产业结构升级影响的空间杜宾模型分析

5.2.1 空间杜宾模型设定

基于上述理论分析可知，财政分权将会对我国的产业结构升级产生一定的影响，且财政分权对产业结构升级的影响主要取决于分权制度的负外部性和正外部性两种效应的合力大小。负外部性主要表现为：财政分权体制下地方政府被赋予极大的权力实现对本地产业和企业的管理，使得地方政府的财政收入与本地产业发展绩效、企业经营效益息息相关，而地方政府行为以追求资本投资与经济增长作为其核心目标，从而造成财政资源配置可能与产业结构升级方向相背离。财政分权度的提高也有可能推进产业结构升级，这主要归因于地方政府可支配财力的扩张可以带来技术进步、创新溢出以及竞争效应，从而获得财政分权制度的正外部性。为了考察财政分权这一制度因素如何影响到本地产业结构升级及地区之间产业结构调整与转型发展的策略性竞争行为，本章将模型初步设定如下：

$$ITU_{it} = \alpha_0 + \alpha_k X_{itk} + \mu_i + \nu_t + \varepsilon_{it} \qquad (5.1)$$

（5.1）式中：i 和 t 分别表示第 i 个地区和第 t 年，ITU_{it} 表示产业结构升级，α_k 为第 k 个解释变量的估计系数，μ_i 为地区固定效应，ν_t 为时间固定效应，ε_{it} 为随机扰动项，X_{itk} 则包含财政收入分权、财政支出分权和其他控制变量。

由于产业结构升级存在空间相关性，并且这一现象与地方政府行为密切相关。事实上，由于产业间的生产率水平存在明显差异，劳动力、资本、技术、信息等要素的自发流动也会影响到该地区产业结构调整速度，并通过投入产出关联、溢出效应等最终影响到其他地区产业结构升级速度与水平。有鉴于此，本章试图从空间溢出效应的视角建立财政分权制度与产业结构升级之间的研究框架，并将反映地区相似性和经济属性相似性的空间权重矩阵分别引入 SDM 模型，实证检验财政收入分权和支出分权对本地区及相邻地区的产业影响效应，并积极探讨相邻地区间策略性产业竞争的成因。根据观测值空间相关性的不同冲击方式，空间计量模型可以划分为 SEM 模型和 SLM 模型两种。由于 SDM 模型同时包含因变量的空间滞后项和自变量的空间滞后项，因此它比 SLM 模型和 SEM 模型能够更全面地反映空间自相关性对回归结果的影响（LeSage and Pace，2009）[177]。本章将以此为基础构建财政分权影响区域产业结构升级的 SDM 模型，具体形式如下：

$$ITU_{it} = \rho W_{ij} ITU_{it} + \alpha_k X_{itk} + \beta_k W_{ij} X_{itk} + \mu_i + \nu_t + \varepsilon_{it} \qquad (5.2)$$

（5.2）式中：ρ 为空间滞后系数，反映了相邻地区的产业结构升级对本地区产业结构升级观测值的影响方向和程度，该系数大小直接反映了产业发展空间竞争的程度；β_k 为解释变量空间滞后项的估计系数；W_{ij} 是度量地理邻近性和地区间经济活动相似度的 $NT \times NT$ 的空间权重矩阵，N 为横截面样本个数（31 个省区），T 为样本年度（2000—2014 年），其余参数含义同公式（5.1）。

5.2.2　变量选取与数据说明

本章选取 2000—2014 年中国 31 个省、市、自治区作为数据样本，相关原始数据来源于《新中国六十年统计资料汇编》、《中国财政年鉴》、《中国统计年鉴》、《中国科技统计年鉴》、《中国区域经济统计年鉴》、《中国城市统计年鉴》和各省统计年鉴。考虑到各省区在 2000—2014 年间均先后经历了通货膨胀或通货紧缩，为了增强实证检验结果的可信度，所有变量均以 2000 年为基期利用价格指数进行平减（2000 年 =100），为了消除异方差，对所有变量取自然对数，以进一步增加数据的平稳性。具体变量的定义与度量如表 5. 1 所示。

表 5.1 变量的定义与度量

变量名	符号	定义与度量
产业结构升级	*ITU*	产业结构升级反映三次产业之间相互作用所产生的机制效应，其具体测度方法为：$ITU=\sum_{j=1}^{n}q(j)\times j$，$q(j)$ 为第 j 产业占地区生产总值比重，$n=3$，*ITU* 的取值范围为［1，3］。
财政收入分权与支出分权	*RD*（*ED*）	财政收支分权测度公式分别为：$RD=\frac{PFR_{province}}{PFR_{province}+PFR_{nation}}\times[1-\frac{GDP_{province}}{GDP_{nation}}]$，$ED=\frac{PFE_{province}}{PFE_{province}+PFE_{nation}}\times[1-\frac{GDP_{province}}{GDP_{nation}}]$，$PFR_{province}$ 和 PFR_{nation} 分别为省级人均财政收入和中央本级人均财政收入。$PFE_{province}$ 和 PFE_{nation} 分别为省级人均财政支出和中央本级人均财政支出，$GDP_{province}$ 和 GDP_{nation} 分别为各省区国内生产总值和全国国内生产总值，$1-\frac{GDP_{province}}{GDP_{nation}}$ 为经济规模的缩减因子，该指标同时剔除了人口规模与经济规模的影响。
人力资本水平	*HC*	人力资本指数构建方式如下：$HC=\sum\left(\frac{mid}{pop}\times 9+\frac{hig}{pop}\times 12+\frac{sec}{pop}\times 12+\frac{col}{pop}\times 16\right)$。其中，*mid* 为初中在校生人数、*hig* 为普通高中在校生人数、*sec* 为中等职业教育在校生人数、*col* 为高等学校在校生人数、*pop* 为人口总数。
固定资产投资	*IFA*	采用固定资产投资总额占 GDP 的比重来衡量。
经济发展水平	*PGDP*	采用人均实际 GDP 来表示经济发展情况。
技术创新水平	*TEC*	考虑到研发费用对地区产业结构转型升级作用具有较长时滞难以反映当期实际技术水平，本章采用发明、实用新型和外观设计三项专利的年授权总数来衡量技术创新水平。
城市化水平	*URBAN*	城市化水平测度公式为：$URBAN=POP_{urban}/POP_{total}$，$POP_{urban}$ 和 POP_{total} 分别表示各省区城镇人口和当地总人口。
对外开放水平	*OPEN*	FDI 显著地促进了中国出口产品的竞争力从而推动了产业结构转型升级，然而 FDI 流量对产业结构转型升级同样具有一定的滞后性，本章选用各省区进出口贸易总额占 GDP 比重来衡量省区对外开放程度。

续表

变量名	符号	定义与度量
空间权重矩阵	W_{ij}	本章将采用邻接权重矩阵（W_{0-1}）、地理权重矩阵（W_{geo}）、经济权重矩阵（W_{eco}）和混合权重矩阵（$W_{geo-eco}$）进行空间计量权重设定，具体设定方法详见前文。

具体变量的描述性统计如表5.2所示。

表5.2　2000—2014年间中国31个省区面板数据的描述性统计

变量	平均值	标准误差	最小值	25%分位数	50%分位数	75%分位数	最大值
ln*ITU*	0.819	0.052	0.707	0.788	0.811	0.837	1.020
ln*RD*	-0.867	0.295	-1.398	-1.097	-0.901	-0.661	-0.206
ln*ED*	-0.290	0.135	-0.701	-0.375	-0.275	-0.182	-0.045
ln*HC*	-0.124	0.216	-1.316	-0.215	-0.095	0.028	0.272
ln*IFA*	-0.632	0.367	-1.372	-0.911	-0.623	-0.322	0.217
ln*PGDP*	9.833	0.804	7.890	9.210	9.880	10.450	11.560
ln*TEC*	8.303	1.758	1.950	7.210	8.330	9.530	12.510
ln*URBAN*	-0.832	0.356	-1.681	-1.067	-0.810	-0.607	-0.105
ln*OPEN*	-1.585	1.025	-3.303	-2.360	-1.871	-0.905	0.763

为避免模型设定偏差和出现“伪回归”，在进行空间计量回归前，本章综合采用LLC和Fisher-ADF检验方法，对相关变量进行单位根检验。面板数据的平稳性检验结果表明，所有变量均至少在1%的显著水平下拒绝存在单位根的原假设，因此，总体而言，面板数据具备平稳性，模型回归结果具备较强的可靠性。

5.2.3　实证计量与结果分析

由于SDM模型同时包含因变量的空间滞后项和自变量的空间滞后项，因此它比SLM模型和SEM模型能够更全面地反映空间自相关性对回归结果的影响。为此，本章通过构建SDM模型考察财政收支分权对区域产业结构升级的空间效应影响。为保证检验结果的稳健可靠，本章将同时采用邻接权重矩阵、地理权重矩阵、经济权重矩阵和混合权重矩阵计算空间滞后项，并以产业结构升级作为被解释变量进行计量回归，以此对比分析不同权重设置下对估计结果的影响差异，具体检验结果如表 5.3 所示。空间计量模型估计中 Hausman 检验（豪斯曼检验）的 P 值均小于0.05，表明固定效应的估计结果优于随机效应的估计结果，因此接下来将选择空间固定效应模型的估计结果进行具体分析。

表 5.3　　财政分权对产业结构升级的空间溢出效应估计结果

变量	模型 1：邻接权重矩阵	模型 2：地理权重矩阵	模型 3：经济权重矩阵	模型 4：混合权重矩阵
lnRD	0.006 (0.63)	-0.010 (-1.01)	-0.002 (-0.23)	-0.002 (-0.16)
lnED	0.022* (1.79)	0.036** (2.14)	0.092*** (4.01)	0.075*** (2.95)
lnHC	0.063*** (8.52)	0.064*** (8.30)	0.058*** (8.57)	0.066*** (8.69)
lnIFA	-0.024*** (-5.32)	-0.0242*** (-5.05)	-0.036*** (-8.14)	-0.029*** (-6.11)
lnPGDP	-0.000 (-0.00)	-0.015 (-1.63)	-0.016** (-1.97)	-0.016* (-1.89)
lnTEC	-0.003 (-1.19)	-0.006** (-2.21)	-0.002 (-1.08)	-0.003 (-1.33)
lnURBAN	-0.004 (-0.93)	-0.003 (-0.68)	-0.007* (-1.64)	-0.002 (-0.54)
lnOPEN	-0.003 (-1.12)	-0.006** (-2.03)	-0.008*** (-2.95)	-0.008*** (-2.67)
WlnRD	-0.040*** (-3.14)	-0.006* (-1.85)	-0.032** (-2.16)	-0.020** (-2.06)
WlnED	-0.067** (-1.97)	-0.080* (-1.78)	-0.129*** (-3.50)	-0.112*** (-2.99)
WlnHC	-0.053*** (-5.24)	-0.047*** (-3.58)	-0.078*** (-6.12)	-0.064*** (-5.69)
WlnIFA	0.028*** (3.80)	0.031*** (3.84)	0.064*** (6.29)	0.038*** (5.90)
WlnPGDP	0.011 (1.16)	0.020* (1.72)	0.044*** (3.96)	0.030*** (3.12)
WlnTEC	0.016*** (4.31)	0.017*** (3.14)	0.000 (0.07)	0.010*** (2.81)
WlnURBAN	0.011 (1.13)	0.029** (2.42)	-0.012 (-0.96)	0.009 (0.98)
WlnOPEN	-0.009* (-1.89)	-0.008 (-1.44)	0.004 (0.71)	0.004 (0.99)
ρ	0.241*** (4.10)	0.158** (2.27)	0.312*** (4.48)	0.141** (2.52)

续表

变量	模型 1：邻接权重矩阵	模型 2：地理权重矩阵	模型 3：经济权重矩阵	模型 4：混合权重矩阵
R^2	0. 656	0. 649	0. 662	0. 656
log L	1393. 113	1383. 328	1401. 000	1388. 224
observations	465	465	465	465

注：表中括号内的数值表示相应估计系数的 z 统计值，*** 、** 、* 分别表示在 1% 、5% 、10% 的显著性水平。

由表 5. 3 可知，模型 1—模型 4 分别表示基于邻接权重矩阵、地理权重矩阵、经济权重矩阵和混合权重矩阵下的空间计量结果。四种模型下所有样本的空间相关系数 ρ 均为正值，且均通过 5% 的显著性水平检验，表明产业结构升级与相邻地区产业结构升级之间确实存在正向的空间依赖关系（正向空间溢出效应）。一方面，地理的邻近性及经济发展水平的相似性，便利了区域之间的协作、共享基础设施、信息交流与沟通、知识技术的创新与扩散，提高资源要素在辖区间、部门间、产业间的流动性，进而引起地区间产业结构调整与转型发展的竞相模仿及策略性竞争；另一方面，财政分权体制下的地方政府通过配置财政资源对产业结构调整和转型发展产生一定程度的乘数效应和挤出效应，随着这种影响效应持续扩散并超越辖区范围，就会对邻近地区产生正的或负的空间外部性，从而进一步扩大了产业发展的集聚网络效应和规模经济效应。

此外，除了财政收入分权（ln*RD*）在邻接权重矩阵下的回归系数外，其他几种模型中财政收入分权（ln*RD*）和财政支出分权（ln*ED*）的回归系数符号基本保持一致。比较四种权重的估计结果，会发现两种财政分权变量指标影响系数大小有一定的差异，表明地区之间经济发展水平的差距会对财政分权作用于产业结构升级的效果产生影响。一方面，在财政分权体制下，由于地区经济发展水平的异质性，各地方政府的财政收支匹配能力和程度不同，面临的财政压力也就不同，从而对区域市场环境的干预程度具有差异性，而这也导致了产业结构升级速度和水平存在一定程度的区域差异性。另一方面，企业创新行为和产业结构升级的发生有赖于经济基础提供的支撑条件，经济社会环境的不同会导致产业结构升级越来越集中于具有经济区位优势的地区，从而造成地区之间产业发展的非均衡性。在以 GDP 为主要绩效指标的考核方式下，地方政府相互竞争时除了会考虑邻近辖区的政策行为外，往往还会考虑经济发展水平相近地区的政策行为。此外，经济发展水平相似的地区之间更容易产生跨区域的知识扩散、技术外溢和人力资本流动，使得地区之间的资源交流与联系更紧密。

财政收入分权（ln*RD*）的估计系数均未通过显著性检验，表明财政收入分权对产业结构升级的影响效应并不明朗，有待进一步检验。财政支出分权（ln*ED*）的估计系数均至少在10%的水平上显著性为正，表明财政支出分权度的提高有助于产业结构升级水平的提升。这与崔志坤、李菁菁(2015)[106]的研究结论不相一致，他们通过研究发现财政收入分权对产业结构升级具有消极影响，而财政支出分权对产业结构升级的影响不显著，可能的原因是指标选取与构造方式不同。进一步分析财政收入分权和支出分权空间滞后项的估计系数和显著性水平，考察邻近地区之间产业发展的策略性竞争效应。财政收入分权的空间滞后项（*W*ln*RD*）和支出分权的空间滞后项（*W*ln*ED*）的估计系数均至少在10%的水平上显著为负，表明随着财政收支分权度的逐步提高，其对产业结构升级的空间负外部效应逐步凸显，抑制了邻近地区的产业结构调整与转型发展。

变量间是否真实存在溢出效应，仅仅依靠SDM模型中的空间滞后系数容易导致模型估计结果被错误解释，可以根据LeSage & Pace（2009）[177]的思路进一步将影响效应分解为直接效应、间接效应（溢出效应）和总体效应，其中，间接效应表示的是解释变量通过空间交互作用对其他地区被解释变量的影响。表5.4给出了财政收入分权和支出分权在SDM模型下的直接效应、间接效应和总体效应。

表5.4　SDM模型直接效应、间接效应和总体效应分解

变量	效应	邻接权重矩阵	地理权重矩阵	经济权重矩阵	混合权重矩阵
ln*RD*	直接效应	0.004 (0.46)	-0.011 (-1.26)	-0.004 (-0.50)	-0.003 (-0.31)
	间接效应	-0.050*** (-3.59)	-0.010* (-1.90)	-0.049** (-2.55)	-0.023* (-1.68)
	总体效应	-0.046*** (-3.48)	-0.021** (-2.28)	-0.053*** (-2.76)	-0.026** (-2.10)
ln*ED*	直接效应	0.020* (1.92)	0.035** (2.25)	0.088*** (3.59)	0.073*** (2.69)
	间接效应	-0.082** (-1.96)	-0.092* (-1.65)	-0.142*** (-2.84)	-0.117*** (-2.71)
	总体效应	-0.062* (-1.69)	-0.057** (-2.28)	-0.053* (-1.86)	-0.044* (-1.68)

续表

变量	效应	邻接权重矩阵	地理权重矩阵	经济权重矩阵	混合权重矩阵
lnHC	直接效应	0.062*** (7.93)	0.064*** (7.75)	0.056*** (7.78)	0.065*** (8.06)
	间接效应	-0.047*** (-4.01)	-0.042*** (-2.70)	-0.084*** (-5.40)	-0.061*** (-5.02)
	总体效应	0.014 (1.28)	0.022 (1.53)	-0.028* (-1.85)	0.004 (0.36)
lnIFA	直接效应	-0.023*** (-5.21)	-0.023*** (-5.05)	-0.034*** (-7.84)	-0.028*** (-6.16)
	间接效应	0.028*** (3.06)	0.031*** (3.47)	0.074*** (5.52)	0.038*** (5.72)
	总体效应	0.004 (0.44)	0.008 (0.82)	0.040*** (2.96)	0.010 (1.40)
lnPGDP	直接效应	0.002 (0.20)	-0.013 (-1.53)	-0.013* (-1.69)	-0.014* (-1.71)
	间接效应	0.013 (1.24)	0.020 (1.49)	0.053*** (3.78)	0.031*** (2.96)
	总体效应	0.014* (1.70)	0.007 (0.69)	0.040*** (2.93)	0.017** (2.21)
lnTEC	直接效应	-0.002 (-0.70)	-0.005* (-1.94)	-0.002 (-0.90)	-0.002 (-1.01)
	间接效应	0.018*** (4.07)	0.018*** (2.86)	-0.001 (-0.14)	0.011*** (2.67)
	总体效应	0.017*** (3.52)	0.014** (2.24)	-0.003 (-0.41)	0.008** (1.97)
lnURBAN	直接效应	-0.004 (-0.71)	-0.003 (-0.49)	-0.008 (-1.60)	-0.002 (-0.43)
	间接效应	0.014 (1.23)	0.036*** (2.57)	-0.017 (-0.91)	0.011 (1.13)
	总体效应	0.011 (0.79)	0.033** (2.10)	-0.025 (-1.21)	0.009 (0.76)

续表

变量	效应	邻接权重矩阵	地理权重矩阵	经济权重矩阵	混合权重矩阵
lnOPEN	直接效应	-0.004 (-1.60)	-0.006** (-2.49)	-0.008*** (-3.42)	-0.008*** (-3.07)
	间接效应	-0.014** (-2.14)	-0.012* (-1.83)	0.001 (0.09)	0.003 (0.57)
	总体效应	-0.017** (-2.52)	-0.018*** (-2.74)	-0.008 (-1.04)	-0.005 (-0.89)

注：表中括号内的数值表示相应估计系数的 z 统计值，***、**、*分别表示在1%、5%、10%的显著性水平。

由表5.4可知，就财政收入分权而言，一方面，在直接效应中其基于邻接权重矩阵、地理权重矩阵、经济权重矩阵与混合权重矩阵下的回归系数分别为0.004、-0.011、-0.004和-0.003，但并未通过显著性检验，表明财政收入分权对本地区产业结构升级的影响效应未能准确识别出来，可能的原因是地方政府自身拥有的收入自主权较为有限；另一方面，间接效应的回归系数分别为-0.050、-0.010、-0.049和-0.023，并且均至少在10%的水平上通过显著性检验，这说明由于地区之间的空间关联作用，本地区财政收入分权程度的提高抑制了邻近地区产业结构升级水平的提升，即财政收入分权在产业结构升级过程中所发挥出来的抑制效应在整体上超过了促进效应。地方政府为了吸引产业发展所需的FDI、金融资本、信息技术等流动性较强的资源要素，可以通过提供税费优惠、减免等方式来与邻近地区展开竞争，使得稀缺资源要素由邻近地区乃至其他地区流向本地区，从而不利于邻近地区的产业结构调整与转型发展。

就财政支出分权而言，一方面，在直接效应中其基于邻接权重矩阵、地理权重矩阵、经济权重矩阵与混合权重矩阵下的回归系数分别为0.020、0.035、0.088和0.073，且均至少在10%的水平上通过显著性检验，表明一个地区财政支出分权程度越高，则越能显著促进产业结构升级水平的提升，原因是地方政府财政支出自主权的扩大，增强了地方政府的自主调控能力，也有利于市场化改革进程的加快，进而实现财政体制与市场机制在资源配置中的有机融合，为产业结构升级及企业创新行为的发生创造了有利的制度环境（刘建民等，2014）[26]。另一方面，在四种模型的间接效应中，财政支出分权的回归系数分别为-0.082、-0.092、-0.142和-0.117，且均至少在10%的水平上通过显著性检验。财政支出分权对产业结构升级的直接效应显著为正，间接效应显著为负，表明支出分权对产业结构升级的影响具有“双刃剑”特征，即支出分权对本地区的产业结构升级有显著的正面影响，但对其他地区的产业结构升级却存在显著的负向溢出效应。为了追求 GDP 增长效益，一方面，辖区之间很可能会忽视自身与其他地区之间在经济发展水平、要素禀赋、产业发展基础等方面的差异，刻意模仿其他地区的财政支持政策、税收优惠政策、产业发展政策及手段，进而引发其他地区的连锁竞争反应；另一方面，当邻近辖区或经济发展水平相近的地区采取某种政策手段来吸引流动性要素时，在标尺竞争的驱动下，本辖区的地方政府也会采取类似的政策来避免要素流出，从而导致竞争策略趋同（Brueckner，2003[178]；Revelli，2005[179]）。然而，这种为争夺资源要素而展开的地方政府竞争方式将会耗损地方财政资源，从而进一步诱导地方政府将有限的资源投向与产业结构升级方向相背离的部门和产业，同时削弱地方政府供给公共产品与服务的能力，最终不利于为产业结构升级进程的推进提供健康稳定、可持续的经济发展环境。

5.3 财政分权对产业结构升级影响的空间异质性模型分析

5.3.1 GWR 模型估计方法

由于地区间资源禀赋、区位条件、经济基础、历史发展等因素存在异质性，财政分权对区域产业结构升级的作用关系不可避免地会受到来自这些区域异质因素的影响，因此在回归中必须考虑自变量系数为非常数这种可能性的存在（余丹林和吕冰洋，2009）[180]。传统的 OLS 回归模型只是对参数进行“平均”或者“全局”估计，估计参数为拟合值，不随样本个体的变动而变动，估计出的常数参数无法反映其空间非稳定性以及不同地区产业结构升级的差异性，导致研究结果和结论的理论意义及政策含义有限。为克服这一缺陷，本章将选用 GWR 模型参数估计来考察财政分权对区域产业结构升级的作用效应问题，既考虑财政收入分权和财政支出分权等解释变量的空间关联性，又考虑不同地区各项影响作用系数的异质性，针对不同区域样本估计出来的参数是变化的，异质性理论意义和差异化的政策价值更为明显（吴玉鸣，2013）[181]。GWR 模型的空间变参数估计过程如下：

经典的全域（Global）常参数回归模型：

$$y_i = \beta_0 + \sum_{k=1} \beta_k X_{ik} + \varepsilon_i \quad (5.3)$$

（5.3）式中，k 为解释变量个数。GWR 模型是一种探测空间非平稳性的分析方法，允许自变量估计系数存在空间分异，其实质是将数据的地理位置加入到普通模型的回归参数中，利用基于距离加权的局部样本估计出每个样本点各自独立的参数值，可以理解为 GWR 模型是对 OLS 模型的扩展，在局域尺度上存在空间回归优势（Farber S.，2006）[182]，其一般形式为：

$$y_i = \beta_{i0}(\mu_i, v_i) + \sum_{k=1}^{p} \beta_{ik}(\mu_i, v_i) X_{ik} + \varepsilon_i, \quad i = 1,2,\cdots,n \quad (5.4)$$

（5.4）式中，(μ_i, v_i) 是样本 i 的空间经纬度坐标（作为地理加权），β_{i0} (μ_i, v_i) 和 ε_i 分别为点 i 处的常数项与随机误差项，β_{ik} (μ_i, v_i) 表示样本点 i 处在模型中第 k 个解释变量 X_{ik} 的待估计参数，其估计方法为：

$$\hat{\beta}_i = (X'W_iX)^{-1}X'W_iy \quad (5.5)$$

（5.5）式中，$\beta_i = [\beta_{i0}\ \beta_{i1} \cdots \beta_{ip}]'$为回归点 i 上的参数，$\hat{\beta}_i$ 为 β_i 的估计值。W_i 为空间权重矩阵（w_{i1}，w_{i2}，…，w_{in}）的对角阵，由空间权函数来确定，常用的空间权函数计算有高斯距离权重、指数距离权重和三次方距离权重等三种方法（LeSage，2004）[183]。

高斯距离权重设置公式如下：

$$w_{ij} = \varphi(d_{ij}/\delta\theta) \quad (5.6)$$

指数距离权重设置公式如下：

$$w_{ij} = \sqrt{\exp(-d_{ij}/q)} \quad (5.7)$$

三次方距离权重设置公式如下：

$$w_{ij} = [1 - (\theta/d_{ij})^3]^3 \quad (5.8)$$

（5.6）式、（5.7）式、（5.8）式中，φ 为标准正态分布密度函数，d_{ij} 为区域 i 和区域 j 之间的地理空间距离，q 为观测值 i 到第 q 个最邻近区域之间的距离，δ 为距离向量 d_{ij} 的标准差，θ 为带宽。至于带宽的选择标准，目前采用 CV 法（交叉确认方法）。

$$CV = \sum_{i=1}^{n} [y_i - \hat{y}_i(b)]^2 \quad (5.9)$$

（5.9）式中，$\hat{y}_i$（b）是 y_i 的拟合值，当 CV 达到最小值时，对应的 b 值即为带宽。采用不同的空间距离权重函数会得到不同的带宽，当 GWR 模型的 AIC 值为最小时，此时的 b 值为最佳带宽（Fotheringham et al.，

1996）[184]。若 β_{ik}（μ_i, v_i）在空间各样本点上保持不变，即当 $\beta_{1k}=\beta_{2k}=\cdots=\beta_{nk}$ 时，GWR 模型应简化为普通的 OLS 模型。

5. 3. 2　GWR 模型估计结果分析

首先进行普通的最小二乘回归，用来与地理加权回归结果进行对比分析，OLS 模型的具体回归结果如表 5. 5 所示。

表 5. 5　　OLS 估计结果

变量	估计值	标准误差
INTERCEPT	0. 536 **	0. 343
ln*RD*	-0. 060	0. 067
ln*ED*	0. 540 ***	0. 148
ln*HC*	0. 055 *	0. 054
ln*IFA*	-0. 008	0. 046
ln*PGDP*	0. 017	0. 033
ln*TEC*	0. 024 ***	0. 010
ln*URBAN*	-0. 033	0. 034
ln*OPEN*	0. 007	0. 013

注：***、** 和 * 分别表示在 1%、5% 和 10% 的水平上显著，下同。

OLS 模型估计结果调整后的 R^2 为 0. 676，模型的解释能力相对较强。但是，由于 OLS 模型假设变量分布是均质的，忽略了空间效应，而数据分布受空间因素的影响是客观存在的，因此有必要进行 GWR 模型回归。GWR 模型的具体估计过程借助 GWR4. 0 软件完成，并将实际测算得到的检验结果与 OLS 模型估计结果进行对比分析。至于 GWR 估计模型中空间权重矩阵的选择，本章采用一般性做法，选择高斯距离权重方法对其加以确定。由于篇幅限制，本章未列出各年各省区的估计结果，仅列出了基于 2000—2014 年中国 31 个省区平均值数据的 OLS 和 GWR 模型估计检验结果，如表 5. 6 所示。

表 5. 6　　GWR 与 OLS 估计模型的检验结果比较

年份	模型	AIC 值	R^2	调整后 R^2	残差平方和
2000—2014 年（平均值）	GWR	-211. 421	0. 996	0. 884	0. 000
	OLS	-127. 228	0. 773	0. 676	0. 016

由表 5. 6 可知，与 OLS 模型估计检验结果相比，GWR 模型在研究期间（2000—2014 年）历年的 R^2 和调整后 R^2 均有明显提高，AIC 值（赤池

信息量准则）和残差平方和均有显著下降，表明 GWR 模型较之于 OLS 模型具有更高的拟合优度，从而更为准确地揭示财政分权对区域产业结构升级的作用效应。由于篇幅所限，本章并未列出 31 个省区具体 GWR 模型回归结果。具体各变量对区域产业结构升级边际影响效应的空间非平稳性可以从表 5.7 中系数变化范围和四分位差异看出，这进一步量化了区域产业结构升级的局部空间异质性。

表 5.7　　　　GWR 回归模型分位估计结果

变量	平均值	最小值	最大值	标准差	下四分位值	中值	上四分位值
INTERCEPT	0.990*	-7.546	3.472	2.116	1.068	1.506	1.946
ln*RD*	0.074	-1.962	0.886	0.529	0.032	0.146	0.303
ln*ED*	0.467***	-1.019	5.804	1.321	-0.067	0.165	0.468
ln*HC*	0.126*	-0.164	1.307	0.306	-0.045	0.049	0.109
ln*IFA*	-0.031	-0.472	0.620	0.198	-0.102	-0.042	0.008
ln*PGDP*	-0.035	-0.255	0.497	0.143	-0.120	-0.068	-0.006
ln*TEC*	0.032***	-0.104	0.402	0.092	-0.010	0.015	0.029
ln*URBAN*	-0.060	-0.558	0.214	0.158	-0.131	-0.068	0.077
ln*OPEN*	-0.019	-0.116	0.067	0.041	-0.049	-0.023	0.021

方差分析检验	SS	DF	MS	F
OLS 残差	0.016	9.000		
GWR 改善	0.015	21.254	0.001	
GWR 残差	0.000	0.746	0.000	1.904***

根据表 5.7 的空间异质性模型分位回归结果分析可知，不同分位点的参数估计值相差较大，表明各个解释变量对区域内样本点的影响是非均质的，意味着财政收入分权、财政支出分权、人力资本水平、固定资产投资、经济发展水平、技术创新、城市化以及对外开放程度存在着不可忽视的个体差异，这种差异导致区域产业结构升级在空间分布上具有显著的异质性特征。

为了进一步检验省区估计参数是否存在这种空间差异性，本章采用 Fotheringham et al.（2002）[185] 提出的方差分析检验（ANOVA）来验证 GWR 模型是否比 OLS 模型更好地描述了变量之间的关系。表 5.7 中列出了方差分析检验结果，表明 GWR 模型比 OLS 模型有显著的改善，因此选择 GWR 模型来揭示影响区域产业结构升级各因素的空间异质性较为科学。同时，为了考察各个估计参数是否在地区之间存在显著的空间变异，本章采用 Leung 等（2000）[186] 提出的模型参数检验来验证估计系数的空间异质性，如表 5.8 所示。

表 5.8　GWR 模型参数检验

变量	F 值
INTERCEPT	214.218**
ln*RD*	87.696***
ln*ED*	157.625*
ln*HC*	153.537*
ln*IFA*	214.829*
ln*PGDP*	239.856***
ln*TEC*	255.665***
ln*URBAN*	239.597
ln*OPEN*	196.276

表 5.8 中的 GWR 模型参数检验结果进一步证实了财政收入分权、财政支出分权存在显著的空间变异特征，这种个体差异导致产业结构升级在空间分布上具有显著的异质性差异，进而使得产业结构升级在空间上的相互依赖现象更为显著，从而形成产业结构升级的“局域俱乐部集团”。

5.3.3　基于 LISA 分析的 GWR 估计系数空间关联模式测度

以上 GWR 模型估计系数的大小反映了财政收入分权和财政支出分权对产业结构升级的影响作用强弱，为了进一步揭示财政收支分权对产业结构升级贡献度在空间位置上的相互关联关系，本章接下来采用 ESDA（Exploratory Spatial Data Analysis，探索性空间数据分析）方法中常用的 LISA 分析法对其进行测度。在进行 LISA 分析前，需对空间权重矩阵进行选定，本章选择了邻接权重矩阵、地理权重矩阵、经济权重矩阵和混合权重矩阵。根据空间聚类分析方法测算出四种权重矩阵下中国省区财政收入分权、财政支出分权与区域产业结构升级 GWR 估计系数的 Moran's I 指数和 Moran 散点图，以便阐明财政分权对区域产业结构升级影响作用大小的估计系数的空间关联模式和异质性特征。

表 5.9　GWR 估计系数 Moran's I 统计值

估计系数	邻接权重矩阵	地理权重矩阵	经济权重矩阵	混合权重矩阵
est_ rd	0.433***	0.488***	0.059*	0.484***
est_ ed	0.434***	0.479***	0.084**	0.493***

表 5.9 中，*est_ rd* 为财政收入分权的估计系数，*est_ ed* 表示财政支出分权的估计系数。由表 5.9 的测算结果分析可知，GWR 模型中财政收入分权估计系数、财政支出分权估计系数基于四种权重矩阵下的 Moran's I 指数均为正值，且通过了至少 10% 的显著性水平检验，这表明其在地理空间上存在显著的正自相关关系。

Moran's I 指数仅仅反映了 GWR 模型的估计系数在空间分布上存在显著的空间依赖性，却无法区分具体的空间集聚格局，此时可以通过观察 Moran 散点图来揭示省区之间的高值集聚和低值集聚。Moran 散点图将各省区的 GWR 估计系数集聚分为四个象限的空间关联模式：第一象限（HH：高估计值—高空间滞后）表示高系数估计值省区被同是高系数估计值的其他省区所包围；第二象限（LH：低估计值—高空间滞后）表示低系数估计值省区被高系数估计值的其他省区所包围；第三象限（LL：低估计值—低空间滞后）表示低系数估计值省区被同是低系数估计值的其他省区所包围；第四象限（HL：高估计值—低空间滞后）表示高系数估计值省区被低系数估计值的其他省区所包围。其中，第一、三象限体现出正的空间相关性，第二、四象限体现出负的空间相关性。图 5.1 表示财政收入分权在 GWR 模型中系数估计值的 Moran 散点图（基于混合权重矩阵）。

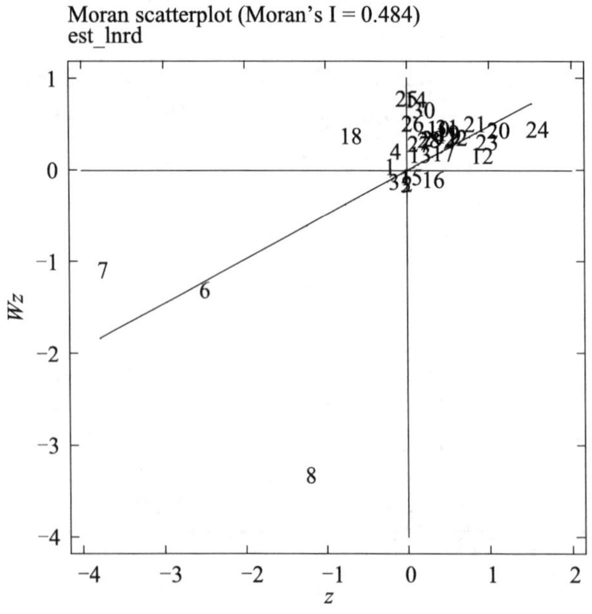

图 5.1　财政收入分权估计系数 Moran 散点图

财政支出分权在 GWR 模型中系数估计值的 Moran 散点图（基于混合权重矩阵）如图 5.2 所示。

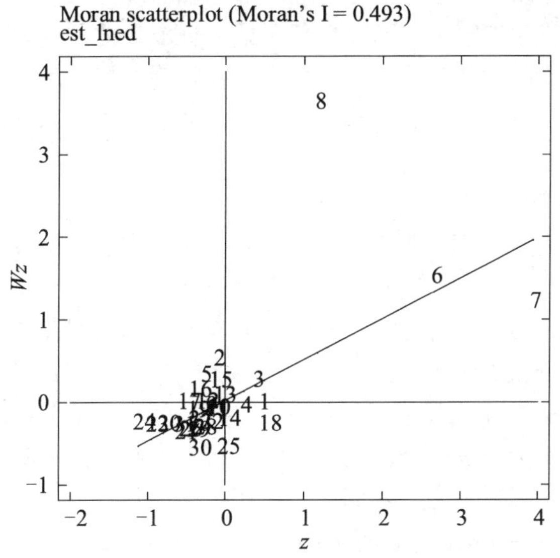

图 5.2　财政支出分权估计系数 Moran 散点图

如图 5.1 和图 5.2 所示，Moran 散点图显示大部分地区位于第一象限和第三象限：处于第一象限（高—高型）的省区同其邻近省区的 GWR 估计系数之间呈现出显著的正向相关性，且系数估计值均较高，相互间呈现出空间同质性特征，可视为 GWR 估计系数的"高地"，即影响作用相对较高的集聚省区。处于第三象限（低—低型）的省区同其邻近省区的 GWR 估计系数之间呈现出显著的负向相关性，且系数估计值均较低，相互间亦呈现出空间同质性特征，可视为 GWR 估计系数的"洼地"，即影响作用相对较低的集聚省区（丁刚和陈奇玲，2014）[187]。

5.3.4　计量结果及其分析

通过对 GWR 模型中参数的空间变异分析与空间关联模式测度可知：

1. 财政收入分权对区域产业结构升级的影响存在显著的空间变异。从全国范围来看，财政收入分权对区域产业结构升级的影响有正有负，其估计系数值在 -1.962—0.886 之间，平均值为 0.074。其中，东部、中部、西部地区的估计值系数平均值分别为 0.049、-0.229 和 0.294，表明财政收入分权对东部、中部、西部地区和各个省区之间的产业结构布局及优化升级速度产生了重要影响，且作用效果具有一定的区域异质性。由于资源要素禀赋、产业发展基础、市场化进程等外部环境约束的不同，加上财政分权制度下地方政府行为在资源控制方式、程度上的些许差异，使得不同地方政府所供给的公共产品与服务的水平和结构差异显著，最终对产业结构升级的影响效应呈现区域异质性特征。总体而言，东部、西部地区财政收入分权的提高对产业结构升级具有正向促进作用，而中部地区财政收入分权度的提高抑制了产业结构升级。

2. 财政支出分权对区域产业结构升级的影响存在显著差别。财政支出分权影响地方政府行为，进而通过改变财政资金的供给水平和配置格局影响企业的治理结构与运行方式，推动区域产业结构的优化与升级。整体而言，财政支出分权对区域产业结构升级的影响有正有负，其弹性估计值系数在 -1.019—5.804 之间，平均值为 0.467。财政支出分权对区域产业结构升级的作用效应不够稳定，在东部、中部、西部地区之间存在一定差异。其中，对东部、中部、西部地区作用效果的估计值系数平均值分别为 0.700、1.268 和 -0.186，表明东部、中部地区财政支出分权度的提高更有利于地区产业结构升级的加速，而西部地区财政支出分权度的提高却抑制了产业结构升级。可能的原因是由于部分西部欠发达地区在地理位置、资源禀赋、政策环境等方面处于劣势，以制造业为代表的第二产业的培育和发展基础较为薄弱，使得这些地区以旅游业、服务业等为代表的第三产业得到较好发展，但这种产业结构调整的协调度是一种“伪协调”，产业结构升级将会缺乏可持续的实业经济基础。

3. 财政收入分权与财政支出分权给其他地区的产业结构升级带来一定的空间外部性。空间关联模式测度结果进一步证实了我国财政收入分权与财政支出分权对区域产业结构升级的影响作用存在显著的空间正相关性（空间依赖性），大部分省区与其邻近省区表现出相似的集群特征，影响作用较大的省区在空间上相互邻近，而影响作用较小的省区也趋于集中。各省区财政资源禀赋和产业结构升级存在紧密关联，且这种关联在省区间有所差别，既有可能带来推进其他省区经济发展与产业结构升级的空间正外部性，也有可能带来一定程度的空间负外部性，加剧省区间产业结构升级进程之间的差距（朱玉杰和倪晓然，2014）[188]。

4. 人力资本水平、固定资产投资、经济发展水平、技术进步、城市化水平和对外开放水平等其他区域经济社会因素对区域产业结构升级的影响作用因地域不同而存在较大的差异性。从各个影响因素估计系数的平均值来看，除人力资本水平和技术进步的回归系数的平均值为正值以外，其他变量的回归系数平均值均为负值，它们对产业结构升级的影响程度平均值由大到小依次为城市化水平、经济发展水平、固定资产投资与对外开放水平。

5.4 本章小结

本章从空间溢出效应视角出发，基于 2000—2014 年间我国 31 个省区的面板数据，将反映省区相似性的邻接权重矩阵、地理权重矩阵、经济权重矩阵和混合权重矩阵引入空间计量模型，分别考察了财政收入分权和支出分权对产业结构升级的空间效应以及由此引致的策略性竞争效应。

1. 本章运用空间杜宾模型分别考察了财政收入分权和支出分权对产业结构升级的空间效应以及由此引致的策略性竞争效应。研究表明：财政分权等经济社会因素存在不可忽视的区域个体差异，这种差异导致产业结构升级在空间分布上具有显著的异质性特征。财政收入分权和支出分权对产业结构升级的影响呈现出非对称的空间溢出效应。一方面，财政收入分权对本省区产业结构升级的影响并不显著，而支出分权对本省区产业结构升级具有积极影响；另一方面，财政收入分权和支出分权对相邻省区产业结构升级均产生抑制效应，但较之于收入分权，支出分权的抑制效应更为明显。

2. 利用 GWR 模型来考察中国 31 个省区财政收入分权和财政支出分权对区域产业结构升级的作用效应及空间影响差异，研究表明：财政收入分权与财政支出分权对区域产业结构升级的影响具有显著的空间异质性特征。采用 LISA 方法对 GWR 模型估计系数的空间关联模式进行测度，发现我国财政收入分权与财政支出分权对区域产业结构升级的影响作用存在显著的空间依赖性，呈现出“高—高”和“低—低”型特征并存的空间关联模式，影响作用在地区空间格局中的“高地”效应和“洼地”效应已初步显现。

第6章

财政支出对产业结构升级的影响：基于动态效应视角

6.1 引言

产业结构是指国民经济各生产部门以及每个部门组成部分之间的生产联系和比例关系，产业结构升级的过程往往伴随着要素的整合重配、知识的累积扩散与技术的创新溢出。财政支出政策作为完善市场经济机制的重要手段，对推动我国产业结构升级进程具有不可忽视的作用，其作用机制主要表现为：在充分发挥市场机制作用的基础上，按照“拾遗补缺”的原则综合运用直接或间接财政支出政策来鼓励或限制生产要素向某些产业流动，通过生产要素在不同产业间的合理配置促进产业结构向高技术化、高知识化、高资本密集化和高附加值化发展，进而影响微观市场主体的需求结构，最终实现产业结构的优化与升级。具体在一国产业结构调整过程中，因财政支出政策是政府实施宏观调控的主要手段之一，其调控思路、政策设计以及实施方式将直接影响到产业结构的调整效果。

目前，我国东部发达地区产业结构调整与转型升级占据领先地位，而中西部欠发达地区尚处产业结构升级的追赶阶段，表明我国各区域之间产业结构升级水平呈现明显的不平衡性。然而一国产业和技术在国际上是否具有竞争力不仅仅取决于部分发达地区的产业结构升级水平，而更应关注产业结构优化升级的整体水平。因此，如何缩小发达地区与欠发达地区之间产业结构优化能力的差距并实现整体水平的提升成为摆在各级政府面前的现实问题。从产业发展与结构升级的具体环节来看，研究政府财政支出对产业结构升级到底是促进效应还是抑制作用亦是一项极具现实意义的重大课题。此外，鉴于产业发展与结构升级具有较强的动态性和连续性，本章接下来将基于我国 2000—2014 年间省级面板数据证实财政支出规模、结构与效率对产业结构升级的动态效应，从而可以更为准确地分析财政支出政策对产业结构升级的持续影响。

6.2 财政支出影响产业结构升级：基于总量与结构双重视角

6.2.1　动态空间模型设定

在考虑空间维度的地理邻近性和时间维度的动态性的基础上，为了度量财政支出规模与结构对产业结构升级的影响，采用动态空间面板模型分析中国 31 个省区产业结构升级的空间分布及动态演变趋势。通过构建含有产业结构升级滞后变量的动态空间面板模型，一方面可以引入空间因素以反映区域产业结构升级的空间相关性和空间溢出效应；另一方面将被解释变量的滞后项作为自变量引入模型，检验未列入计量模型的潜在因素对产业结构升级的影响，可以有效克服静态空间面板模型估计准确性不足的缺陷。

根据观测值空间相关性的不同冲击方式，空间计量模型可以划分为空间自相关模型（SAR）和空间误差模型（SEM）两种。其中，SAR 模型假设空间相关性来源于被解释变量，度量了邻近地区的产业结构升级对本地区产业发展的影响；SEM 模型假设空间相关性来源于邻近地区关于因变量的误差冲击，度量了邻近地区由于被解释变量的误差引起的溢出效应对本地区观测值的影响。具体模型设定如下：

动态空间面板 SAR 模型设定如下：

$$ITU_{it} = \varphi ITU_{it-1} + \rho W_{ij} ITU_{it} + \beta_i X_{it} + \mu_i + \varepsilon_{it} \tag{6.1}$$

其中，$\varepsilon_{it} \sim N(0, \delta_{it}^2)$，即 ε_{it} 服从均值为 0 和方差为 δ_{it}^2 的正态分布，下同。

动态空间面板 SEM 模型设定如下：

$$ITU_{it} = \varphi ITU_{it-1} + \beta_i X_{it} + \mu_i + \varepsilon_{it} \tag{6.2}$$

$\varepsilon_{it} = \lambda W_{ij} \times \varepsilon_{it} + \xi_{it}$，其中，$\xi_{it} \sim N(0, \delta_{it}^2)$。

（6.1）式和（6.2）式中：ρ 为空间自相关系数，反映了邻近地区的产业结构升级对本地区产业结构升级观测值的影响方向和程度，W_{ij} 为空间权重矩阵，i 和 t 分别表示第 i 个地区和第 t 年，μ_i 为无法观测到的地区性扰动项，ε_{it} 和 ξ_{it} 为随机扰动项，λ 为空间误差系数。ITU_{it} 为产业结构升级，ITU_{it-1} 为产业结构升级的滞后一期，X_{it} 为解释变量，包括财政支出规模、财政支出结构（政府投资性支出、政府消费性支出和政府民生性支出）以及其他控制变量等（毛军和王蓓，2015）[189]。

6.2.2　变量选取与数据说明

考虑到数据可得性和样本一致性，本章最终以中国 31 个省区作为研究样本，考察期为 2000—2014 年。所使用的数据来源于 2001—2015 年《中国统计年鉴》、《中国城市统计年鉴》、《中国区域经济统计年鉴》及各省市统计年鉴，部分缺失数据采用插值法予以补齐。为了削弱异方差和异常项对数据平稳性的影响，所有数据均进行取对数处理。各变量的定义和度量总结概括见表 6.1。

表 6.1　变量的定义与度量

变量名称		变量符号	定义与度量
产业结构升级		*ITU*	$ITU = \sum_{j=1}^{n} q(j) \times j$，$q(j)$ 为第 j 产业占地区生产总值比重，$n=3$，ITU 的取值范围为［1，3］。
财政支出规模		*FE*	采用当年财政支出占当年 GDP 比重来度量。
财政支出结构	政府投资性支出	*GIE*	政府投资性支出是指政府在基础设施建设、部分重大基础工业、区域开发、科技创新、高新技术产业发展等方面的财政支出，主要目的是为了大力发展经济。采用政府投资性支出占 GDP 比重予以表征。
	政府消费性支出	*GCE*	政府消费性支出是指政府在国防、公共安全、行政管理等方面的财政支出，主要目的是为了维护国家安全及公共管理机构的正常运转。采用政府消费性支出占 GDP 比重予以表征。
	政府民生性支出	*GPE*	政府民生性支出是指政府在教育、社会保障与就业、医疗卫生、支农等方面的财政支出以及对落后地区的转移支付支出，主要目的是为了为公众尤其是低收入群体提供基础社会保障，具有社会财富再分配功能。采用政府民生性支出占 GDP 比重予以表征。

续表

变量名称	变量符号	定义与度量
人力资本水平	*HC*	人力资本指数构建方式如下：$HC = \sum\left(\frac{mid}{pop}\times 9+\frac{hig}{pop}\times 12+\frac{sec}{pop}\times 12+\frac{col}{pop}\times 16\right)$。其中，*mid* 为初中在校生人数、*hig* 为普通高中在校生人数、*sec* 为中等职业教育在校生人数、*col* 为高等学校在校生人数、*pop* 为人口总数。
城市化水平	*URBAN*	城市化水平测度公式为：$URBAN = POP_{urban}/POP_{total}$，$POP_{urban}$ 和 POP_{total} 分别表示各省区城镇人口和当地总人口。
对外开放水平	*OPEN*	选用各省区进出口贸易总额占 GDP 比重来衡量省区对外开放程度。
固定资产投资	*IFA*	固定资产投资主要通过规模、结构、技术效应等渠道作用于产业结构调整与转型发展。本章采用各省区实际固定资产形成额占 GDP 的比重来衡量。
经济发展水平	*PGDP*	经济发展水平的提高，越有利于产业结构调整与转型发展。本章采用人均实际 GDP 来衡量。
技术创新水平	*TEC*	采用发明、实用新型和外观设计三项专利的年授权总数来衡量技术创新水平。
空间权重矩阵	W_{ij}	本章将采用邻接权重矩阵（W_{0-1}）、地理权重矩阵（W_{geo}）、经济权重矩阵（W_{eco}）和混合权重矩阵（$W_{geo-eco}$）进行空间计量权重设定。W_{0-1}构建方式为：若两个地区在地理上是相邻的，令 $W_{0-1}=1$，否则为0；W_{geo}具体构造方式为：$W_{geo}=\begin{cases}\frac{1}{D_{ij}^{2}} & i\neq j\\ 0 & i=j\end{cases}$，$D_{ij}$为根据地区行政中心的经纬度数据计算出地区 *i* 和地区 *j* 之间的地理距离；W_{eco}具体构建方式如下：$W_{eco}=\begin{cases}\frac{1}{\lvert GDP_i-GDP_j\rvert} & i\neq j\\ 0 & i=j\end{cases}$，$GDP_i$ 和 GDP_j 分别表示 *i* 地区和 *j* 地区的人均 GDP；$W_{geo-eco}$具体形式为：$W_{geo-eco}=W_{geo}\times W_{eco}$。具体估算过程中对四类空间权重矩阵进行标准化处理，确保空间权重矩阵每行元素之和等于 1。

此外，为避免模型设定偏差和出现“伪回归”，在进行空间计量回归前，本章综合采用 LLC 和 Fisher - ADF 检验方法，对相关变量进行单位根检验。面板数据的平稳性检验结果表明，所有变量均至少在 5% 的显著水平下拒绝存在单位根的原假设，因此，总体而言，面板数据具备平稳性，模型回归结果具备较强的可靠性。

6.2.3 动态空间面板模型估计结果

采用动态空间面板模型来实证检验财政支出规模与结构对产业结构升级的影响效应，并根据 Anselin & Florax (1995)[190] 提出的判定规则来决定模型到底是使用 SAR 模型还是 SEM 模型。实证结果表明，动态面板 SAR 模型的 LM Lag 统计量显著而 SEM 模型的统计量不显著，因此本章采用动态面板 SAR 模型的估计结果来进行分析。表 6.2 列出了基于混合权重矩阵下动态空间面板模型的估计结果。

表 6.2 动态空间面板估计结果（基于混合权重矩阵）

变量 \ 模型	财政支出规模		财政支出结构	
	模型（1）	模型（2）	模型（3）	模型（4）
$\ln ITU_{-1}$	0.771*** (24.01)	0.719*** (20.52)	0.730*** (27.13)	0.754*** (18.61)
$\ln FE$	0.002 (0.34)			
$\ln GIE$		0.005*** (3.05)		
$\ln GCE$			-0.002* (1.72)	
$\ln GPE$				0.006* (1.82)
$\ln HC$	-0.004*** (-9.71)	-0.007*** (-19.36)	-0.007*** (-19.10)	-0.002*** (-6.39)
$\ln URBAN$	0.009*** (2.73)	0.003*** (8.26)	0.003*** (8.47)	0.004 (1.09)
$\ln OPEN$	-0.001 (-0.72)	-0.005*** (-2.74)	-0.003 (-1.62)	-0.001 (-0.58)
$\ln IFA$	-0.003*** (-11.44)	-0.007*** (-21.74)	-0.006*** (-21.50)	-0.002*** (-8.81)

续表

变量 \ 模型	财政支出规模		财政支出结构	
	模型（1）	模型（2）	模型（3）	模型（4）
ln*PGDP*	0.003 *** (11.59)	0.005 *** (20.00)	0.005 *** (18.61)	0.002 *** (8.00)
ln*TEC*	−0.009 *** (−5.81)	−0.002 *** (−12.30)	−0.002 *** (−12.96)	−0.005 *** (−3.13)
ρ	0.363 *** (8.28)	0.375 *** (14.32)	0.378 *** (13.34)	0.353 *** (16.06)
R^2	0.772	0.731	0.738	0.738
log *L*	1439.521	1439.742	1440.671	1441.632
observations	434	434	434	434

注：表中系数下方括号内的数值表示相应估计系数的t统计值，***、**、*分别表示在1%、5%、10%的显著性水平。模型（1）—模型（4）分别表示财政支出规模、政府投资性支出、政府消费性支出和政府民生性支出影响产业结构升级的估计结果。

结果显示，四种模型下所有样本的整体空间相关系数ρ均为正值，且均通过1%的显著性水平检验，表明产业结构升级与相邻地区产业结构升级水平之间确实存在正向的空间依赖关系（正向空间溢出效应），即邻近地区的经济活动对本地区产业结构升级具有明显的溢出效应，进而引起地区间产业发展的竞相模仿及策略性竞争。此外，所有模型中的产业结构升级滞后项系数均为正值，在0.667—0.746之间波动，且均通过了1%的显著性水平检验，表明前期产业结构调整的积累会作用于后一期（或多期）的产业结构升级水平。与储德银和建克成（2014）[68]研究结论相一致，本章认为产业结构升级是一个具有非常明显的调整惯性的动态系统过程，且这种调整惯性具有两面性特征，即产业结构升级水平较高省区会由于这种调整惯性进一步有利于本省区产业结构优化与升级，反之则阻碍本省区产业结构调整与转型升级。

由表6.2可知，财政支出规模（ln*FE*）对产业结构升级的估计系数为正，但并未通过显著性检验，表明财政支出规模对产业结构调整与转型发展的正向促进作用并不明显。财政支出政策对产业结构升级的影响既有正向促进的“正效应”，又有负向抑制的“负效应”。“正效应”体现为财政支出政策通过影响不同产业、行业的资金供给与需求，进而改变各类市场主体的投资决策与生产行为，引导资金、要素定向流入与产业结构高级化、合理化目标相一致的部门领域。然而，由于决策失误、政策时滞以及政策目标非一致性等原因，财政支出政策对产业结构升级亦会造成严重的

“负效应”，进一步加深产业结构调整的扭曲与失衡，具体表现为：第一，政府和市场均为配置资源的主要手段，当政府财政支出规模过大，意味着政府配置资源能力过强，某种程度而言会削弱市场配置资源的主体地位，其结果可能导致为了保证 GDP 增长而牺牲了产业结构的合理化。第二，财政支出作用于产业结构升级是一个“信号发出—信号传递—信号接收—信号反馈”的实施过程，在我国市场经济体制尚未完善的背景下，若在政策信号传递过程中出现失真或错误现象，会导致企业出现错误的生产策略，从而影响资本、劳动力、技术等资源要素在产业间的错配与浪费。

至于财政支出结构，政府投资性支出（ln*GIE*）与政府民生性支出（ln*GPE*）的估计值均至少在 10% 的置信水平下显著为正，表明政府投资性支出和政府民生性支出对产业结构升级均具有正向促进效应。本章研究结论与张宏霞（2010）[191]的研究结果相一致，认为政府性投资对产业结构具有长期正向影响作用，持相同观点的还有骆惠宁（2001）[192]、杨大楷和孙敏（2009）[116]以及卢洪友等（2010）[193]。一方面，政府直接性投资作为地区产业发展的导航，可以有效引导各项私人投资、民间资本、社会资金在产业间和产业内合理流动与配置，从而促进各产业的协调与优化升级；另一方面，政府在能源、通讯、交通等基础设施、公共产品的投资，将显著改善本地区的市场经济环境，降低市场主体的交易成本，吸引资本、劳动力、信息、技术等要素资源的流入，形成高技术化、高信息化、高资本化产业的集聚效应，进而推动产业结构优化与升级。

至于政府民生性支出对产业结构升级的促进效应，主要体现在以下几个方面：首先，政府民生性支出安排有利于平衡城乡之间、区域之间、产业之间、企业之间以及居民之间日益复杂的利益关系，从而为产业发展与结构调整创造良性、稳定、可持续的经济社会环境；其次，在教育、医疗、社保等民生性需求得到基本满足后，居民和企业将会对产品与服务产生更高层次的需求，从而催生要素资源流向符合市场主体需求的产业领域，最终倒逼产业结构调整与升级；最后，作为推动产业结构优化升级的重要因素之一，劳动力素质的高低与政府对教育领域的财政支出息息相关，政府民生性支出中教育支出比重的提高将极大地有利于人力资本的提质增效。

而政府消费性支出（ln*GCE*）的估计值在 10% 的置信水平下显著为负，表明政府消费性支出的增加不利于产业结构调整与转型发展。政府消费性支出从性质上属于非生产性的社会消耗性支出，是社会财富与公共资金的纯消耗。一方面，政府消费性支出过大，会增加政府行政管理成本，挤占政府投资性支出和政府民生性支出，一定程度上削弱了财政宏观调控能力，使得产业结构调整优化受阻；另一方面，在政府财力有限与收入制度欠规范的背景下，政府消费性支出的增加将导致企业税费负担的增加，且会削弱企业技术创新或研发从政府获得财政资金的支持，导致其内部研发资金投入不足，进而影响产业结构优化升级的速度与进程（储德银和建克成，2014）[68]。

6.2.4 稳健性检验结果

为保证检验结果的稳健可靠，本章将分别采用邻接权重矩阵、地理权重矩阵和经济权重矩阵计算空间滞后项，并以产业结构升级作为被解释变量进行计量回归，以此对比分析不同权重矩阵设置下对估计结果的影响差异。以邻接权重矩阵为空间权重矩阵的稳健性检验结果如表6.3所示。

表6.3 动态空间面板估计结果（基于邻接权重矩阵）

变量＼模型	财政支出规模		财政支出结构	
	模型（5）	模型（6）	模型（7）	模型（8）
$\ln ITU_{-1}$	0.702*** (22.79)	0.710*** (23.06)	0.711*** (23.20)	0.686*** (22.33)
$\ln FE$	0.006 (1.24)			
$\ln GIE$		0.003* (1.70)		
$\ln GCE$			-0.005** (-2.38)	
$\ln GPE$				0.007** (2.41)
$\ln HC$	-0.005 (-1.24)	-0.005 (-1.41)	-0.005 (-1.48)	-0.004 (-1.01)
$\ln URBAN$	0.010*** (3.02)	0.010*** (3.03)	0.010*** (3.19)	0.010*** (3.01)
$\ln OPEN$	-0.004** (-2.34)	-0.004** (-2.29)	-0.003** (-2.06)	-0.004*** (-2.58)
$\ln IFA$	-0.005* (-1.72)	-0.006* (-1.87)	-0.003 (-0.97)	-0.004* (-1.67)

续表

变量＼模型	财政支出规模		财政支出结构	
	模型（5）	模型（6）	模型（7）	模型（8）
ln*PGDP*	0.002 (0.82)	0.002 (0.91)	0.002 (0.70)	0.002 (0.76)
ln*TEC*	-0.002 (-1.60)	-0.002 (-1.49)	-0.002 (-1.30)	-0.003* (-1.88)
ρ	0.368*** (8.14)	0.377*** (8.35)	0.380*** (8.44)	0.365*** (8.07)
R^2	0.738	0.737	0.741	0.744
log *L*	1452.320	1453.054	1454.436	1454.113
observations	434	434	434	434

注：表中系数下方括号内的数值表示相应估计系数的 t 统计值，***、**、* 分别表示在 1%、5%、10% 的显著性水平。模型（5）—模型（8）分别表示财政支出规模、政府投资性支出、政府消费性支出和政府民生性支出影响产业结构升级的估计结果。

以地理权重矩阵为空间权重矩阵的稳健性检验结果如表 6.4 所示。

表 6.4　　动态空间面板估计结果（基于地理权重矩阵）

变量＼模型	财政支出规模		财政支出结构	
	模型（9）	模型（10）	模型（11）	模型（12）
$\ln ITU_{-1}$	0.632*** (20.68)	0.637*** (20.31)	0.634*** (20.26)	0.800*** (25.52)
ln*FE*	0.003 (0.66)			
ln*GIE*		0.003* (1.77)		
ln*GCE*			-0.005** (-2.32)	
ln*GPE*				0.007** (2.12)
ln*HC*	-0.004*** (-10.75)	-0.004 (-1.20)	-0.005 (-1.24)	-0.008** (-2.02)
ln*URBAN*	0.010*** (2.96)	0.008** (2.46)	0.009*** (2.61)	0.010*** (3.14)
ln*OPEN*	-0.005*** (-3.96)	-0.004** (-2.11)	-0.003* (-1.87)	-0.005*** (-2.58)
ln*IFA*	-0.004*** (-2.91)	-0.006** (-2.07)	-0.003 (-1.19)	-0.006 (-0.27)

续表

变量＼模型	财政支出规模		财政支出结构	
	模型（9）	模型（10）	模型（11）	模型（12）
ln*PGDP*	0.003 (1.54)	0.004 * (1.67)	0.004 (1.51)	0.004 (0.19)
ln*TEC*	-0.005 *** (-9.59)	-0.002 (-1.62)	-0.002 (-1.39)	-0.004 *** (-2.88)
ρ	0.375 *** (7.25)	0.385 *** (7.45)	0.386 *** (7.49)	0.369 *** (7.13)
R^2	0.711	0.743	0.747	0.737
log *L*	1447.535	1444.015	1444.850	1445.760
observations	434	434	434	434

注：表中系数下方括号内的数值表示相应估计系数的 t 统计值，***、**、* 分别表示在 1%、5%、10% 的显著性水平。模型（9）—模型（12）分别表示财政支出规模、政府投资性支出、政府消费性支出和政府民生性支出影响产业结构升级的估计结果。

以经济权重矩阵为空间权重矩阵的稳健性检验结果如表 6.5 所示。

表 6.5　　动态空间面板估计结果（基于经济权重矩阵）

变量＼模型	财政支出规模		财政支出结构	
	模型（13）	模型（14）	模型（15）	模型（16）
$\ln ITU_{-1}$	0.502 *** (18.75)	0.547 *** (17.91)	0.546 *** (14.79)	0.546 *** (24.50)
ln*FE*	0.003 (1.27)			
ln*GIE*		0.003 ** (1.97)		
ln*GCE*			-0.006 *** (-2.94)	
ln*GPE*				0.007 ** (2.26)
ln*HC*	-0.004 *** (-6.21)	-0.001 (-0.30)	-0.010 *** (-2.79)	-0.003 (-0.79)
ln*URBAN*	0.006 *** (7.55)	0.009 *** (2.77)	0.005 (1.46)	0.012 *** (3.59)
ln*OPEN*	-0.004 ** (-2.11)	-0.004 ** (-2.41)	-0.003 (-1.60)	-0.005 *** (-2.93)
ln*IFA*	-0.004 *** (-2.48)	-0.009 *** (-3.03)	-0.001 *** (-5.48)	-0.002 (-0.91)

续表

变量＼模型	财政支出规模		财政支出结构	
	模型（13）	模型（14）	模型（15）	模型（16）
ln*PGDP*	0. 004 (1. 23)	0. 005 * (1. 81)	0. 012 (4. 62)	0. 003 (1. 02)
ln*TEC*	-0. 005 (-1. 19)	-0. 002 (-1. 22)	-0. 002 (-1. 34)	-0. 004 *** (-2. 76)
ρ	0. 442 *** (8. 82)	0. 450 *** (8. 99)	0. 447 *** (8. 95)	0. 437 *** (8. 71)
R^2	0. 696	0. 732	0. 625	0. 730
log *L*	1457. 478	1443. 485	1296. 770	1458. 045
observations	434	434	434	434

注：表中系数下方括号内的数值表示相应估计系数的 t 统计值，***、**、* 分别表示在 1%、5%、10% 的显著性水平。模型（13）—模型（16）分别表示财政支出规模、政府投资性支出、政府消费性支出和政府民生性支出影响产业结构升级的估计结果。

表 6. 3、表 6. 4、表 6. 5 中估计结果显示财政支出规模和财政支出结构（政府投资性支出、政府消费性支出和政府民生性支出）的回归系数与表 6. 2 模型中相应变量的系数符号保持一致，模型的回归结果与表 6. 2 结论基本一致。比较四种权重的估计结果，会发现财政支出规模和财政支出结构变量指标影响系数大小有一定的差异，表明地区之间经济发展水平的差距会对财政支出规模与结构作用于产业结构升级的效果产生影响。一方面，在财政分权体制下，由于地区经济发展水平的异质性，各地方政府的财政收支匹配能力和程度不同，面临的财政压力也就不同，从而对区域市场环境的干预程度具有差异性，而这也导致了产业结构升级存在一定程度的区域差异性。另一方面，产业结构升级的发生有赖于经济基础提供的支撑条件，经济社会环境的不同会导致产业结构转型与升级越来越集中于具有区位优势的地区，从而造成地区之间产业结构升级速度的非均衡性。在以 GDP 为主要绩效指标的考核方式下，地方政府相互竞争时除了会考虑邻近辖区的政策行为外，往往还会考虑经济发展水平相近地区的政策行为。此外，经济发展水平相似的地区之间更容易产生跨区域的知识扩散、技术外溢和人力资本流动，使得地区之间的产业交流与联系更紧密。这也从另一个角度说明了在考察财政支出规模与结构对产业结构升级动态空间影响效应的过程中，除了要考虑地理距离因素的影响，还要考虑经济距离因素的影响。

6.3 财政支出影响产业结构升级：基于效率视角

6.3.1　动态面板模型设定

产业结构升级离不开政府财政支出的支持，财政支出的效率直接影响地区产业结构升级速度和发展前景。长久以来，我国各级财政预算部门和单位在财政支出管理方面一直存在着“重分配、轻管理”、“重使用、轻绩效”的问题，此外对财政资金的分配效果和支出绩效缺乏相应的监督考核机制，致使大量低效或无效的财政支出资金产生，从而造成财政支出资金和资源的浪费。财政支出效率必须通过财政支出体现出来，但财政支出效率具有边际递减的特征，因此，财政支出规模的增加并不一定带来财政支出效率的提升，但可通过优化财政支出结构来推进财政支出效率的提高（才国伟和钱金保，2011）[194]。本章接下来首先将基于地方政府在提供公共产品与服务和管理地方事务中的投入产出指标，利用 SBM 模型测度财政支出效率（详见第 4 章）；其次，为考察财政支出效率与产业结构升级之间的动态关联，本章建立相应的动态面板数据模型；再次，采用系统广义矩估计方法（SYS - GMM）对全国总体样本面板模型进行估计与分析；最后，考虑到我国财政支出效率、产业结构升级等经济社会环境存在的差异性，分别基于东部、中部、西部地区样本考察财政支出效率对产业结构升级的区域异质性，使结论更具说服力。

财政支出效率影响产业结构升级的实证模型初步设定如下：

$$\begin{aligned} ITU_{it} &= \beta_0 + \beta_1 FEE_{it} + \beta_2 PGDP_{it} + \beta_3 OPEN_{it} + \beta_4 TEC_{it} + \beta_5 HC_{it} \\ &\quad + \beta_6 URBAN_{it} + \beta_7 IFA_{it} + \nu_t + \varepsilon_{it} \end{aligned} \tag{6.3}$$

（6.3）式中：i 和 t 分别表示地区和时间，ν_t 表示无法观测到的异质性，用来控制其他层面的影响因素，ε_{it}代表随机扰动项。ITU_{it}表示产业结构升级，FEE_{it}表示财政支出效率，$PGDP_{it}$、$OPEN_{it}$、TEC_{it}、HC_{it}、$URBAN_{it}$和 IFA_{it}分别表示经济发展水平、对外开放水平、技术创新水平、人力资本水平、城市化水平和固定资产投资等其他控制变量，具体指标衡量方法同上。

（6.3）式尽管给出了不同地区财政支出效率对产业结构升级的影响，

但这种影响效应仅仅是当期静态的，尚未考虑到财政支出效率对产业结构升级的动态效应，即前期产业结构升级对当期产业结构升级的作用效应。考虑到产业结构升级是一个动态变化的连续过程，不仅取决于当期各项经济社会影响因素，还与前期产业调整与发展的惯性特征密切相关，存在一定程度的路径依赖性。为了反映产业在结构调整与转型发展过程中可能存在的“惯性特征”或“自我增强机制”，接下来将在静态模型中加入被解释变量产业结构升级的滞后一期（ITU_{it-1}），得到动态面板模型，同时为了避免模型中变量之间可能存在的内生性，本章将采用系统 GMM 方法对动态面板模型进行估计。具体动态面板模型构建方式如下

$$ITU_{it} = \beta_0 + \beta_1 ITU_{it-1} + \beta_2 FEE_{it} + \beta_3 OPEN_{it} + \beta_4 PGDP_{it} + \beta_5 TEC_{it} + \beta_6 HC_{it} + \beta_7 URBAN_{it} + \beta_8 IFA_{it} + \nu_t + \varepsilon_{it} \tag{6.4}$$

由（6.4）式可知：β_1 表示前期产业结构升级水平每提高一个百分点，当期产业结构升级水平会提高 β_1 个百分点；β_2 表示财政支出效率对产业结构升级的影响，$\beta_2>0$ 意味着财政支出效率的提升对产业结构升级产生了正向传导效应，$\beta_2<0$ 则意味着财政支出效率对产业结构升级产生了反向倒逼效应，即财政支出效率的提升反而抑制了产业结构升级。

6.3.2　基于全样本的系统 GMM 估计结果

公式（6.4）中被解释变量产业结构升级的滞后项与非观测固定效应及随机扰动项均存在相关性，内生性问题的存在使得 OLS 估计结果不再有效和无偏。为克服内生性问题，本章采用两步系统 GMM 估计方法来实证检验财政支出效率对产业结构升级的影响效应。本章根据被解释变量产业结构升级滞后一期的显著性、Sargan 检验、AR（1）检验和 AR（2）检验来判断动态面板模型设定的合理性。表 6.6 所示的财政支出效率对产业结构升级影响的系统 GMM 估计结果显示，被解释变量滞后一期（$\ln ITU_{it-1}$）的影响系数显著为正，反映出产业结构升级具有的动态性和连续性。

表 6.6　　动态面板模型的系统 GMM 估计结果（基于全样本）

变量	全国样本
$\ln ITU_{it-1}$	0.860*** (19.45)
$\ln FEE$	−0.001 (−0.16)

续表

变量	全国样本
ln*PGDP*	0.080*** (3.66)
ln*OPEN*	0.024* (1.96)
ln*TEC*	-0.007 (1.64)
ln*HC*	0.098*** (4.59)
ln*URBAN*	0.037 (0.68)
ln*IFA*	0.085*** (5.26)
AR（1）检验	-4.270 [0.000]
AR（2）检验	0.340 [0.735]
Sargan 检验	29.340 [1.000]

注：***、** 和 * 分别表示 1%、5% 和 10% 的显著性水平，圆括号内为 z 值，方括号内为统计量的 p 值。

如表 6.6 所示，Sargan 检验表明所选择的工具变量是有效的，AR（1）检验和 AR（2）检验也证明动态面板模型设定是合理的。财政支出效率对产业结构升级的估计系数为负，但并未通过显著性检验。由于企业和市场对政府支持产业结构升级财政政策信号的接受时间、接受能力并不确定，再者财政支出效率的提高是一个长期过程，其效益短期内被各个行为主体观测到的难度较大，因而政府财政支出效率的提高对产业结构升级的影响效应并不明朗。

6.3.3　基于分样本的系统 GMM 估计结果

鉴于我国不同地区的财政支出效率与产业结构升级均具有较大的空间异质性，东部沿海地区与中西部内陆地区在经济发展水平、对外开放水平、科技创新水平、人力资本水平、城市化水平和固定资产投资等方面差异较大，可能导致财政支出效率对产业结构升级的影响效应存在较大差别，本章设置实证模型检验不同地区财政支出效率对产业结构升级的影响效应。尽管中部地区和西部地区在资源禀赋、地理区位和经济发展基础等方面有差异，但两者仍具较多相似之处并与东部地区在诸多方面存在较大差距，因此本章将中部地区 8 个省区（黑龙江、吉林、山西、安徽、江西、河南、湖北、湖南）与西部地区 11 个省区（内蒙古、广西、重庆、四川、贵州、云南、陕西、甘肃、青海、宁夏、新疆，西藏地区由于数据缺失予以剔除）合并为中西部地区，东部地区包括北京、天津、河北、辽宁、上海、江苏、浙江、福建、山东、广东、海南等 11 个省区（见表6.7）。

表 6.7　动态面板模型的系统 GMM 估计结果（基于区域样本）

变量	东部地区	中西部地区
lnITU_{it-1}	0.894*** (3.01)	0.792*** (9.58)
lnFEE	-0.000 (-0.02)	-0.007** (-2.43)
ln$PGDP$	0.092*** (2.91)	0.065*** (3.07)
ln$OPEN$	0.025* (2.07)	0.021** (2.57)
lnTEC	-0.023 (-0.85)	-0.013 (-0.91)
lnHC	-0.105*** (3.02)	-0.118*** (3.7)
ln$URBAN$	0.024 (0.26)	-0.059 (-0.49)
lnIFA	0.086*** (3.26)	0.014* (2.09)
AR（1）检验	-2.63 [0.008]	-3.87 [0.000]
AR（2）检验	0.640 [0.524]	0.760 [0.616]
Sargan 检验	8.990 [1.000]	18.440 [1.000]

注：***、** 和 * 分别表示 1%、5% 和 10% 的显著性水平，圆括号内为 z 值，方括号内为统计量的 p 值。

根据表 6.7 东部地区和中西部地区的实证估计结果显示，产业结构升级的滞后一期均显著为正，与基于全国总体样本的估计结果相一致，进一步验证了产业结构升级具有动态效应。所有的 Sargan 检验、AR（1）检验和 AR（2）检验也均通过，表明所选取的工具变量是合理的，实证模型的设定也较为合理。

由表 6.7 结果可知，不同地区财政支出效率对产业结构升级的影响具有显著的区域异质性，具体表现为：在东部、中西部地区，财政支出效率影响产业结构升级的弹性系数分别为 -0.000、-0.007，然而东部地区的估计结果并未通过显著性检验，这与基于全国总体样本的估计结果相一致；而根据中西部地区的系统 GMM 估计结果显示，财政支出效率的估计系数呈现为负值，并且通过 5% 的显著性检验，表明中西部地区的财政支出效率的提升对产业结构升级产生抑制效应。可能的原因是：一方面，由于中西部欠发达地区与东部发达地区之间存在着产业、创新与技术等方面的梯度差，且中部地区多处在产业结构升级的追赶阶段，在转型意识、创新理念等方面缺乏相应的压力和动力，因而更倾向于将有限的财政资源分配于短期内经济效益较高的产业领域，其财政支出效率的提高在为产业结构升级创造良好的制度环境方面逊色于东部地区；另一方面，相比于中西部地区，东部地区的产业结构布局更为合理。

6.4 本章小结

1. 本章基于 2000—2014 年间中国 31 个省区的面板数据，将反映地区相似性的空间权重矩阵引入动态空间面板模型，分别实证检验了财政支出规模与结构对产业结构升级的动态空间效应。研究结果表明：产业结构升级是一个具有调整惯性的动态系统过程，中国产业结构升级存在一定的正向空间依赖性特征；在总量效应层面，财政支出对产业结构升级的影响虽呈现为正向促进效应，但并不显著；在结构效应层面，政府投资性支出与政府民生性支出均显著有利于产业结构升级，而政府消费性支出对产业结构升级存在负向抑制作用。

2. 本章选取 2000—2014 年中国 30 个省区的面板数据，基于地方政府财政支出的投入产出指标，采用 SBM 模型对各地区财政支出效率进行测度；接着通过建立动态面板模型，利用系统广义矩估计方法分析财政支出

效率对产业结构升级的动态效应与区域异质性。研究表明：对于全国总体样本而言，财政支出效率对产业结构升级具有并不显著的负向抑制效应；具体到不同的区域样本，东部地区财政支出效率对产业结构升级的影响效应呈现为负，但并不显著；中西部地区财政支出效率则显著抑制产业结构升级。

第7章

财政收入对产业结构升级的影响：基于门槛效应视角

7.1 引言

在当前复杂多变的国际国内经济形势下，我国产业发展尽管与快速做大经济总量的目标相适应，但同时也出现了部分行业产能过剩、产业间结构失衡、区域产业同构严重等问题，由此决定了加快推进产业结构升级的必要性和紧迫性。面对加快推进产业结构优化升级的重要改革任务，财政政策相机调整的力度必然加大，这也正是目前我国财税改革进程加快的一个重要动因。财政收入政策在一定程度上会影响地方政府的产业发展战略选择，进而对产业转型升级以及产业结构布局带来影响。现有财政收入总量、财政收入结构、税制结构以及具体税类究竟对产业结构升级产生了何种影响，如何通过优化财政收入政策体系来加快实现产业结构升级目标，具有重要的研究意义。

国内外已有大量关于税收产业效应方面的研究，但大部分还停留在理论定性分析和政策比较介绍等层面，实证分析方面则大多建立在线性相关和参数同质性的假设前提下。本章将以财政收入对产业结构升级的非线性影响为切入点，基于各地区经济发展水平和人力资本水平的第三方外部因素条件下识别并测度财政收入对产业结构升级的非线性效应，从解决财政收入的政策导向效应区域非均衡问题上来着手推进产业结构优化升级、缩小区域间产业发展差距是有现实意义的，同时也为我国财政收入制度改革提供理论依据。本章接下来将运用2000—2014年间我国31个省区面板数据构建门槛回归模型，分别考察财政收入总量与结构对产业结构升级的非线性影响效应。

7.2 实证模型设定与变量选择

7.2.1 门槛回归模型的设定

财政收入总量与结构体现了不同商品、行业和地区之间的宏观税负差异，影响了商品结构、行业结构以及地区结构，从而对产业培育、发展、调整与结构升级发挥调节作用。若运用基于线性假设前提的传统模型来研究财政收入与产业结构升级之间的关系，将会忽略由于地区资源禀赋、经济发展基础、区位条件等方面的异质性所导致的非线性关系（刘建民等，2014）[26]。为检验财政收入对产业结构升级是否存在由"门槛效应"所导致的非线性关系问题，本章将借鉴Hansen（1999）[195]的做法，将经济发展水平和人力资本水平作为第三方外部影响因素引入门槛回归模型。在假定财政收入对产业结构升级存在多门槛影响效应的前提下，构建财政收入影响产业结构升级的分段函数，以探求财政收入在不同函数段下对产业结构升级产生差异性影响的系数。

门槛回归模型的实质是捕捉某一变量可能发生跳跃的临界点，即通过选择某一观测值作为门槛变量，假设其存在一个或多个最优门槛值，将回归模型区分为两个或两个以上的区间，各个区间由不同的回归方程表示（储德银和赵飞，2013）[196]。

本章将经济发展水平和人力资本水平门槛值作为未知变量引入模型，在假设存在多门槛效应的前提下，构建财政收入影响产业结构升级的分段函数。由于预先无法确定门槛的个数，先假定经济发展水平（人力资本水平）存在一个最优门槛值 τ，即对于 $thr<\tau$ 和 $thr\geqslant\tau$，财

政收入对产业结构升级的影响将会出现显著差异，那么设定虚拟变量 $D_{i,t}$ 使其满足：

$$y_i = \alpha_1 x_i + e_i(thr < \tau) \tag{7.1}$$

$$y_i = \alpha_2 x_i + e_i(thr \geqslant \tau) \tag{7.2}$$

令 $I_t(\tau) = \{thr < \tau\}$，其中 $I(\bullet)$ 代表指示性函数，thr 为门槛变量，当 $thr < \tau$ 时，$I=1$，否则 $I=0$。先设定财政收入对产业结构升级的单门槛回归模型，如公式（7.3）。随后通过门槛检验来确定门槛个数，若存在多门槛效应，可将单门槛回归模型拓展为多门槛回归模型。财政收入对产业结构升级的单门槛回归模型如（7.3）式所示：

$$\begin{aligned} \ln ITU_{i,t} = {} & \beta_0 + \beta_1 \ln OPEN_{i,t} + \beta_2 \ln TEC_{i,t} + \beta_3 \ln PGDP_{i,t} + \beta_4 \ln HC_{i,t} \\ & + \beta_5 \ln URBAN_{i,t} + \beta_6 \ln IFA_{i,t} + \beta_7 FISCAL_{i,t}(thr < \gamma) \\ & + \beta_8 FISCAL_{i,t}(thr \geqslant \gamma) + \mu_i + \varepsilon_{i,t} \end{aligned} \tag{7.3}$$

其中，i 和 t 分别代表考察地区和时间序列；μ_i 为无法观察到的、不随时间变化的地区虚拟变量，即未观测到的地区特质效应，ε_{it} 表示独立同分布的随机扰动项；$ITU_{i,t}$、$OPEN_{i,t}$、$TEC_{i,t}$、$PGDP_{i,t}$、$HC_{i,t}$、$URBAN_{i,t}$、$IFA_{i,t}$ 和 $FISCAL_{i,t}$ 分别代表第 i 地区在第 t 年的产业结构升级水平、对外开放水平、技术创新水平、经济发展水平、人力资本水平、城市化水平、固定资产投资和财政收入政策（具体包括财政收入总量、财政收入结构、税制结构、货劳税、所得税和财产税等指标）；$I(\bullet)$ 代表门槛示性函数，thr 为门槛变量，即本章设定的经济发展水平 $PGDP_{i,t}$（人均实际 GDP）和 $HC_{i,t}$（人力资本指数）；γ 和 λ 为有待估计的具体门槛值，表示不同的经济发展水平（或人力资本水平）。

7.2.2 变量选择与数据说明

考虑到数据的可得性和样本的一致性，本章最终以中国 31 个省区作为研究样本，考察期为 2000—2014 年间，所使用数据来源于 2001—2015 年《中国统计年鉴》、《中国财政年鉴》、《中国税务年鉴》、《中国城市统计年鉴》、《中国区域经济统计年鉴》及各省市统计年鉴，部分缺失数据采用插值法予以补齐。为了削弱异方差和异常项对数据平稳性的影响，所有数据均取自然对数以消除其指数化增长趋势。各变量的定义和度量总结概括如表 7.1 所示。

表 7.1　变量定义与度量

变量名称		变量代码	变量定义
产业结构升级		*ITU*	产业结构升级测度方式如下所示：$ITU = \sum_{j=1}^{n} q(j) \times j$，$q(j)$ 为第 j 产业占地区生产总值比重，$n=3$，*ITU* 的取值范围为[1，3]。
财政收入政策	财政收入总量	*FISCAL1*	财政收入占 GDP 比重
财政收入政策	财政收入结构	*FISCAL2*	非税收入与税收收入的比值
财政收入政策	税制结构	*TAX*	税制结构采用间接税与直接税的比值予以表征。其中，间接税主要包括增值税和营业税，鉴于营业税自 1994 年税制改革以来一直就属于地方税，即使 2011 年开始实行“营改增”改革试点，但在样本研究期间营业税仍然保留在地方，所以在计算时对此不需要进行调整，但是增值税是中央与地方共享税，中央与地方的分成比例在样本研究期间一直是 3:1，所以只要将地方财政收入中的增值税收入乘以 4 即为该地区的实际增值税数据；直接税方面，企业所得税、个人所得税和财产税是地方直接税系的三大主要组成部分。由于所得税在 1994—2001 年属于地方税，2001 年之后为提高中央政府的财力集中度，改为中央地方共享税，2002 年中央与地方的分成比例为 1:1，2002 年之后的分成比例为 3:2，因此，将 2002 年地方财政收入中的所得税收入乘以 2，2003 年及以后年份乘以 2.5 就能近似得到相应年份的地区实际所得税收入。房产税、车船税、城镇土地使用税、契税、耕地占用税以及土地增值税是财产税的重要组成部分，而这些税种在样本研究期间就一直归地方，不需进行调整，所以把这些税种直接相加就得到了该地区实际财产税收入。由于对相关税种的收入进行了调整，所以地方政府税收收入指标就采用经过相应调整之后的数据（廖信林，2015）[197]。
财政收入政策	货物与劳务税	*COMTAX*	货物与劳务税简称货劳税，采用货劳税占税收收入比重予以表征。其中，货劳税主要包括增值税和营业税。
财政收入政策	所得税	*INCTAX*	所得税采用所得税占税收收入比重予以表征。其中，所得税包括个人所得税和企业所得税。
财政收入政策	财产税	*PROTAX*	财产税采用财产税占税收收入比重予以表征。其中，财产税包括房产税、城镇土地税、土地增值税、车船税、耕地占用税、契税。

续表

变量名称	变量代码	变量定义
对外开放水平	*OPEN*	对外开放显著地促进了中国出口产品的竞争力从而推动了产业结构转型升级，由于 FDI 流量对产业结构升级具有一定的滞后性，本章选用各省区进出口贸易总额占 GDP 比重来表示省区对外开放程度。
技术创新水平	*TEC*	考虑到研发费用对地区产业结构升级作用具有较长时滞，难以反映当期实际技术水平，本章采用发明、实用新型和外观设计三项专利的年授权数来衡量区域的技术水平。
经济发展水平	*PGDP*	采用实际人均 *GDP* 来表示经济发展情况，本章用各地区以 2000 年为基期价格的人均 *GDP* 来表示经济发展水平。
人力资本水平	*HC*	以高中以上教育程度人口占总人口的比重来衡量文化水平，$human = \sum(mid/pop \times 9 + hig/pop \times 12 + sec/pop \times 12 + col/pop \times 16)$。其中，*mid* 为初中在校生人数、*hig* 为普通高中在校生人数、*sec* 为中等职业教育在校生人数、*col* 为高等学校在校生人数、*pop* 为人口总数。
城市化水平	*URBAN*	本书选取城市化率作为影响产业结构变动的影响因素，$urban = pop_{urban}/pop_{total}$，$pop_{urban}$ 和 pop_{total} 分别表示各省区城镇人口和当地总人口。
固定资产投资	*IFA*	采用各省区固定资产投资总额占 GDP 的比重来衡量。

各变量的相关描述性统计情况如表 7.2 所示。

表 7.2　　变量的描述性统计

变量名称	变量符号	平均值	标准误	最小值	25% 分位数	50% 分位数	75% 分位数	最大值
产业结构升级	ln*ITU*	1.714	0.077	1.559	1.670	1.714	1.748	2.118
财政收入总量	ln*FISCAL*1	-2.487	0.322	-3.219	-2.813	-2.526	-2.303	-1.661
财政收入结构	*FISCAL*2	0.290	0.141	-0.075	0.203	0.285	0.370	0.765
税制结构	ln*TAX*	0.654	0.412	-0.777	0.351	0.642	0.904	1.782
货劳税	ln*COMTAX*	-0.559	0.198	-1.238	-0.616	-0.511	-0.446	-0.288
所得税	ln*INCTAX*	-1.513	0.364	-3.219	-1.609	-1.470	-1.309	-0.511
财产税	ln*PROTAX*	-2.691	0.762	-7.064	-2.996	-2.659	-2.207	-0.198
对外开放水平	ln*OPEN*	-1.585	1.025	-3.303	-2.360	-1.871	-0.905	0.763
技术创新水平	ln*TEC*	8.303	1.758	1.946	7.211	8.326	9.535	12.506
经济发展水平	ln*PGDP*	9.833	0.804	7.887	9.215	9.883	10.449	11.564
人力资本水平	ln*HC*	-0.124	0.216	-1.316	-0.215	-0.095	0.028	0.272
城市化	ln*URBAN*	-0.832	0.356	-1.681	-1.067	-0.810	-0.607	-0.105
固定资产投资	ln*IFA*	-0.632	0.367	-1.372	-0.911	-0.623	-0.322	0.217

7.3 实证检验与结果分析

7.3.1 变量的平稳性检验

对于包含时空两个维度的门槛面板数据，容易出现“伪回归”现象，为避免模型设定偏差和出现“伪回归”，改进估计结果的有效性，在进行门槛回归前，本章综合采用LLC和Fisher - ADF检验方法，运用Stata11.0软件，对相关变量进行单位根检验（见表7.3）。

表7.3　面板数据主要变量的单位根检验

变量	LLC检验		Fisher - ADF检验	
	统计量	概率值	统计量	概率值
ln*ITU*	-15.344	0.000	218.170	0.000
ln*FISCAL*1	-3.904	0.000	163.375	0.000
*FISCAL*2	-5.318	0.000	253.617	0.000
ln*TAX*	-8.897	0.000	145.269	0.000
ln*COMTAX*	-18.855	0.000	464.656	0.000
ln*INCTAX*	-53.823	0.000	795.684	0.000
ln*PROTAX*	-15.060	0.000	285.015	0.000
ln*OPEN*	-4.388	0.000	199.164	0.000
ln*TEC*	-2.516	0.006	62.216	0.468
ln*PGDP*	-5.610	0.000	138.887	0.000
ln*HC*	-13.503	0.000	246.511	0.000
ln*URBAN*	-7.987	0.000	136.283	0.000
ln*IFA*	-3.701	0.000	106.359	0.000

根据表7.3面板数据的平稳性检验结果可知，除了技术进步变量（ln*TEC*）的Fisher - ADF检验值在10%的显著性水平下没有通过单位根检验外，即存在单位根，其他所有变量均至少在1%的显著水平下拒绝存在单位根的原假设，因此，总体而言，面板数据具备平稳性，模型回归结果具备较强的可靠性。

7.3.2　财政收入总量对产业结构升级的门槛效应估计结果分析

7.3.2.1　门槛估计的显著性和置信区间检验

在面板数据通过平稳性检验基础上，依据前文门槛回归模型的设定方法，考量财政收入总量（ln*FISCAL*1）对地区产业结构升级的影响及其门槛效应，故分别选取经济发展水平（ln*PGDP*）和人力资本指数（ln*HC*）作为门槛变量，设置300次的Bootstrap方法模拟估算出相应的F值，以检验门槛效应。在通过门槛效应检验的前提下，可以进一步计算出门槛效应的参数位置，即门槛值和不同的门槛区间，具体检验结果如表7.4所示。

表7.4　财政收入总量的面板门槛估计的显著性检验和置信区间

核心解释变量	财政收入总量（ln*FISCAL*1）							
门槛变量	经济发展水平（ln*PGDP*）				人力资本指数（ln*HC*）			
门槛数	单一	双重		三重	单一	双重		三重
*F*值	11.599**	7.027*		5.620*	15.320***	12.038***		5.348*
*P*值	0.017	0.053		0.070	0.000	0.007		0.067
BS次数	300	300		300	300	300		300
1%	12.258	9.502		11.411	9.573	10.825		11.503
5%	8.224	7.221		7.048	5.050	5.652		5.813
10%	5.971	4.675		4.494	3.788	4.133		4.733
门槛估计值	4865.866	Ito1 33556.970	Ito2 4865.866	62567.420	1.172	Ito1 0.615	Ito2 1.147	0.86 5
95%的置信区间	[4865.866, 62567.400]	[5177.098, 82536.800]	[4865.866, 62317.65]	[5218.681, 85220.730]	[0.595, 1.177]	[0.562, 1.236]	[1.084, 1.177]	[0.521, 1.250]

注：1. 表中的F值及相关临界值、95%的置信区间均为采用BS（自举法）反复抽得到的结果；*、**、***分别表示在10%、5%和1%水平上显著。2. BS（Bootstrap）是一种对原始样本进行“自抽样”的方法，假设从总体中抽取样本容量为*n*的随机样本，则这个样本带有总体信息，如果进行多次“有放回”（with place）的抽样，且每次样本容量都为*n*，就可以获得“自主样本”（bootstrap sample）。3. 门槛估计值和95%的置信区间中显示的数值均为由对数值还原后的原值。下同。

表7.4准确显示了财政收入总量（ln*FISCAL*1）分别以经济发展水平（ln*PGDP*）和人力资本指数（ln*HC*）为门槛变量的多门槛回归模型的显著性检验、门槛值估计及其在95%置信水平下的置信区间。在以经济发展水

平和人力资本指数为门槛变量的前提下，根据（7.3）式依次进行的单一、双重和三重门槛检验结果初步判定，财政收入总量对产业结构升级的多门槛回归模型均存在三重门槛效应（所有门槛检验的估计值均至少在10%的显著性水平下通过检验）。为进一步验证上述所得的门槛估计结果是否真实有效，需要分别根据图7.1和图7.2来分析两个模型中经济发展水平或人力资本指数的门槛估计值位置。

图7.1中a、b、c、d四个步骤分别为依次对财政收入总量影响产业结构升级（以经济发展水平为门槛变量）的多门槛回归模型进行单一、双重和三重门槛检验过程中确定的门槛估计值位置图。步骤a为第一轮搜索中第一个门槛估计值的搜索结果；步骤b为第二轮搜索中第二个门槛估计值的搜索结果；步骤c为第二轮搜索中重新搜索第一个门槛估计值的搜索结果；步骤d为第三轮搜索中第三个门槛估计值的搜索结果。

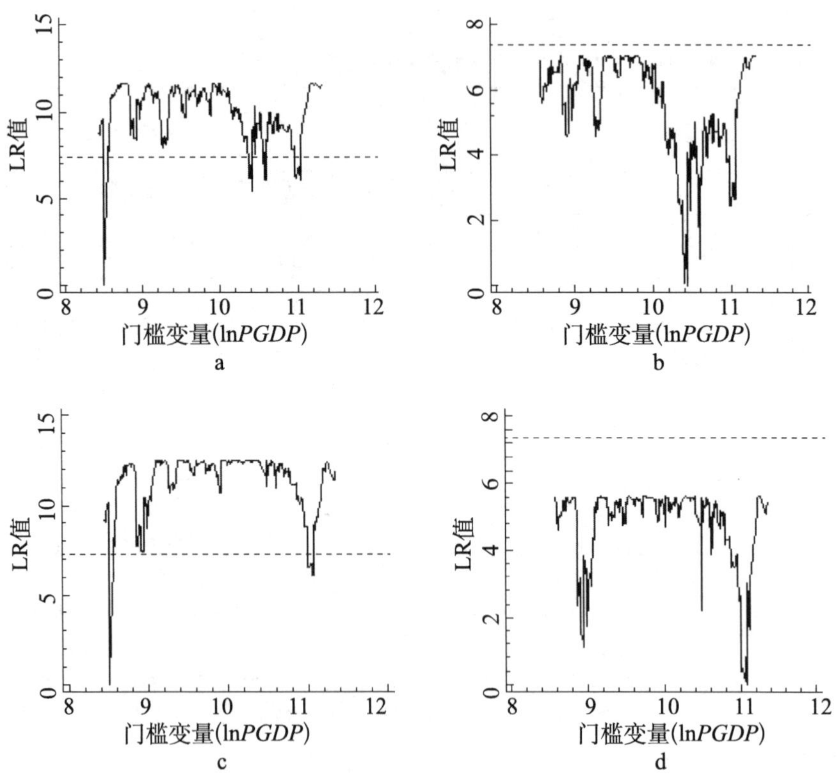

图7.1　财政收入总量对产业结构升级的门槛估计值搜索结果（以经济发展水平为门槛变量）

由图 7. 1 结果可知，第二轮和第三轮搜索中双重门槛和三重门槛的搜索结果均为无效，由步骤 a 和步骤 c 显示，经济发展水平的单一门槛估计值对应的 LR 值（似然比值）明显小于临界值，我们认为所得的门槛估计是有效的。因此，我们修正前述初步判定结果，认为在以经济发展水平为门槛变量的前提下，财政收入总量对产业结构升级的非线性计量模型存在一重门槛效应，三重门槛效应并不显著，且单一门槛值为 4865. 866 元。同时，由表 7. 5 可知，2000—2014 年间，绝大部分省区均迈过了人均实际 GDP 为 4865. 866 元的单一门槛，省区门槛越过率极高。

表 7. 5　各年度越过门槛值的省区统计（财政收入总量—经济发展水平）

年份	越过门槛省区个数（*PGDP* >4865. 866 元）	门槛越过率	年份	越过门槛省区个数（*PGDP* >4865. 866 元）	门槛越过率
2000	22	70. 97%	2008	31	100%
2001	28	90. 32%	2009	31	100%
2002	29	93. 55%	2010	31	100%
2003	30	96. 77%	2011	31	100%
2004	30	96. 77%	2012	31	100%
2005	31	100%	2013	31	100%
2006	31	100%	2014	31	100%
2007	31	100%	—	—	—

图 7. 2 为依次对财政收入总量影响产业结构升级（以人力资本指数为门槛变量）的多门槛回归模型进行单一、双重和三重门槛检验过程中确定的门槛估计值位置图。

由图 7. 2 结果可知，三重门槛的搜索结果无效，由步骤 a—c 显示，人力资本指数的单一门槛和双重门槛估计值对应的 LR 值（似然比值）明显小于临界值，我们认为所得的门槛估计是有效的。因此我们修正前述初步判定结果，认为在以人力资本指数为门槛变量的前提下，财政收入总量对产业结构升级的非线性计量模型存在双重门槛效应，三重门槛效应并不显著，且第一、第二门槛值分别为 0. 615 和 1. 147。

同时，由表 7. 6 可知，2000—2014 年间，绝大部分省区均迈过了人力资本指数为 0. 615 的第一门槛；但各省区的第二门槛越过率较低，自 2004 年开始才有省区迈过了人力资本指数为 1. 147 的第二门槛，且数量不多。

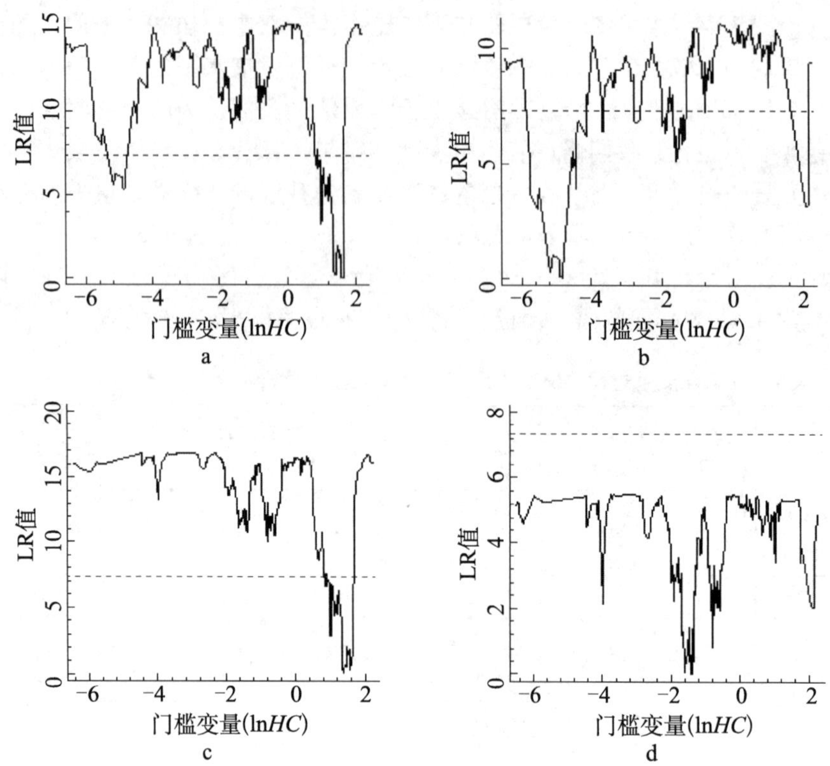

图7.2　财政收入总量对产业结构升级的门槛估计值搜索结果（以人力资本指数为门槛变量）

表7.6　各年度越过门槛值的省区统计（财政收入总量—人力资本指数）

年份	第一门槛越过省区个数（$0.615 < HC \leq 1.147$）	第一门槛越过率	年份	第二门槛越过省区个数（$HC > 1.147$）	第二门槛越过率
2000	21	67.74%	2000	0	0
2001	23	74.19%	2001	0	0
2002	25	80.65%	2002	0	0
2003	29	93.55%	2003	0	0
2004	26	83.87%	2004	4	12.90%
2005	27	87.10%	2005	4	12.90%
2006	28	90.32%	2006	3	9.68%
2007	27	87.10%	2007	4	12.90%
2008	28	90.32%	2008	3	9.68%
2009	28	90.32%	2009	3	9.68%
2010	26	83.87%	2010	5	16.13%

续表

年份	第一门槛越过省区个数（0.615＜HC≤1.147）	第一门槛越过率	年份	第二门槛越过省区个数（HC＞1.147）	第二门槛越过率
2011	27	87.10%	2011	4	12.90%
2012	30	96.77%	2012	1	3.23%
2013	29	93.55%	2013	2	6.45%
2014	30	96.77%	2014	1	3.23%

7.3.2.2 模型估计结果与分析

在门槛效应显著性检验的基础上，本章运用面板门槛估计法实证检验分别以经济发展水平和人力资本指数为门槛变量前提下财政收入总量对产业结构升级的门槛效应，具体的面板门槛回归参数估计结果如表7.7所示。

表7.7 财政收入总量对产业结构升级的面板门槛回归参数估计结果

变量	门槛变量：经济发展水平			门槛变量：人力资本指数		
	估计值	t-ols	t-white	估计值	t-ols	t-white
ln*OPEN*	0.030	2.68***	2.84***	0.026	2.44**	2.47**
ln*TEC*	-0.005	-0.74	-0.80	0.001	0.07	0.08
ln*PGDP*				-0.024	-1.67*	-1.61
ln*HC*	0.083	3.87***	3.47***			
ln*URBAN*	-0.075	-3.73***	-3.01***	-0.056	-2.83***	-3.58***
ln*IFA*	0.006	0.37	0.32	-0.000	-0.01	1.52
ln*FISCAL*1	-0.072	-2.44**	-3.15***	-0.036	-1.68*	-2.37**
*fiscal*1×*lpgdp*	-0.072	-2.44**	-2.18**			
*fiscal*1×*hpgdp*	0.023	3.26***	2.26**			
*fiscal*1×*lhc*				0.017	3.36***	4.51***
*fiscal*1×*mhc*				-0.0167	-1.36	-0.55
*fiscal*1×*hhc*				-0.021	-3.89***	-9.55***

注：*fiscal*1×*lpgdp*、*fiscal*1×*hpgdp*分别表示在低、高经济发展水平阶段财政收入总量的参数估计值，*fiscal*1×*lhc*、*fiscal*1×*mhc*、*fiscal*1×*hhc*分别表示在低、中、高人力资本水平阶段财政收入总量的参数估计值，不同阶段是根据表7.4中的门槛估计值划分得到；t-ols表示同方差设定下的t值，t-white表示异方差设定下的t值。

由表7.7可知：

1. 在经济发展水平不断提高的连续期间，财政收入总量对产业结构升

级的影响表现为先阻碍后促进的作用效应。在经济发展水平处于较低阶段（即人均实际 GDP 低于 4865.866 元），财政收入总量不利于产业结构升级水平的提升，即财政收入占 GDP 的比重每提高 1%，产业结构升级水平反而降低 0.072%；而当人均实际 GDP 超过 4865.866 元后，财政收入占 GDP 比重的提高开始有助于产业结构升级水平的提升，每提高 1% 则使产业结构升级指数提高 0.023%。基于此，我们可以认为：财政收入总量的增加有助于促进经济发达地区的产业结构升级，却阻碍了经济欠发达地区的产业结构升级，即财政收入总量在发达地区比在欠发达地区更能发挥产业调整效应。当处于经济欠发达阶段时，各地区为了增加财政税收，盲目招商引资，导致我国产业结构存在规模小、较分散、低水平重复、区域同构等问题。同时综合表 7.5 的分析结果可知绝大部分省区由于越过相应的门槛值而处于“发达阶段”（根据人均实际 GDP 的门槛值划定），表明当前财政收入总量在一定程度上发挥了产业结构优化调整效应。

2. 随着人力资本水平的不断提高，财政收入总量对产业结构升级的影响关系表现为先促进后阻碍，但是具有两个门槛拐点，分别为 0.615 和 1.147。在人力资本水平处于较低阶段（即人力资本指数小于 0.615）时，财政收入总量对产业结构升级水平的提升具有显著的促进作用；而当人力资本指数处于中等水平阶段（即人力资本指数介于 0.615 和 1.147 之间）时，财政收入总量的增加反而开始抑制产业结构升级，但此时抑制效应并不显著（同方差和异方差设定下的 t 值检验均未通过）；当人力资本水平处于较高阶段（即人力资本指数大于 1.147）时，财政收入总量对产业结构升级的抑制效应开始加剧。综合上述分析结果，可以得出：财政收入总量有助于促进人力资本水平较低地区产业结构升级水平的提升，却不利于人力资本水平较高地区产业结构升级进程的推进，财政收入总量在人力资本落后地区比在先进地区更能发挥产业结构优化调整效应。同时综合表 7.6 的分析结果可知绝大部分省区由于越过了相应的第一门槛值未越过第二门槛值从而处于“人力资本中等水平阶段”（根据人力资本指数的门槛值划定），表明财政收入总量未能完全发挥其应有的产业结构优化调整作用，并且随着人力资本水平的提升，财政收入总量反而会阻碍产业结构升级进程，表现出对产业升级的逆向调节作用。

其他控制变量方面，综合表 7.7 的实证分析结果可知：对外开放水平的提高显著有利于产业结构升级；城市化则对产业结构升级产生了显著的负向抑制作用；而技术进步和固定资产投资对产业结构升级的影响并不明朗。

7.3.3　财政收入结构对产业结构升级的门槛效应估计结果分析

7.3.3.1　门槛估计的显著性和置信区间检验

同理，依据前文门槛回归模型的设定方法，选取经济发展水平（ln*PGDP*）和人力资本指数（ln*HC*）作为门槛变量，考量财政收入结构（*FISCAL2*）对省区产业结构升级的影响及其门槛效应，具体检验结果如表 7.8 所示。

表 7.8　财政收入结构的面板门槛估计的显著性检验和置信区间

<table>
<tr><td>核心解释变量</td><td colspan="8">财政收入结构（FISCAL2）</td></tr>
<tr><td>门槛变量</td><td colspan="4">经济发展水平（lnPGDP）</td><td colspan="4">人力资本指数（lnHC）</td></tr>
<tr><td>门槛数</td><td>单一</td><td colspan="2">双重</td><td>三重</td><td>单一</td><td colspan="2">双重</td><td>三重</td></tr>
<tr><td>F 值</td><td>14.470**</td><td colspan="2">6.781*</td><td>3.717</td><td>15.702***</td><td colspan="2">7.151**</td><td>4.653*</td></tr>
<tr><td>P 值</td><td>0.017</td><td colspan="2">0.080</td><td>0.127</td><td>0.003</td><td colspan="2">0.013</td><td>0.057</td></tr>
<tr><td>BS 次数</td><td>300</td><td colspan="2">300</td><td>300</td><td>300</td><td colspan="2">300</td><td>300</td></tr>
<tr><td>1%</td><td>16.357</td><td colspan="2">12.525</td><td>8.938</td><td>9.925</td><td colspan="2">7.889</td><td>8.645</td></tr>
<tr><td>5%</td><td>7.516</td><td colspan="2">8.240</td><td>6.149</td><td>5.014</td><td colspan="2">4.204</td><td>4.872</td></tr>
<tr><td>10%</td><td>4.752</td><td colspan="2">6.299</td><td>4.237</td><td>3.719</td><td colspan="2">2.597</td><td>3.076</td></tr>
<tr><td>门槛估计值</td><td>4865.866</td><td>Ito1
35101.530</td><td>Ito2
4865.866</td><td>58220.920</td><td>1.172</td><td>Ito1
0.595</td><td>Ito2
1.169</td><td>1.235</td></tr>
<tr><td>95%的信区间</td><td>[4865.866, 5054.327]</td><td>[5177.098, 82536.840]</td><td>[4865.866, 5054.327]</td><td>[5218.681, 85220.730]</td><td>[1.141, 1.177]</td><td>[0.525, 1.250]</td><td>[1.141, 1.177]</td><td>[0.521, 1.250]</td></tr>
</table>

表 7.8 显示了财政收入结构分别以经济发展水平和人力资本指数为门槛变量的多门槛回归模型的显著性检验、门槛值估计及其在 95% 置信水平下的置信区间。在以经济发展水平为门槛变量的前提下，根据公式（7.3）依次进行的单一、双重和三重门槛检验结果初步判定，财政收入结构对产业结构升级的多门槛回归模型均存在双重门槛效应（单一、双重门槛检验的估计值均至少在 10% 的显著性水平下通过检验）。而在以人力资本指数为门槛变量的前提下，财政收入结构对产业结构升级的多门槛回归模型均存在三重门槛效应（所有门槛检验的估计值均至少在 10% 的显著性水平下通过检验）。为进一步验证上述所得的门槛估计结果是否真实有效，需要分别根据图 7.3 和图 7.4 来分析两个模型中经济发展水平或人力资本指数

的门槛估计值位置。

图 7.3 为依次对财政收入结构影响产业结构升级（以经济发展水平为门槛变量）的多门槛回归模型进行单一、双重和三重门槛检验过程中确定的门槛估计值位置图。

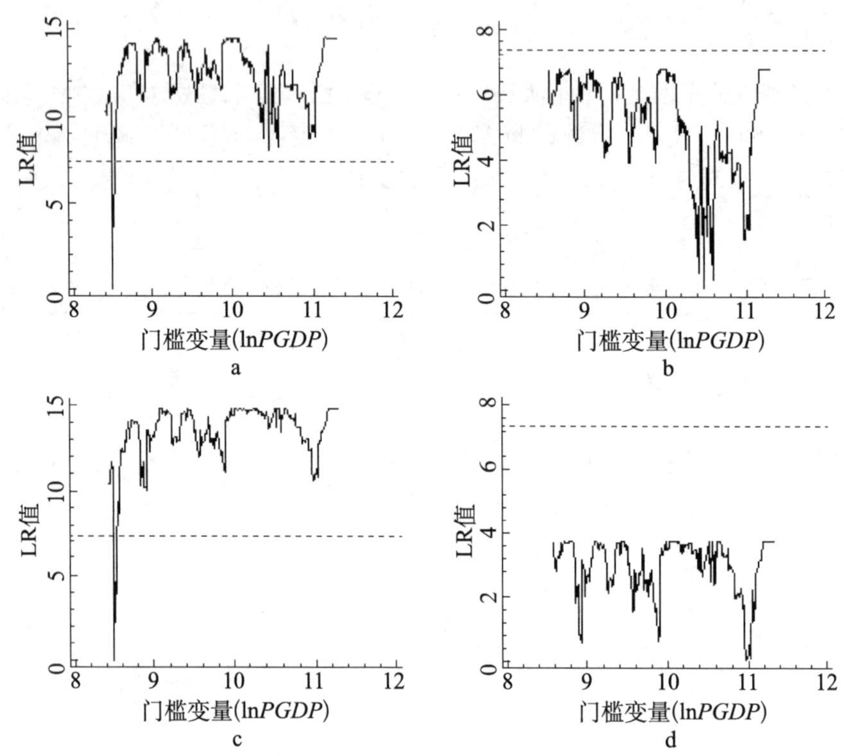

图 7.3　财政收入结构对产业结构升级的门槛估计值搜索结果
（以经济发展水平为门槛变量）

由图 7.3 结果表明，第二轮和第三轮搜索中双重门槛和三重门槛的搜索结果均为无效，由步骤 a 和步骤 c 显示，经济发展水平的单一门槛估计值对应的 LR 值（似然比值）明显小于临界值，我们认为所得的门槛估计是有效的。因此我们修正前述初步判定结果，认为在以经济发展水平为门槛变量的前提下，财政收入结构对产业结构升级的非线性计量模型存在一重门槛效应，双重门槛效应并不显著，所对应的单一门槛值为 4865.866 元，与财政收入总量在以经济发展水平为门槛变量下的门槛值相一致，由此各年度越过门槛值的省区个数及门槛越过率也与表 7.5 相一致，在此不再赘述。

图 7.4 为依次对财政收入结构影响产业结构升级（以人力资本指数为门槛变量）的多门槛回归模型进行单一、双重和三重门槛检验过程中确定的门槛估计值位置图。

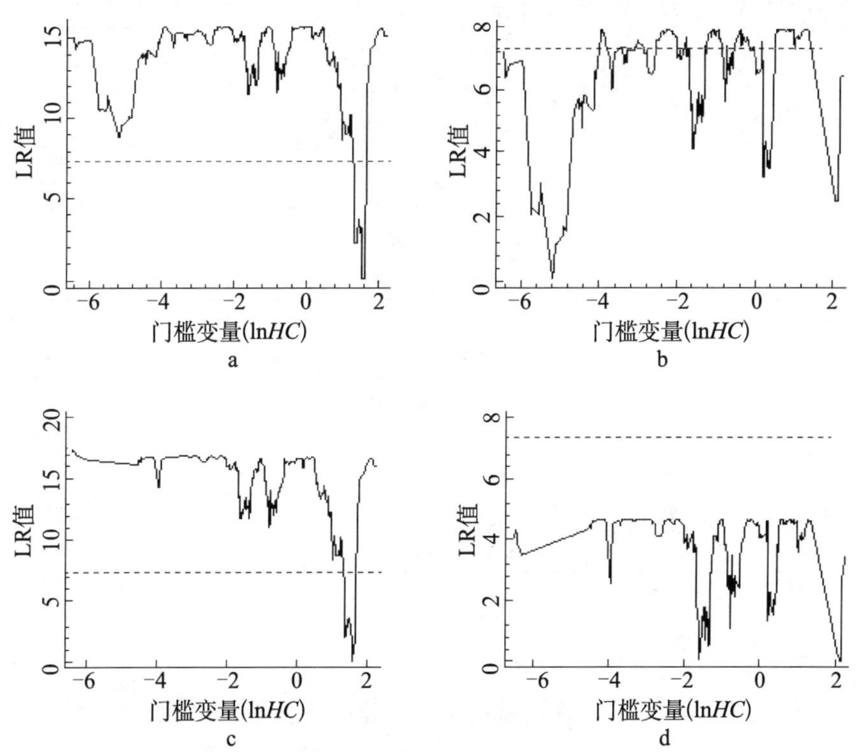

图 7.4　财政收入结构对产业结构升级的门槛估计值搜索结果（以人力资本指数为门槛变量）

由图 7.4 结果表明，三重门槛的搜索结果无效，由步骤 a、b、c 显示，人力资本指数的单一门槛和双重门槛估计值对应的 LR 值（似然比值）明显小于临界值，我们认为所得的门槛估计是有效的。因此，我们修正前述初步判定结果，认为在以人力资本指数为门槛变量的前提下，财政收入结构对产业结构升级的非线性计量模型存在双重门槛效应，三重门槛效应并不显著，且第一、第二门槛值分别为 0.595 和 1.169。

同时，由表 7.9 可知，2000—2014 年间，绝大部分省区均迈过了人力资本指数为 0.595 的第一门槛；而各省区的第二门槛越过率较低，自 2004 年开始才有省区迈过人力资本指数为 1.169 的第二门槛，但数量并不多。

表 7.9　各年度越过门槛值的省区统计（财政收入结构—人力资本指数）

年份	第一门槛越过省区个数（0.595 < HC≤1.169）	第一门槛越过率	年份	第二门槛越过省区个数（HC > 1.169）	第二门槛越过率
2000	22	70.97%	2000	0	0
2001	25	80.65%	2001	0	0
2002	26	83.87%	2002	0	0
2003	29	93.55%	2003	0	0
2004	28	90.32%	2004	3	9.68%
2005	28	90.32%	2005	3	9.68%
2006	28	90.32%	2006	3	9.68%
2007	29	93.55%	2007	2	6.45%
2008	29	93.55%	2008	2	6.45%
2009	28	90.32%	2009	3	9.68%
2010	29	93.55%	2010	2	6.45%
2011	30	96.77%	2011	1	3.23%
2012	30	96.77%	2012	1	3.23%
2013	29	93.55%	2013	2	6.45%
2014	30	96.77%	2014	1	3.23%

7.3.3.2　模型估计结果与分析

在门槛效应显著性检验的基础上，本章运用面板门槛估计法实证检验分别以经济发展水平和人力资本指数为门槛变量前提下财政收入结构对产业结构升级的门槛效应，具体的面板门槛回归参数估计结果如表 7.10 所示。

表 7.10　财政收入结构对产业结构升级的面板门槛回归参数估计结果

变量	门槛变量：经济发展水平			门槛变量：人力资本指数		
	估计值	t - ols	t - white	估计值	t - ols	t - white
ln*OPEN*	0.028	2.51**	2.92***	0.030	2.82***	2.85***
ln*TEC*	-0.013	-2.31**	-2.66**	-0.003	-0.36	-0.34
ln*PGDP*				-0.032	-2.26**	-1.95*
ln*HC*	0.078	3.55***	2.96***			
ln*URBAN*	-0.082	-4.08***	-3.04***	-0.055	-2.77***	-3.41***
ln*IFA*	-0.003	-0.15	-0.13	0.030	1.82*	1.37
FISCAL2	0.293	3.65***	2.44**	0.057	1.72*	1.94*

续表

变量	门槛变量：经济发展水平			门槛变量：人力资本指数		
	估计值	t - ols	t - white	估计值	t - ols	t - white
fiscal2 × *lpgdp*	0. 293	3. 65 ***	3. 95 ***			
fiscal2 × *hpgdp*	-0. 257	-3. 65 ***	-2. 39 **			
fiscal2 × *lhc*				-0. 163	-2. 50 **	-2. 85 ***
fiscal2 × *mhc*				0. 234	4. 24 ***	4. 04 ***
fiscal2 × *hhc*				0. 163	3. 80 ***	6. 41 ***

注：*fiscal2* × *lpgdp*、*fiscal2* × *hpgdp* 分别表示在低、高经济发展水平阶段财政收入结构的参数估计值，*fiscal2* × *lhc*、*fiscal2* × *mhc*、*fiscal2* × *hhc* 分别表示在低、中、高人力资本水平阶段财政收入结构的参数估计值，不同阶段是根据表 7. 8 中门槛估计值划分得到；t - ols 表示同方差设定下的 t 值，t - white 表示异方差设定下的 t 值。

由表 7. 10 可知：

1. 在经济发展水平不断提高的连续期间，财政收入结构对产业结构升级的影响表现为先促进后阻碍的作用效应。在经济发展水平处于较低阶段（即人均实际 GDP 低于 4865. 866 元），财政收入结构有利于产业结构升级水平的提升，即非税收入与税收收入之比每提高 1%，产业结构升级水平提高 0. 293%；而当人均实际 GDP 超过 4865. 866 元后，非税收入与税收收入之比的提高开始抑制产业结构升级水平的提升，每提高 1% 则使产业结构升级指数降低 0. 257%。基于此，我们可以认为：非税收入比重的提高有助于促进经济欠发达地区的产业结构升级，却阻碍了经济发达地区的产业结构升级进程的推进，即财政收入结构在欠发达地区比在发达地区更能发挥产业优化调整效应。同时综合表 7. 5 的分析结果可知绝大部分省区由于越过相应的门槛值而处于“发达阶段”（根据人均实际 GDP 的门槛值划定），表明由于当前财政收入结构的不合理，使得其应有的产业结构优化调整效应未能得到充分发挥。

2. 随着人力资本水平的不断提高，财政收入结构对产业结构升级的影响关系表现为先阻碍后促进，但是具有两个门槛拐点，分别为 0. 595 和 1. 169。在人力资本水平处于较低阶段（即人力资本指数小于 0. 595）时，非税收入与税收收入之比的提高对产业结构升级水平的提升具有显著的抑制效应；而当人力资本指数处于中等水平阶段（即人力资本指数介于 0. 595 和 1. 169 之间）时，非税收入比重的提高开始对产业结构升级产生正向促进作用；当人力资本水平处于较高阶段（即人力资本指数大于 1. 1689）时，非税收入比重的提高对产业结构升级的促进效应略有减弱。综合上述分析结果，可以得出：财政收入结构不利于人力资本水平较低省区产业结构升级水平的提升，却对人力资本水平较高省区产业结构升级进程的推进具有较为明显的促进效应，财政收入结构在人力资本具有优势水平省区比在落后省区更能发挥产业结构优化调整效应。同时综合表7.9的分析结果可知绝大部分省区由于越过了相应的第一门槛值未越过第二门槛值从而处于“人力资本中等水平阶段”（根据人力资本指数的门槛值划定），表明财政收入结构在一定程度上发挥了产业结构优化调整效应，但随着人力资本水平的提升，财政收入结构对产业结构升级的促进作用表现出减缓趋势。

7.3.4　税制结构对产业结构升级的门槛效应估计结果分析

7.3.4.1　门槛估计的显著性和置信区间检验

同理，依据前文门槛面板模型的设定方法，选取经济发展水平（ln*PGDP*）和人力资本指数（ln*HC*）作为门槛变量，考量税制结构（ln*TAX*）对省区产业结构升级的影响及其门槛效应，具体检验结果如表7.11所示。

表7.11　税制结构的面板门槛估计的显著性检验和置信区间

核心解释变量	税制结构（ln*TAX*）							
门槛变量	经济发展水平（ln*PGDP*）				人力资本指数（ln*HC*）			
门槛数	单一	双重		三重	单一	双重		三重
*F*值	9.590**	4.809*		4.031	14.746***	9.577***		7.151**
*P*值	0.027	0.053		0.120	0.000	0.010		0.050
BS次数	300	300		300	300	300		300
1%	13.392	7.522		10.589	9.448	9.489		12.435
5%	7.941	4.928		6.681	5.286	4.959		7.195
10%	5.207	3.084		4.667	3.682	3.700		4.108
门槛估计值	4865.866	Ito1 19457.740	Ito2 4865.866	39616.460	1.172	Ito1 0.615	Ito2 1.169	0.672
95%的置信区间	[4865.866, 62567.420]	[5177.098, 82536.840]	[4559.645, 58806.050]	[5218.681, 85220.730]	[0.595, 1.177]	[0.562, 1.235]	[0.931, 1.177]	[0.521, 1.250]

表7.11显示了税制结构分别以经济发展水平和人力资本指数为门槛变量的多门槛回归模型的显著性检验、门槛值估计及其在95%置信水平下的置信区间。在以经济发展水平为门槛变量的前提下，根据（7.3）式依次进行的单一、双重和三重门槛检验结果初步判定，税制结构对产业结构升

级的多门槛回归模型均存在双重门槛效应（单一、双重门槛检验的估计值均至少在 10% 的显著性水平下通过检验）。而在以人力资本指数为门槛变量的前提下，税制结构对产业结构升级的多门槛回归模型均存在三重门槛效应（所有门槛检验的估计值均至少在 10% 的显著性水平下通过检验）。为进一步验证上述所得的门槛估计结果是否真实有效，需要分别根据图 7.5 和图 7.6 来分析两个模型中经济发展水平或人力资本指数的门槛估计值位置。

图 7.5 为依次对税制结构影响产业结构升级（以经济发展水平为门槛变量）的多门槛回归模型进行单一、双重和三重门槛检验过程中确定的门槛估计值位置图。

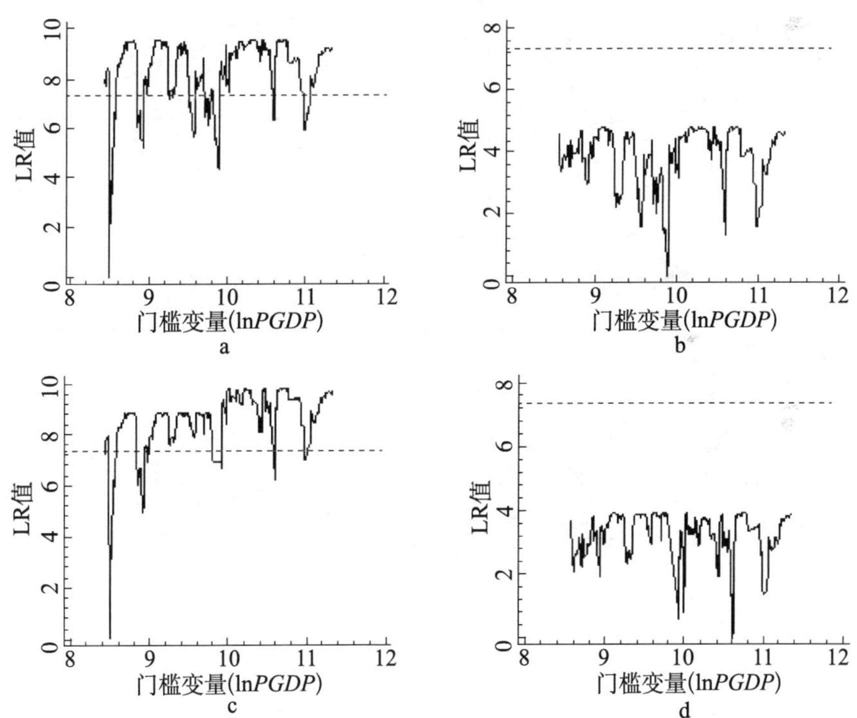

图 7.5　税制结构对产业结构升级的门槛估计值搜索结果
（以经济发展水平为门槛变量）

由图 7.5 结果表明，第二轮和第三轮搜索中双重门槛和三重门槛的搜索结果均为无效，由步骤 a 和步骤 c 显示，经济发展水平的单一门槛估计值对应的 LR 值（似然比值）明显小于临界值，我们认为所得的门槛估计是有效的。因此，我们修正前述初步判定结果，认为在以经济发展水平为门槛变量的前提下，税制结构对产业结构升级的非线性计量模型存在一重门槛效应，双重门槛效应并不显著，所对应的单一门槛值为 4865.866 元，与财政收入总量和结构在以经济发展水平为门槛变量下的门槛值相一致，由此各年度越过门槛值的省区个数及门槛越过率也与表 7.5 相一致，在此不再赘述。

图 7.6 为依次对税制结构影响产业结构升级（以人力资本指数为门槛变量）的多门槛实证模型进行单一、双重和三重门槛检验过程中确定的门槛估计值位置图。

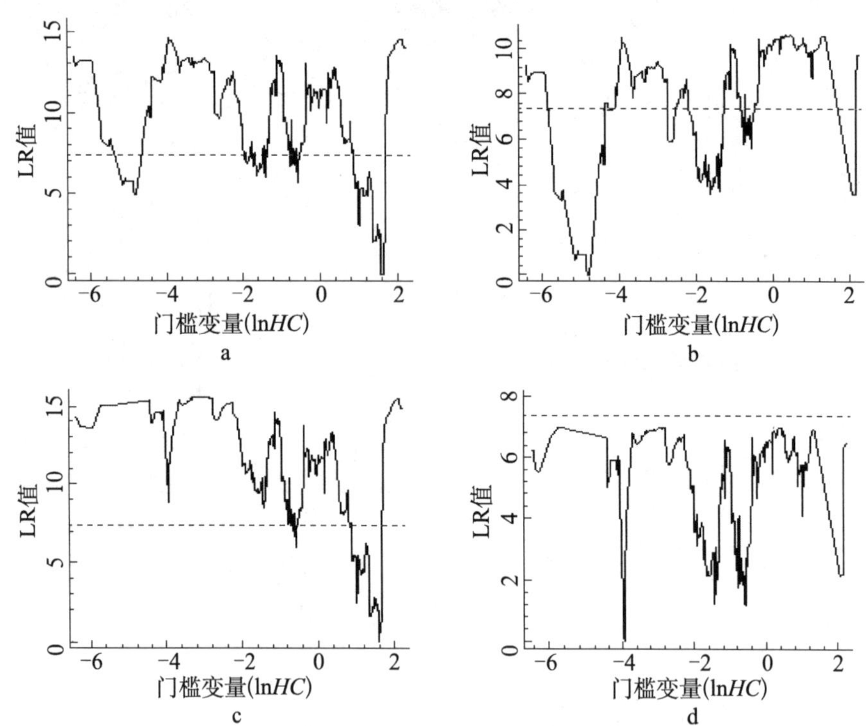

图 7.6　税制结构对产业结构升级的门槛估计值搜索结果
（以人力资本指数为门槛变量）

由图 7.6 结果表明，三重门槛的搜索结果均为无效，由步骤 a、b、c 显示，人力资本指数的单一、双重门槛估计值对应的 LR 值（似然比值）明显小于临界值，我们认为所得的门槛估计是有效的。因此，我们修正前述初步判定结果，认为在以人力资本指数为门槛变量的前提下，税制结构对产业结构升级的非线性计量模型存在双重门槛效应，三重门槛效应并不显著，且第一、第二门槛值分别为0.615和1.169。同时，由表7.12可知，2000—2014年间，绝大部分省区均迈过了人力资本指数为0.615的第一门槛；而各省区的第二门槛越过率较低，自2004年开始方才有省区迈过了人力资本指数为1.169的第二门槛，但数量并不多。

表 7.12　各年度越过门槛值的省区统计（税制结构—人力资本指数）

年份	第一门槛越过省区个数（$0.615 < HC \leq 1.169$）	第一门槛越过率	年份	第二门槛越过省区个数（$HC > 1.169$）	第二门槛越过率
2000	21	67.74%	2000	0	0
2001	23	74.19%	2001	0	0
2002	25	80.65%	2002	0	0
2003	29	93.55%	2003	0	0
2004	27	87.10%	2004	3	9.68%
2005	28	90.32%	2005	3	9.68%
2006	28	90.32%	2006	3	9.68%
2007	29	93.55%	2007	2	6.45%
2008	29	93.55%	2008	2	6.45%
2009	28	90.32%	2009	3	9.68%
2010	29	93.55%	2010	2	6.45%
2011	30	96.77%	2011	1	3.23%
2012	30	96.77%	2012	1	3.23%
2013	29	93.55%	2013	2	6.45%
2014	30	96.77%	2014	1	3.23%

7.3.4.2　模型估计结果与分析

在门槛效应显著性检验的基础上，本章运用面板门槛估计法实证检验分别以经济发展水平和人力资本指数为门槛变量前提下税制结构对产业结构升级的门槛效应，具体的面板门槛回归参数估计结果如表7.13所示。

表 7.13　税制结构对产业结构升级的面板门槛回归参数估计结果

变量	门槛变量：经济发展水平			门槛变量：人力资本指数		
	估计值	t - ols	t - white	估计值	t - ols	t - white
ln*OPEN*	0.026	2.35**	2.66**	0.022	2.04**	2.28**
ln*TEC*	-0.012	-1.96*	-2.15**	-0.001	-0.16	-0.16
ln*PGDP*				-0.038	-2.32**	-2.09**

续表

变量	门槛变量：经济发展水平			门槛变量：人力资本指数		
	估计值	t - ols	t - white	估计值	t - ols	t - white
ln*HC*	0.083	3.86***	3.45***			
ln*URBAN*	-0.075	-3.77***	-3.10***	-0.053	-2.67***	-3.04***
ln*IFA*	-0.002	-0.11	-0.10	0.032	1.97**	1.48
ln*TAX*	0.001	1.95*	2.15**	0.018	1.91*	2.02**
tax × *lpgdp*	0.044	2.16**	2.05**			
tax × *hpgdp*	0.001	0.05	0.05			
tax × *lhc*				-0.038	-3.25***	-4.46***
tax × *mhc*				-0.018	-1.01	-1.22
tax × *hhc*				0.076	3.58***	4.48***

注：*tax* × *lpgdp*、*tax* × *hpgdp* 分别表示在低、高经济发展水平阶段税制结构的参数估计值，*tax* × *lhc*、*tax* × *mhc*、*tax* × *hhc* 分别表示在低、中、高人力资本水平阶段税制结构的参数估计值，不同阶段是根据表 7.11 中门槛估计值划分得到；t - ols 表示同方差设定下的 t 值，t - white 表示异方差设定下的 t 值。

由表 4 可知：

1. 在经济发展水平不断提高的连续期间，税制结构对产业结构升级的影响系数均为正。在经济发展水平处于较低阶段（即人均实际 GDP 低于 4865.866 元），税制结构有利于产业结构升级水平的提升，即间接税与直接税之比每提高 1%，产业结构升级水平提高 0.044%；而当人均实际 GDP 超过 4865.866 元后，间接税与直接税之比的提高对产业结构升级水平的促进作用开始减弱，且正向促进效果并不显著。基于此，我们可以认为：间接税比重的提高有助于促进经济欠发达地区的产业结构升级，却阻碍了经济发达地区的产业结构升级进程的推进，即税制结构在欠发达地区比在发达地区更能发挥产业优化调整效应。同时综合表 7.5 的分析结果可知，绝大部分省区由于越过相应的门槛值而处于“发达阶段”（根据人均实际 GDP 的门槛值划定），表明当前以间接税比重畸高为特征的税制结构存在诸多不合理之处，使得其应有的产业结构优化调整效应未能得到充分发挥。

2. 随着人力资本水平的不断提高，税制结构对产业结构升级的影响效应表现为先阻碍后促进，但是具有两个门槛拐点，分别为 0.615 和 1.169。在人力资本水平处于较低阶段（即人力资本指数小于 0.615）时，间接税与直接税之比的提高对产业结构升级水平的提升具有显著的抑制效应；而当人力资本指数处于中等水平阶段（即人力资本指数介于 0.615 和 1.169 之间）时，间接税比重的提高对产业结构升级的抑制效应开始减缓，但作用效果并不显著；当人力资本水平处于较高阶段（即人力资本指数大于1.169）时，间接税比重的提高对产业结构升级开始产生显著的正向促进效果。综合上述分析结果，可以得出：税制结构不利于人力资本水平较低省区产业结构升级水平的提升，却对人力资本水平较高省区产业结构升级进程的推进具有较为明显的促进效应，税制结构在人力资本具有优势水平省区比在落后省区更能发挥产业结构优化调整效应。同时综合表7.12的分析结果可知，绝大部分省区由于越过了相应的第一门槛值未越过第二门槛值从而处于“人力资本中等水平阶段”（根据人力资本指数的门槛值划定），表明税制结构未能完全发挥其应有的产业结构优化调整效应，但随着人力资本水平的提升，税制结构对产业结构升级的正向促进效应开始显现。

7.3.5 具体税类对产业结构升级的门槛效应估计结果分析

7.3.5.1 门槛估计的显著性和置信区间检验

同理，依据前文所述门槛回归模型的设定方法，选取经济发展水平（ln*PGDP*）和人力资本水平（ln*HC*）作为门槛变量，设置300次的Bootstrap方法模拟估算出相应的*F*值，以考量包括货物与劳务税、所得税和财产税等三种典型税类对地区产业结构升级的影响及其门槛效应。在通过门槛效应检验的前提下，进一步地可以计算出门槛效应的参数位置，即门槛值和不同的门槛区间，具体检验结果如表7.14所示。

表7.14 具体税类的面板门槛估计的显著性检验和置信区间

解释变量	门槛变量	门槛数	*F*值	1%	5%	10%	门槛估计值	95%的置信区间
货劳税	经济发展水平	单一	6.437*	11.874	7.644	5.345	33624.16	[4559.645, 82536.84]
		双重	5.453***	5.938	2.732	1.767	Ito1 4865.866 Ito2 32630.41	[4559.645, 82536.84] [5177.098, 82536.84]
		三重	5.132*	9.220	5.596	4.195	62567.42	[5218.681, 85220.73]
	人力资本指数	单一	16.108***	7.730	4.303	3.114	1.149	[1.103, 1.177]
		双重	6.809***	5.699	3.624	2.847	Ito1 0.611 Ito2 1.147	[0.524663, 1.249821] [1.103, 1.177]
		三重	4.383	15.609	9.676	8.192	0.870	[0.521, 1.250]

续表

解释变量	门槛变量	门槛数	F值	1%	5%	10%	门槛估计值	95%的置信区间
所得税	经济发展水平	单一	10.007**	14.712	9.195	6.065	62567.420	[4865.866，68802.82]
		双重	10.622**	18.656	8.233	5.719	Ito1　33624.160 Ito2　62130.980	[4865.866，82536.84] [4865.866，68802.82]
		三重	9.696**	13.816	6.150	4.157	4865.866	[4559.645，35066.45]
	人力资本指数	单一	16.147***	7.481	4.163	3.430	1.172	[1.103，1.177]
		双重	5.535**	13.416	5.232	3.400	Ito1　0.611 Ito2　1.169	[0.525，1.250] [1.1033，1.177]
		三重	5.034**	8.846	4.936	3.446	1.225	[0.521，1.250]
财产税	经济发展水平	单一	7.326**	13.119	5.365	3.207	4865.866	[4559.645，82536.84]
		双重	6.917*	14.872	7.032	5.364	Ito1　33556.97 Ito2　4865.866	[5177.098，82536.84] [4559.645，82536.84]
		三重	6.143*	10.432	6.673	4.467	35066.45	[5218.681，85220.73]
	人力资本指数	单一	19.228***	8.976	5.310	3.362	1.172	[1.103，1.177]
		双重	7.281**	9.952	5.851	4.208	Ito1　1.230 Ito2　1.172	[0.525，1.250] [1.143，1.177]
		三重	7.571	15.846	12.013	9.743	0.865	[0.521，1.143]

表7.14显示了货劳税、所得税和财产税分别以经济发展水平和人力资本指数为门槛变量的多门槛回归模型的显著性检验、门槛值估计及其在95%置信水平下的置信区间。在以经济发展水平为门槛变量的前提下，根据（7.3）式依次进行的单一、双重和三重门槛检验结果初步判定，货劳税、所得税和财产税对产业结构升级的多门槛回归模型均存在三重门槛效应（所有门槛检验的估计值均至少在10%的显著性水平下通过检验）。在以人力资本指数为门槛变量的前提下，所得税对产业结构升级的多门槛回归模型存在三重门槛效应（所有门槛检验的估计值均至少在10%的显著性水平下通过检验），而货劳税和财产税对产业结构升级的多门槛回归模型存在双重门槛效应（仅有单一、双重门槛检验的估计值至少在10%的显著性水平下通过检验）。为进一步验证上述所得的门槛估计结果是否真实有效，需要分别根据图7.7—图7.12来分析模型中经济发展水平或人力资本指数的门槛估计值位置。

图7.7为依次对货劳税影响产业结构升级（以经济发展水平为门槛变

量）的多门槛回归模型进行单一、双重和三重门槛检验过程中确定的门槛估计值位置图。

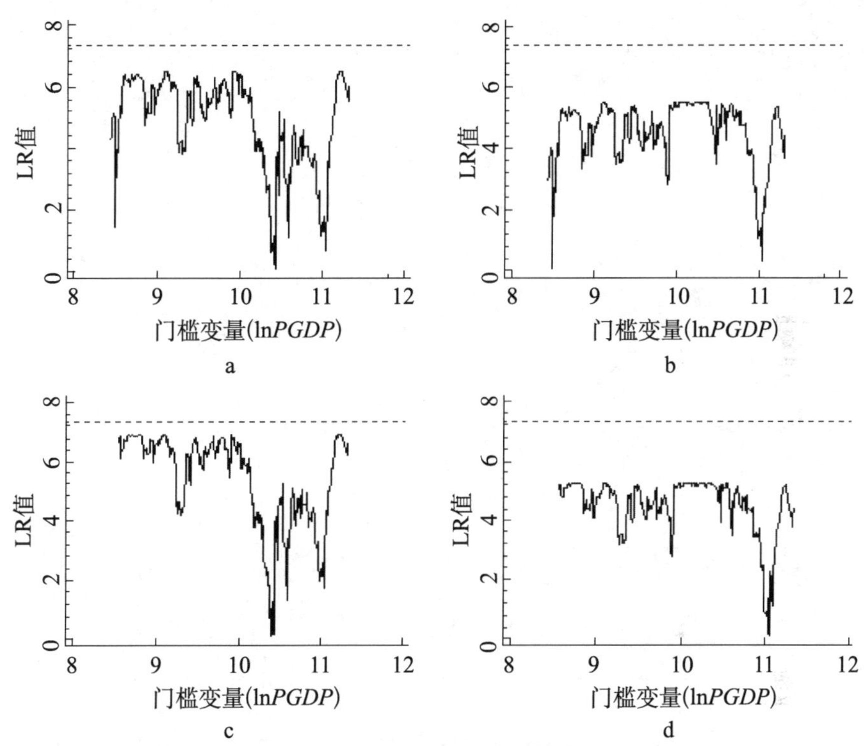

图 7.7　货劳税对产业结构升级的门槛估计值搜索结果
（以经济发展水平为门槛变量）

由图 7.7 结果表明，所有门槛的搜索结果均为无效，因此我们修正前述初步判定结果，认为在以经济发展水平为门槛变量的前提下，货劳税对产业结构升级的非线性计量模型门槛效应并不显著。

图 7.8 为依次对货劳税影响产业结构升级（以人力资本指数为门槛变量）的多门槛回归模型进行单一、双重和三重门槛检验过程中确定的门槛估计值位置图。

由图 7.8 结果表明，双重、三重门槛的搜索结果均为无效，由步骤 a、c 显示人力资本指数的单一门槛估计值对应的 LR 值（似然比值）明显小于临界值，我们认为所得的门槛估计是有效的。因此，我们修正前述初步判定结果，认为在以人力资本指数为门槛变量的前提下，货劳税对产业结构升级的非线性计量模型存在单一门槛效应，双重门槛效应并不显著，单一门槛值为1.149。同时，由表7.15可知，2000—2014年间，绝大部分省区未能迈过人力资本指数为1.149的门槛值，地区门槛越过率极低。

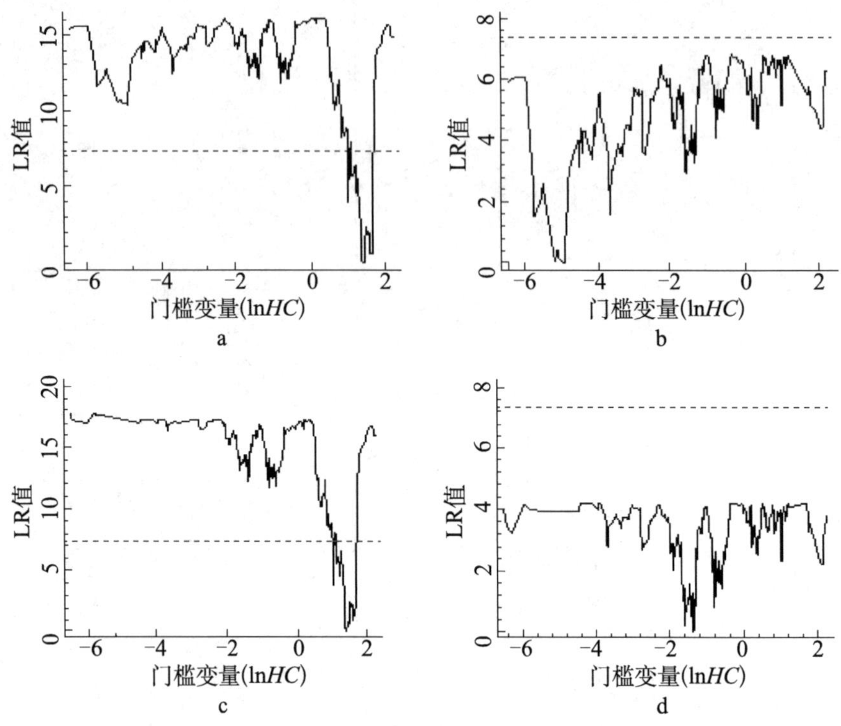

图7.8　货劳税对产业结构升级的门槛估计值搜索结果（以人力资本指数为门槛变量）

表7.15　各年度越过门槛值的省区统计（货劳税—人力资本指数）

年份	越过门槛省区个数（$HC>1.149$）	门槛越过率	年份	越过门槛省区个数（$HC>1.149$）	门槛越过率
2000	0	0	2008	3	9.68%
2001	0	0	2009	3	9.68%
2002	0	0	2010	5	16.13%
2003	0	0	2011	2	6.45%
2004	4	12.90%	2012	1	3.23%
2005	3	9.68%	2013	2	6.45%
2006	3	9.68%	2014	1	3.23%
2007	4	12.90%	—	—	—

图7.9为依次对所得税影响产业结构升级（以经济发展水平为门槛变量）的多门槛回归模型进行单一、双重和三重门槛检验过程中确定的门槛估计值位置图。

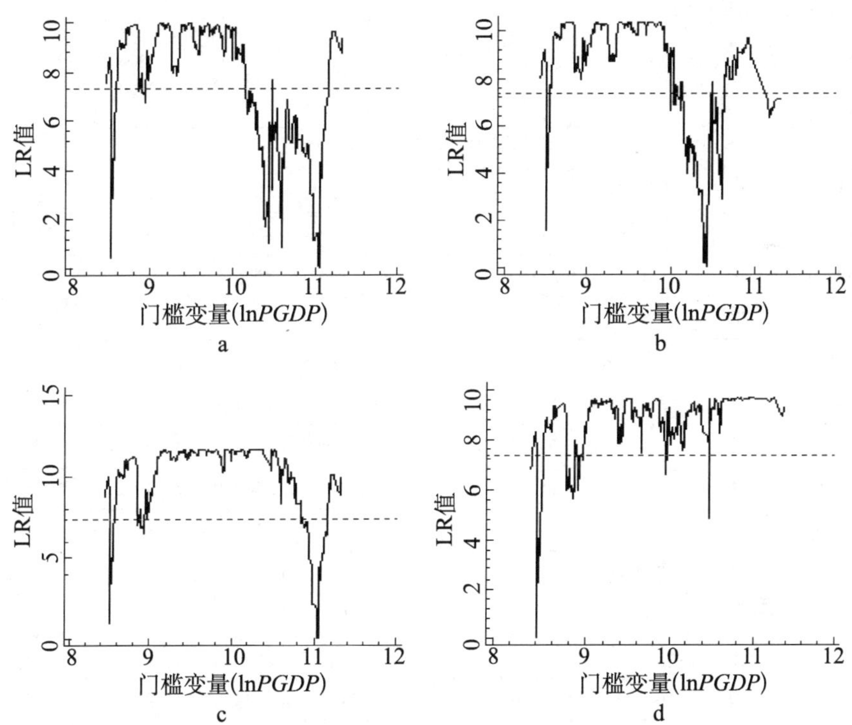

图7.9　所得税对产业结构升级的门槛估计值搜索结果
（以经济发展水平为门槛变量）

由图7.9结果表明，经济发展水平的单一、双重和三重门槛估计值对应的LR值（似然比值）明显小于临界值，我们认为所得的门槛估计是有效的。因此，我们证实前述初步判定结果，认为在以经济发展水平为门槛变量的前提下所得税对产业结构升级的非线性计量模型存在三重门槛效应，且三个门槛值分别为4865.866元、33624.16元和62130.98元。同时，由表7.16可知，2000—2014年间，绝大部分省区均迈过了经济发展水平为4865.866元的第一门槛；各省区越过经济发展水平分别为33624.16元和62130.98元的第二、三门槛值的数量逐年攀升，其中第三门槛越过率的增长速度较为缓慢。

表 7.16　各年度越过门槛值的省区统计（所得税—经济发展水平）

年份	第一门槛越过省区个数（4865.866 < $PGDP$ ≤33624.16）	第一门槛越过率	年份	第二门槛越过省区个数（33624.16 < $PGDP$ ≤62130.98）	第二门槛越过率	年份	第三门槛越过省区个数（$PGDP$ > 62130.98）	第三门槛越过率
2000	21	67.74%	2000	1	3.23%	2000	0	0
2001	27	87.10%	2001	1	3.23%	2001	0	0
2002	28	90.32%	2002	1	3.23%	2002	0	0
2003	29	93.55%	2003	1	3.23%	2003	0	0
2004	28	90.32%	2004	2	6.45%	2004	0	0
2005	28	90.32%	2005	3	9.68%	2005	0	0
2006	28	90.32%	2006	3	9.68%	2006	0	0
2007	26	83.87%	2007	4	12.90%	2007	1	3.23%
2008	25	80.65%	2008	2	6.45%	2008	4	12.90%
2009	21	67.74%	2009	3	9.68%	2009	3	9.68%
2010	21	67.74%	2010	7	22.58%	2010	3	9.68%
2011	17	54.84%	2011	10	32.26%	2011	4	12.90%
2012	12	38.71%	2012	13	41.94%	2012	6	19.35%
2013	8	25.81%	2013	17	54.84%	2013	6	19.35%
2014	5	16.13%	2014	17	54.84%	2014	9	29.03%

图 7.10 为依次对所得税影响产业结构升级（以人力资本指数为门槛变量）的多门槛实证模型进行单一、双重和三重门槛检验过程中确定的门槛估计值位置图。

由图 7.10 结果表明，双重、三重门槛的搜索结果均为无效，由步骤 a、c 显示，人力资本指数的单一门槛估计值对应的 LR 值（似然比值）明显小于临界值，我们认为所得的门槛估计是有效的。因此，我们修正前述初步判定结果，认为在以人力资本指数为门槛变量的前提下所得税对产业结构升级的非线性计量模型存在单一重门槛效应，三重门槛效应并不显著，且单一门槛值为 1.172。同时，由表 7.17 可知，2000—2014 年间，绝大部分省区未能迈过人力资本指数为 1.172 的门槛值，省区门槛越过率极低。

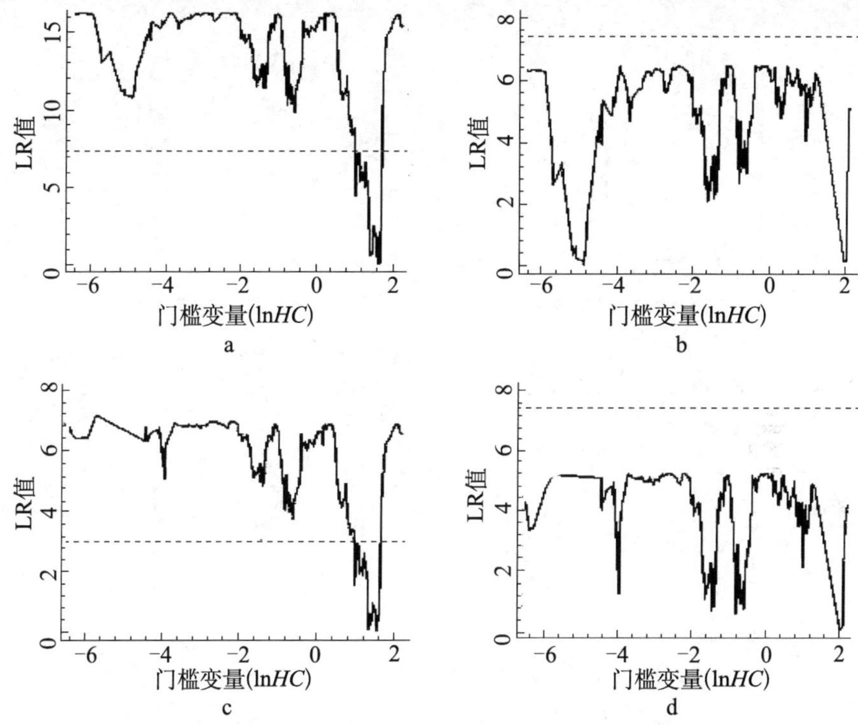

图 7.10　所得税对产业结构升级的门槛估计值搜索结果（以人力资本指数为门槛变量）

表 7.17　各年度越过门槛值的省区统计（所得税—人力资本指数）

年份	越过门槛省区个数（$HC > 1.172$）	门槛越过率	年份	越过门槛省区个数（$HC > 1.172$）	门槛越过率
2000	0	0	2008	2	6.45%
2001	0	0	2009	3	9.68%
2002	0	0	2010	2	6.45%
2003	0	0	2011	1	3.23%
2004	3	9.68%	2012	1	3.23%
2005	3	9.68%	2013	1	3.23%
2006	3	9.68%	2014	1	3.23%
2007	2	6.45%	—	—	—

图 7.11 为依次对财产税影响产业结构升级（以经济发展水平为门槛变量）的多门槛实证模型进行单一、双重和三重门槛检验过程中确定的门槛估计值位置图。

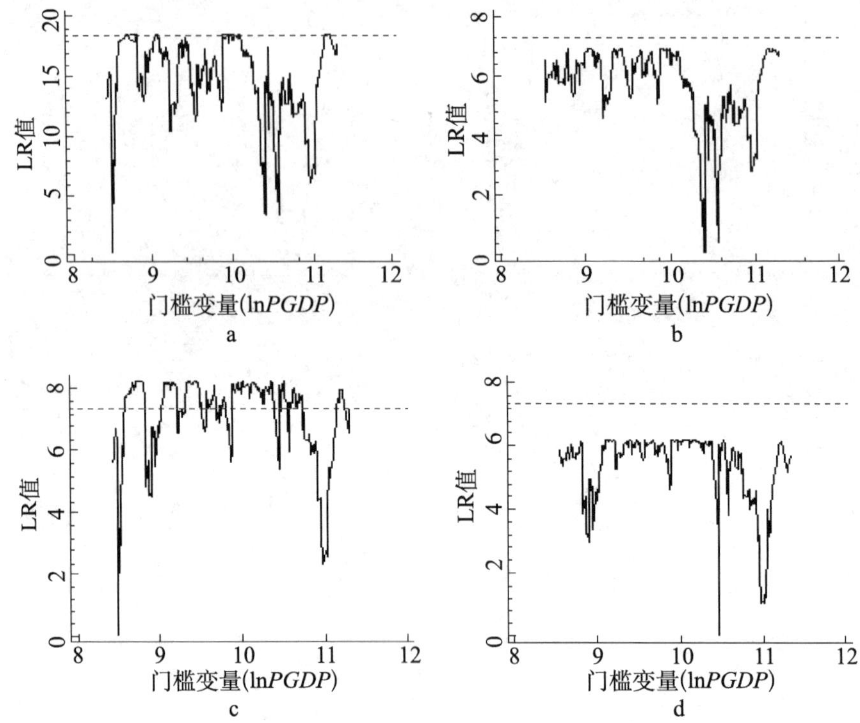

图 7.11　财产税对产业结构升级的门槛估计值搜索结果
（以经济发展水平为门槛变量）

由图 7.11 结果表明，双重、三重门槛的搜索结果均为无效，由步骤 a、c 显示经济发展水平的单一门槛估计值对应的 LR 值（似然比值）明显小于临界值，我们认为所得的门槛估计是有效的。因此，我们修正前述初步判定结果，认为在以经济发展水平为门槛变量的前提下财产税对产业结构升级的非线性计量模型存在单一重门槛效应，三重门槛效应并不显著，且单一门槛值为 4865.866 元，与财政收入总量、财政收入结构和税制结构在以经济发展水平为门槛变量下的门槛值相一致，由此各年度越过门槛值的省区个数及门槛越过率也与表 7.5 相一致，在此不再赘述。

图 7.12 为依次对财产税影响产业结构升级（以人力资本指数为门槛变量）的多门槛实证模型进行单一、双重和三重门槛检验过程中确定的门槛估计值位置图。

由图 7.12 结果表明，双重、三重门槛的搜索结果均为无效，由步骤 a、c 显示人力资本指数的单一门槛估计值对应的 LR 值（似然比值）明显小于临界值，我们认为所得的门槛估计是有效的。因此，我们修正前述初步判定结果，认为在以人力资本指数为门槛变量的前提下财产税对产业结构升级的非线性计量模型存在单一重门槛效应，双重门槛效应并不显著，且单一门槛值为 1.172，与所得税在以人力资本水平为门槛变量下的门槛值相一致，由此各年度越过门槛值的省区个数及门槛越过率也与表 7.17 相一致，在此不再赘述。

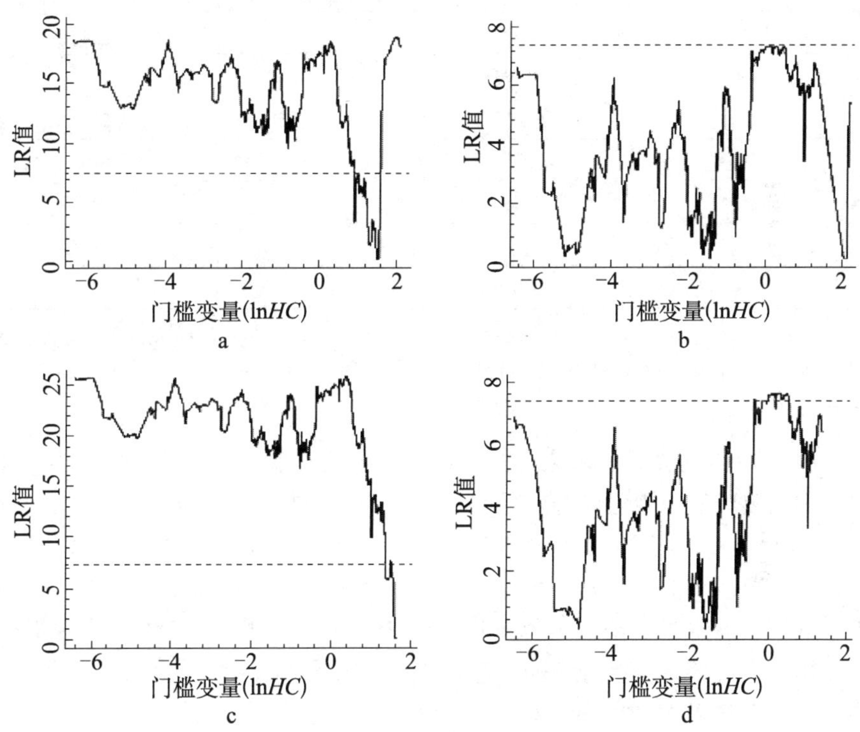

图 7.12　财产税对产业结构升级的门槛估计值搜索结果

（以人力资本指数为门槛变量）

7.3.5.2　模型估计结果与分析

在门槛效应显著性检验的基础上，本章运用面板门槛估计法实证检验分别以经济发展水平和人力资本指数为门槛变量前提下货劳税、所得税和财产税对产业结构升级的门槛效应。

在以经济发展水平为门槛变量的前提下，货劳税对产业结构升级的影响并不存在门槛效应，无需进一步对其进行参数估计。在以人力资本指数为门槛变量的前提下，货劳税对产业结构升级的影响存在单一门槛效应，具体的面板门槛回归参数估计结果如表7.18所示。

表7.18 货劳税对产业结构升级的面板门槛回归参数估计结果

门槛变量：人力资本			
变量	估计值	t - ols	t - white
ln*OPEN*	0.027	2.65 ***	2.68 **
ln*PGDP*	-0.022	-1.59	-1.41
ln*TEC*	-0.000	-0.00	-0.00
ln*HC*	-0.058	-2.94 ***	-3.28 ***
ln*URBAN*	0.021	1.28	0.88
ln*COMTAX*	-0.039	-1.30	-3.21 ***
comtax × *lhc*	0.099	3.85 ***	12.13 ***
comtax × *hhc*	-0.039	-1.71 *	-2.39 **

注：*comtax* × *lhc*、*comtax* × *hhc* 分别表示在低、高人力资本水平阶段货劳税的参数估计值，不同阶段是根据表7.14中门槛估计值划分得到；t - ols 表示同方差设定下的 t 值，t - white 表示异方差设定下的 t 值。

由表7.18可知，随着人力资本水平的不断提高，货劳税对产业结构升级的影响效应表现为先促进后阻碍，具有一个门槛拐点，即人力资本指数为1.149。在人力资本水平处于较低阶段（即人力资本指数低于1.149）时，货劳税对产业结构升级水平的提升具有显著的促进作用；当人力资本水平处于较高阶段（即人力资本指数低于1.149）时，货劳税比重的提高开始阻碍产业结构升级进程的推进。综合上述分析结果，可以得出：货劳税有助于促进人力资本较低省区产业结构升级水平的提升，却不利于人力资本水平较高省区产业结构升级水平的提升，货劳税在人力资本落后省区比在先进省区更能发挥产业结构优化调整效应。可能的原因是：（1）增值税方面。此前的生产型增值税存在重复征税问题，造成资本构成较高、固定资产投资较大的高新技术产业的实际税负较重；现行的消费型增值税虽然能降低资本密集型产业税负，却无法解决知识密集型产业税负问题，从而对资源消耗型产业产生鼓励效应，对知识密集型产业则产生抑制效应。（2）营业税方面。“营改增”之前，营业税对包括金融保险业、旅游业、知识产业等在内的现代服务业扶持力度不够。（3）消费税方面。消费税的税目设置与我国社会消费性方式、结构的发展趋势及我国产业结构调整方向之间的协调性较差。同时综合表7.15的分析结果可知绝大部分省区由于未能越过相应的第一门槛值从而处于“低水平发展阶段”（根据人力资本指数的门槛值划定），表明当前货劳税在一定程度上发挥了产业结构优化调整效应。

所得税的面板门槛回归参数估计结果如表 7. 19 所示。

表 7. 19　　所得税对产业结构升级的面板门槛回归参数估计结果

变量	门槛变量：经济发展水平			门槛变量：人力资本指数		
	估计值	t - ols	t - white	估计值	t - ols	t - white
ln*OPEN*	0. 014	1. 29	1. 31	0. 018	1. 70 *	1. 80 *
ln*TEC*	-0. 009	-1. 46	-1. 70 *	0. 004	0. 54	0. 49
ln*PGDP*				-0. 053	-3. 55 ***	-3. 42 ***
ln*HC*	0. 038	1. 63	1. 46			
ln*URBAN*	-0. 074	-3. 76 ***	-2. 83 ***	-0. 047	-2. 40 **	-2. 66 **
ln*IFA*	-0. 010	-0. 68	-0. 58	0. 035	2. 15 **	1. 56
ln*INCTAX*	0. 044	3. 47 ***	3. 63 ***	0. 072	5. 51 ***	5. 58 ***
inctax × *lpgdp*	-0. 024	-2. 81 ***	-1. 95 *			
inctax × *mpgdp*1	0. 046	3. 66 ***	4. 47 ***			
inctax × *mpgdp*2	0. 036	3. 83 ***	4. 87 ***			
inctax × *hpgdp*	0. 037	2. 87 ***	4. 17 ***			
inctax × *lhc*				0. 062	4. 93 ***	6. 90 ***
inctax × *hhc*				0. 020	1. 14	1. 33

注：*inctax* × *lpgdp*、*inctax* × *mpgdp*1、*inctax* × *mpgdp*2、*inctax* × *hpgdp* 分别表示在低、中低、中高、高经济发展水平阶段所得税的参数估计值，*inctax* × *lhc*、*inctax* × *hhc* 分别表示在低、高人力资本水平阶段所得税的参数估计值，不同阶段是根据表 7. 14 中门槛估计值划分得到；t - ols 表示同方差设定下的 t 值，t - white 表示异方差设定下的 t 值。

由表 7. 19 可知：

1. 随着经济发展水平的不断提高，所得税对产业结构升级的影响效应表现为先阻碍后促进，但是具有三个门槛拐点，分别为 4865. 866 元、33624. 16 元和 62130. 98 元。在经济发展水平处于较低阶段（即人均实际 GDP 低于 4865. 866 元）时，所得税对产业结构升级具有显著的抑制作用；而当经济发展处于较低水平阶段（即人均实际 GDP 介于 4865. 866 元和 33624. 16 元之间）时，所得税开始对产业结构升级发挥正向促进作用；而当经济发展处于较高水平阶段（即人均实际 GDP 介于 33624. 16 元和 62130. 98 元之间）时，所得税开始对产业结构升级依然具有显著正向促进作用，但正向促进作用的影响系数却略有下降，由 0. 046 降至 0. 036；当经济发展水平处于高级阶段（即人均实际 GDP 高于 62130.98 元）时，所得税对产业结构升级的正向促进作用又呈现出稍有提升的趋势。综合上述分析结果，可以得出：所得税有助于促进经济发达省区产业结构升级水平的提升，却不利于经济欠发达省区产业结构升级，所得税在发达省区比在欠发达省区更能发挥产业结构优化调整效应。同时综合表 7.16 的分析结果可知绝大部分省区由于越过了相应的第一门槛值（根据人均实际 GDP 的门槛值划定）而处于较高经济发展水平阶段，表明所得税在一定程度上发挥了产业结构优化调整效应。

2. 随着人力资本水平的不断提高，所得税比重的提高对产业结构升级的影响效应一直表现为正向促进作用，但是具有一个门槛拐点，即人力资本指数为 1.172。在人力资本水平处于较低水平阶段（即人力资本指数低于 1.172），所得税比重的提高对产业结构升级具有显著的正向促进作用；当人力资本水平处于较高水平阶段（即人力资本指数高于 1.172），所得税比重的提高对产业结构升级的正向促进作用系数略有下降，但影响效应并不显著。可能的原因是：一方面，企业所得税优惠的产业导向不明确，偏重于科技成果的应用，却忽视了科技研发的基础投入，导致产业发展中更注重新建项目；另一方面，企业所得税优惠方式比较单一，主要以减免税、低税率为主，而费用扣除、税收抵免、加速折旧等方式却使用较少，尤其对微利或亏损的研发企业极为不利。综合上述分析结果，可以得出：所得税有助于促进人力资本较低省区产业结构升级水平的提升，却对人力资本水平较高省区产业结构升级水平的作用效应并不明朗，所得税在人力资本落后省区比在先进省区更能发挥产业结构优化调整效应。同时综合表 7.17 的分析结果可知绝大部分省区由于未能越过相应的第一门槛值从而处于“低水平发展阶段”（根据人力资本指数的门槛值划定），表明当前所得税在一定程度上发挥了产业结构优化调整效应，这与货劳税在以人力资本为门槛变量下得出的实证结论相一致。

财产税的面板门槛回归参数估计结果如表 7.20 所示。

表 7.20　财产税对产业结构升级的面板门槛回归参数估计结果

变量	门槛变量：经济发展水平			门槛变量：人力资本指数		
	估计值	t - ols	t - white	估计值	t - ols	t - white
ln*OPEN*	0.023	2.12**	2.30**	0.027	2.56**	2.67**
ln*TEC*	-0.016	-2.58***	-2.75***	-0.009	-1.02	-0.92
ln*PGDP*				-0.026	-1.88*	-1.54
ln*HC*	0.080	3.63***	3.19***			

续表

变量	门槛变量：经济发展水平			门槛变量：人力资本指数		
	估计值	t - ols	t - white	估计值	t - ols	t - white
ln*URBAN*	-0.0773	-3.81***	-2.94***	-0.053	-2.57**	-2.56**
ln*IFA*	-0.011	-0.69	-0.54	0.032	0.76	0.97
ln*PROMTAX*	-0.000	-0.02	-0.02	-0.018	-0.02	-0.02
protax × *lpgdp*	0.001	0.06	0.01			
protax × *hpgdp*	0.014	2.59***	2.02**			
protax × *lhc*				0.023	2.30**	2.59**
protax × *hhc*				-0.002	-0.17	-0.21

注：*protax* × *lpgdp*、*protax* × *hpgdp* 分别表示在低、高经济发展水平阶段财产税的参数估计值，*protax* × *lhc*、*protax* × *hhc* 分别表示在低、高人力资本水平阶段财产税的参数估计值，不同阶段是根据表7.14中门槛估计值划分得到；t - ols 表示同方差设定下的t值，t - white 表示异方差设定下的t值。

由表7.20可知：

1. 随着经济发展水平的不断提高，财产税对产业结构升级始终具有正向促进效应，但是有一个门槛拐点，即人均实际GDP为4865.866元。在经济发展水平处于较低阶段（即人均实际GDP低于4865.866元）时，财产税比重的提高对产业结构升级的正向促进作用并不显著；而当经济发展水平处于较高阶段（即人均实际GDP高于4865.866元）时，财产税开始显著有利于产业结构升级水平的提升，影响系数也同时提高。综合上述分析结果，可以得出：财产税在经济发达省区比在欠发达省区更能发挥产业结构优化调整效应。同时综合表7.5的分析结果可知绝大部分省区由于越过了相应的单一门槛值从而处于"高水平发展阶段"（根据人均实际GDP的门槛值划定），表明财产税在一定程度上发挥了产业结构优化调整效应。

2. 随着人力资本水平的不断提高，财产税对产业结构升级的影响效应表现为先促进后抑制，并且具有一个门槛拐点，即人力资本指数为1.172。在人力资本水平处于较低阶段（即人力资本指数低于1.172）时，财产税比重的提高对产业结构升级产生显著的正向促进效应；而当人力资本水平处于较高阶段（即人力资本指数高于1.172）时，财产税对产业结构升级开始对产业结构升级产生抑制效应，但作用效果并不显著。综合上述分析结果，可以得出：财产税在人力资本水平较低省区比在较高省区更能发挥产业结构优化调整效应。同时综合表7.17的分析结果可知绝大部分省区由于越过了相应的单一门槛值从而处于"高水平发展阶段"（根据人力资本指数的门槛值划定），表明财产税未能完全发挥产业结构优化调整效应。

7.4 本章小结

本章选取 2000—2014 年间 31 个省区的面板数据，运用门槛估计方法，分别考察了财政收入政策（包括财政收入总量、财政收入结构、税制结构、货劳税、所得税和财产税）影响产业结构升级的门槛效应。实证研究表明，在经济发展水平与人力资本水平门槛条件下，财政收入政策与区域产业结构升级之间存在显著的非线性关系，即财政收入政策对产业结构升级的影响呈现出显著的阀值转换特征，且财政收入政策在不同的门槛变量下呈现出差异明显的门槛效应。

在以经济发展水平为第三方外部因素的门槛条件下，财政收入总量、财政收入结构（非税收入与税收收入之比）、税制结构（间接税与直接税之比）、具体税类（货劳税、所得税和财产税）对产业结构升级均具有非线性效应。具体表现为：随着经济发展水平不断提高，财政收入总量的增加对产业结构升级的影响表现为先阻碍后促进的作用效应，人均实际 GDP 具有一个门槛拐点（4865.866 元），呈现出正“U”形的阀值转换特征；非税收入与税收收入之比（财政收入结构）的提高对产业结构升级的影响表现为先促进后阻碍的作用效应，人均实际 GDP 具有一个门槛拐点（4865.866 元），呈现出显著的倒“U”形阀值转换特征；间接税与直接税之比的提高（税制结构）对产业结构升级的均具有正向促进作用，但这种促进作用越来越不显著，人均实际 GDP 具有一个门槛拐点（4865.866 元）；所得税对产业结构升级的影响效应表现为先阻碍后促进，但是人均实际 GDP 具有三个门槛拐点，分别为 4865.866 元、33624.16 元和 62130.98 元，呈现出正“U”形的阀值转换特征；财产税对产业结构升级始终具有正向促进效应，且正向促进效应越来越显著，人均实际 GDP 具有一个门槛拐点（4865.866 元）。

在以人力资本水平为第三方外部因素的门槛条件下，财政收入总量、财政收入结构（非税收入和税收收入之比）、税制结构（间接税与直接税之比）、具体税类（货劳税、所得税和财产税）对产业结构升级均具有非线性效应。具体表现为：随着人力资本水平的不断提高，财政收入总量的增加对产业结构升级的影响关系表现为先促进后阻碍，人力资本指数具有两个门槛拐点（0.615 和 1.147），呈现出显著的倒“U”形阀值转换特征；非税收入与税收收入之比（财政收入结构）的提高对产业结构升级的影响关系表现为先阻碍后促进，人力资本指数具有两个门槛拐点（0.595 和 1.169），呈现出正“U”形阀值转换特征；间接税与直接税之比的提高（税制结构）对产业结构升级的影响效应表现为先阻碍后促进，人力资本指数具有两个门槛拐点（0.615 和 1.169），呈现出正“U”形阀值转换特征；货劳税比重的提高对产业结构升级的影响效应表现为先促进后阻碍，人力资本指数具有一个门槛拐点（1.149）；所得税比重的提高对产业结构升级的影响效应一直表现为正向促进作用，但是人力资本指数具有一个门槛拐点（1.172）；财产税比重的提高对产业结构升级的影响效应表现为先促进后抑制，人力资本指数具有一个门槛拐点（1.172），呈现出显著的倒“U”形阀值转换特征。

参数异质性假设条件下的实证结果揭示出财政收入政策影响区域产业结构升级的非均衡、非对称特征，为我国未来财政收入体制、制度和政策工具改革的方向选择提供了思路，应逐步建立与产业结构升级目标相适应的现代财税政策体系，有效发挥财政政策在调节产业结构的同时减少对其他经济目标损害的靶向调整功能。

第8章

主要结论及政策启示

8.1 主要研究结论

在当前复杂多变的国际国内经济形势下，产业结构升级正成为优化资源配置、提升区域创新能力、培育新的经济增长动力源的有效途径。作为政府重要宏观调控手段，财税政策的制度设计、调控思路以及实施方式将直接影响到产业结构的调整效果，从而在产业结构升级过程中扮演着日益重要的角色。如何加强财税政策的运行管理，构建合理有效的“产业—区域”利益共同体，形成市场、政府、产业、企业“四位一体”的发展格局，充分发挥财税政策引导经济要素在产业间流动、优化要素在产业间配置的作用，已成为经济新常态下亟待解决的理论和现实问题。因此，重新审视财税政策在地区产业结构调整与转型发展中的作用效应，如何通过优化财税政策体系来提高产业转型速度、促进区域产业均衡发展，对于实现我国区域经济协调发展具有重要意义。本书紧扣“经济新常态下财税政策影响我国产业结构升级的机制与效应”这一主题，结合当前全面深化财税体制改革以及新型制造体系和产业新体系建设的宏观背景，试图从财政分权制度背景层面、财政支出“规模—结构—效率”三维机制层面以及财政收入总量与结构层面探寻促进产业结构调整与转型升级的有效途径，从而为顺利实现经济发展方式的可持续转变提供依据，并力求解决以下问题：首先，在资源要素跨区域流动日益加快和区域一体化日益深化的背景下，我国产业结构升级是否存在空间集群现象？作为产业发展环境中的一个重要制度背景，中国的财政分权体制是否会显著影响到产业结构升级的空间溢出效应？其次，产业结构升级过程是否具备动态调整特征？财政支出规模、结构与效率如何影响产业结构升级？再次，财政收入总量与结构在不同的发展阶段或区域环境下对产业结构升级的作用效应是否会存在显著的门槛非线性？最后，如何形成“市场—政府—产业—企业”四位一体的财税支持政策新格局来进一步推动产业结构升级？针对以上问题，本书进行了深入探讨，并得到了以下结论：

1. 为了解决“财政分权体制下的地方政府行为是否显著影响产业结构升级？地方政府行为下的策略性竞争是否会加剧产业的空间外溢”这一问题，本书首先立足于区域产业集聚及策略性产业竞争的典型事实，试图将财政收入分权、财政支出分权与产业结构升级纳入统一的研究框架，并将反映地区相似性的邻接权重矩阵、地理权重矩阵、经济权重矩阵和混合权重矩阵分别引入 SDM 模型，基于 2000—2014 年中国省级面板数据，实证检验财政收支分权对本地区及相邻地区或经济属性相似地区产业结构升级的影响效应，据此探讨相邻地区间或经济属性相似地区间产业策略性竞争与模仿的成因。其次从空间异质性视角出发，利用 GWR 模型进一步考察财政收入分权和支出分权对产业结构升级的空间交互作用和影响差异，进而采用 LISA 分析方法对 GWR 模型估计系数的空间关联模式进行测度。研究发现：(1) 财政分权等经济社会因素存在不可忽视的区域个体差异，这种差异导致产业结构升级在空间分布上具有显著的异质性特征。(2) 财政收入分权和支出分权对产业结构升级的影响呈现出非对称的空间溢出效应：一方面，财政收入分权对本地区产业结构升级的影响并不显著，而支出分权对本地区产业结构升级具有积极影响；另一方面，财政收入分权和支出分权对相邻地区产业结构升级均产生抑制效应，但较之于收入分权，支出分权的抑制效应更为明显。(3) 财政收入分权与支出分权对产业结构升级的影响作用存在显著的空间依赖性，呈现出“高—高”和“低—低”形特征并存的空间关联模式，影响作用在地区空间格局中的“高地”效应和“洼地”效应已初步显现。

2. 为了解决“财政支出规模、结构与效率如何影响产业结构升级”这一问题，本书首先以财政支出在产业结构升级过程中的动态效应为关键，基于 2000—2014 年中国省级面板数据，利用动态空间模型实证检验财政支出规模与结构（政府投资性支出、政府消费性支出和政府民生性支出）对产业结构升级的影响效应。其次，基于财政支出的各项投入产出指标，采用SBM模型对财政支出效率进行测度，并运用动态系统GMM模型对财政支出效率影响产业结构升级的动态效应进行实证检验。研究结果表明：(1) 在总量层面：财政支出总体规模水平的提高对产业结构升级的影响虽呈现为正向促进效应，但并不显著。(2) 在结构层面：政府投资性支出与政府民生性支出均显著有利于产业结构升级，而政府消费性支出则对产业结构升级产生负向抑制作用。(3) 在效率层面：对于全国总体样本而言，财政支出效率对产业结构升级具有并不显著的负向抑制效应；具体到不同的区域样本，东部地区财政支出效率对产业结构升级的影响效应呈现为负，但并不显著；中西部地区财政支出效率则显著抑制产业结构升级。

3. 为了解决“财政收入总量与结构在分别以经济发展水平和人力资本水平为第三方外部约束因素下对产业结构升级的作用效应呈现何种特征”这一问题，本书选取2000—2014年间中国省级面板数据，运用门槛估计方法，分别考察了财政收入总量、财政收入结构、税制结构、具体税类（货物与劳务税、所得税和财产税）在分别以经济发展水平和人力资本水平为第三方外部约束因素条件下对产业结构升级的门槛效应。研究发现：在经济发展水平与人力资本水平门槛条件下，财政收入政策与产业结构升级之间存在显著的非线性关系，即财政收入对产业结构升级的影响呈现出阀值转换特征，且财政收入总量和结构在不同的门槛变量下呈现出差异明显的门槛效应。

8.2 相应的政策启示

1. 我国产业结构升级存在明显的空间异质性和策略性竞争特征。省区之间尤其是相邻省区之间的产业发展并不是互相独立的，而是存在明显的空间溢出效应，即本省区的产业结构升级也会受到相邻省区产业发展及其他经济社会因素的显著影响。这一结论提醒我们：地方政府之间推进产业结构调整与转型发展的责任归属模糊，以及财政分权体制下地方政府对资源要素的争夺会引发相邻省区之间的产业连锁反应。因此，不同省区在制定产业发展与转型升级政策时应充分利用自身的资源禀赋优势、空间区位优势和政策环境优势，以节约产业结构升级成本。同时，注重各种政策手段之间的整体配合与协同合作，尽量避免由于区域经济不平衡而限制了财政、税收等因素对产业发展与转型升级所产生的正向外溢性效应。此外，构建跨区域成本利益分摊机制，可以有效解决产业结构升级空间负外部溢出效应问题。

2. 以财税政策为主的制度因素对产业结构升级的影响不容忽视，对资源配置与技术创新的产业布局具有决定性的区位导向作用。这一结论提醒我们：首先，由于产业发展与结构升级存在一定程度上的空间集群特征，并且这一现象与财政分权体制下的地方政府行为密切相关，必须确保地方政府的财政收支行为符合居民利益及产业发展需要并有利于地区经济的长期可持续增长，强化地方政府行为对产业结构调整的指导作用，让政府投资尽量退出竞争性的产业领域，着力扶植新兴产业的发展。其次，积极发挥财税政策对产业结构调整与转型升级的导向功能，充分发挥财政在促进地区间资源要素高效流动与合理配置、推动区域产业均衡发展与产业结构升级水平提升中的作用。最后，形成以财政引导来撬动资源要素定向流动的调控模式，从而全方位发挥其在产业培育、发展、调整与转型升级等多环节、多层次的调控作用。

3. 财政收入分权和支出分权对产业结构升级的影响呈现出非对称的空间溢出效应，且溢出效应的大小与反映地区相似性和经济属性相似性的空间权重矩阵密切相关。财政收入分权对本省区产业结构升级的影响并不显著，而财政支出分权对本省区产业结构升级具有积极影响；财政收入分权和支出分权的提高均对邻近省区的产业结构升级具有消极影响，但财政支出分权的抑制效应更为显著。这一结论提醒我们：首先，应降低由地方政府财力和支出责任不匹配所造成的财政压力，保证财政收入分权和支出分权的适度均衡，弱化地方政府对产业结构调整、企业经营发展的负面干预。其次，基于地方政府财政收入行为、支出行为对产业结构升级存在影响差异及其影响的空间依赖性等经验证据，要求我们制定兼具针对性和导向性的调控政策，引导资源要素在政策“洼地”和“高地”之间合理流动。对于“洼地”地区，在政策制定和调整中应给予一定的倾斜和关注；同时，应充分发挥“高地”地区的辐射带动作用，以促进周边地区财政税收等经济因素对本地区产业结构升级正向作用效果的提升。再次，应根据空间效应的层次性以及溢出效应的程度明确政府与市场、中央与地方政府以及各级地方政府之间在产业结构升级及企业创新中的角色定位，实现以政府间博弈竞争为特征的财政分权体制与以市场竞争为特征的产业政策两者之间的有机融合。最后，我国未来财政分权体制改革应适应产业结构升级和区域经济新常态，充分发挥“用脚投票”机制约束地方政府偏离居民偏好的潜在动力，避免财政分权体制下地方政府对产业发展及其结构调整的不当干预。

4. 基于政策方向、程度、周期和时滞等方面的考虑，财政支出规模、结构与效率的动态演变将引发产业发展与结构调整过程中的要素整合重配、知识累积扩散和技术创新溢出，使得产业结构升级表现为一种具有调整惯性的动态系统过程。这一结论提醒我们：首先，政府对不同区域产业结构升级的财政支出支持政策，要选择不同的着力点，并注重不同类型财政支出项目的优化组合，同时对企业处于不同生命周期阶段的产业结构调整行为，要有针对性地选择差异性财政支出工具。其次，政府和企业双方对产业结构升级目标的实现都本着自身效用最大化的原则制定产业发展战略，政府追求社会效益最大化，企业作为市场主体追求经济效益最大化，两者在产业投资决策中是相互博弈的，因此政府在对产业结构升级进行财政支出支持的过程中务必明确将自身定位为引导者的角色，同时适时制定财政支出政策的退出机制。再次，各级政府除了需要把控财政支出规模和优化财政支出结构以外，还必须提高财政支出效率，为产业结构升级提供优质的公共产品与服务以及良好的基础设施和政策环境。最后，国家在制定产业结构升级发展战略时应注重整体规划和区域协调，根据东部、中部、西部地区产业基础、技术层次、配套环境等方面的差异性加强分类指导，引导产业结构升级进程的有序推进。

5. 财政收入总量与结构体现了不同商品、行业和地区之间的宏观税费负担的差异，影响了商品结构、行业结构以及地区结构，从而对产业培育、发展、调整与结构升级发挥调节作用。由于不同地区在资源禀赋、经济基础、区位条件等方面存在显著的异质性，使得财政收入政策安排对产业结构升级的作用效应在不同的发展阶段或区域环境下呈现出门槛非线性特征。这一结论提醒我们：首先，参数异质性假设条件下的实证结果揭示出财政收入政策影响产业结构升级的非均衡特征，很好地佐证了“制度红利”释放出来的产业结构优化和经济增长动力，为我国未来财政收入政策体系改革提供了思路。其次，充分发挥包括财政收入政策在调节产业结构的同时减少对其他经济目标损害的靶向调整功能。在对我国未来财政收入制度改革进行顶层设计以及改革措施不断落实推进的过程中，必须充分考虑地区资源禀赋、经济发展基础、区位条件等外部性因素对财政收入制度改革效果的异质性影响，最终构建与经济新常态相适应的现代财政收入制度。再次，为了实现制度改革红利最大化，在充分考虑税收制度改革和非税收入制度改革之间的连锁反应和溢出效应的前提下，将两者纳入统一的改革框架进行配套协调，合理安排两者之间的比例分配以及角色定位。最后，明确定位不同税类在产业结构升级过程中发挥调控作用的切入点，构建“以货劳税和所得税为主导，以财产税和其他税类为辅助”的产业宏观调控体系，实现具体税类和税种在产业结构升级过程中的衔接协调和冲突化解。

6. 注重各种产业发展调控手段的整体配合，实现财税政策与其他调节工具的协同治理。产业结构升级是一项复杂艰巨的浩大工程，不能完全指望通过财税政策的改变乃至财税制度的改革来实现产业结构升级格局的均衡化，原因是当前财税政策调控更多的是一种事后调节，其在调节产业结构上具有滞后性，必须结合金融政策、行政手段、法律规制等其他经济调节工具予以协调配套，建立多工具、立体式、全过程的产业结构升级政策调控体系。

参考文献

[1]（美）埃兹拉·沃格尔．日本的成功与美国的复兴［M］．北京：三联书店，1985

[2]（日）佐贯利雄．日本经济的结构分析［M］．沈阳：辽宁人民出版社，1988

[3] 南亮进．日本的经济发展［M］．北京：经济管理出版社，1992

[4] RichardLuedde – Neurath. Import controls and export – oriented development: a reassessment of the South Korean case [M]. Boulder: Westview Press, 1986

[5] SaKong. Macroeconomic policy and industrial development issues [M]. Korea: Korea Development Institute, 1987

[6] Amsden, A. H. Asia's next giant: South Korea and late industrialization [M]. NewYork: Oxford University Press, 1989

[7] A. O. Krueger, B. Tuncer. Estimating total factor productivity growth in a developing country [M]. Washington, D. C: World Band, 1980

[8] Beason, Richard, Weinstein D. E. Growth, economies of scale, and targeting in Japan (1955 – 1990) [J]. The Review of Economics and Statistics, 1996, 78 (2): 286 – 295

[9] Lee Jong – Wha. Government interventions and productivity growth in Korean manufacturing industries [J]. Journal of Economic Growth, 1996, 1 (3): 391 – 414

[10] Robert Z. Lawrence, David E. Weinstein. Trade and growth: Import – led or export – led? Evidence from Japan and Korea [R]. NBER Working paper, No. 7264, 1999

[11] Tetsuji Okazaki. Market Failures and Public Policy [J]. Journal of Public Economics, 1996, 2 (4): 27 – 41

[12] 青木昌彦，金滢基等．政府在东亚经济发展中的作用：比较制

度分析（中译本）[M]. 北京：中国经济出版社，1998

[13] 江小涓. 中国产业政策推行过程中的公共选择问题 [J]. 经济研究，1993 (6)：3-18

[14] 汪同三，齐建国. 产业政策与经济增长 [M]. 北京：社会科学文献出版社，1996

[15] 郭克莎. 工业增长质量研究 [M]. 北京：经济管理出版社，1998：219-249

[16] 黄卫来. CGE 模型理论、方法及其在产业政策分析中的应用研究 [J]. 系统工程，1999 (3)：75-76

[17] 姚金武. 改革财政体制促进产业结构调整 [J]. 宏观经济管理，2010 (6)：36-37

[18] J. Ganley, C. Salmon. The industrial impact of monetary policy shocks: some stylized facts [R]. Bank of England Working Paper Series, No. 68, 1997

[19] B. Hayo, B. Uhlenbrock. Industry Effects of Monetary Policy in Germany [J]. SSRN Electronic Journal, 1999 (1)：127-158

[20] Alam T. and M. Waheed. Sectoral Effects of Monetary Policy: Evidence from Pakistan [J]. Pakistan Development Review, 2006, 45 (4)：1103-1115

[21] 刘溶沧，马拴友. 赤字、国债与经济增长的实证分析——兼评积极财政政策是否有挤出效应 [J]. 经济研究，2001 (2)：13-19+28

[22] 苏明，杨舜娥，赵福昌. 经济结构调整与优化的财税政策研究 [J]. 财政研究，2002 (6)：32-41

[23] 郭庆旺，贾俊雪. 政府公共资本投资的长期经济增长效应 [J]. 经济研究，2006 (7)：29-40

[24] 贾莎. 财政政策促进产业结构调整的经济效应研究 [D]. 武汉：武汉大学博士学位论文，2012

[25] 黄显林. 财税政策演进对地区产业结构发展水平的影响研究——基于分权背景下的省级面板数据分析 [J]. 经济经纬，2013 (6)：149-155

[26] 刘建民，胡小梅，吴金光. 省以下财政收支分权影响省域内产业结构升级的门槛效应研究 [J]. 财政研究，2014 (8)：49-52

[27] 樊丽明，李齐云. 财政调节产业结构的思路转换和机制转换 [J]. 财政研究，1991 (11)：12-15

[28] 徐徐，余功斌．财政与产业结构关系的理论和实践［J］．财经问题研究，1992（4）：16－21

[29] 马拴友．论财政调节产业结构的几个理论问题［J］．广西社会科学，1997（5）：15－19

[30] 国建业，唐龙生．促进产业结构调整的财政政策取向［J］．财经论丛，2001（3）：28－32

[31] 傅道忠．产业结构优化与积极财政政策的适应性调整——供给学派政策主张及其借鉴［J］．云南财贸学院学报，2004（5）：67－70

[32] 张晓云，孙殿明，王正明，张兴隆．我国产业转型升级的合理定位和财政政策框架［J］．财政研究，2009（10）：45－48

[33] 李明．产业转型升级的财税政策文献综述［J］．当代经济，2012（7）：156－158

[34] 涂晓今．我国促进重点产业结构优化升级的财政政策创新探讨［J］．财政研究，2012（2）：9－12

[35] 吴淑凤．财政政策与新能源产业发展：政策效果被弱化的财政社会学分析［J］．中央民族大学学报（哲学社会科学版），2013（6）：101－108

[36] 史卫．中国古代产业结构调整与财税政策的运用［J］．税务研究，2015（1）：116－122

[37] 胡晓锋．新一轮财税体制改革对我国产业结构的影响［J］，改革与战略，2015（2）：84－86

[38] 张斌．财政政策对产业结构动态冲击效应的实证分析［J］．新疆财经大学学报，2011（1）：43－48

[39] 张同斌，高铁梅．财税政策激励、高新技术产业发展与产业结构调整［J］．经济研究，2012（5）：58－70

[40] Darrat, AIi, F. Are Financial Deepening and Economic Growth Causally Related: Another Look at the Evidence [J]. International Economic Journal, 1999, 13 (3): 19－35

[41] Wahab M. Asymmetric output growth effects of government spending: Cross－sectional and panel data evidence [J]. International Review of Economics and Finance, 2011, 20 (4): 574－590.

[42] 郭晔，赖章福．货币政策与财政政策的区域产业结构调整效应比较［J］．经济学家，2010（5）：67－74

[43] 郭晔，赖章福．政策调控下的区域产业结构调整［J］．中国工

业经济，2011（4）：74 – 83

［44］唐松，李镔，祝佳．区域产业结构升级与公共财政支持［J］．财政研究，2010（10）：15 – 16

［45］安苑，宋凌云．财政结构性调整如何影响产业结构？［J］．财经研究，2016（2）：108 – 120

［46］李新．地方税收体制改革：基于调节我国产业结构的视角［J］．税收经济研究，2006（12）：23 – 26

［47］KiBeom Binh，Sang Yong，Park Bo，Sung Shin. Financial Structure and Industrial Growth：A Direct Evidence from OECD Countries［R］．Research Gate working paper，2008

［48］Barakat A. The Impact of Financial Structure，Financial Leverage and Profitability on Industrial Companies Shares Value（Applied Study on a Sample of Saudi Industrial Companies）［J］．Research Journal of Finance and Accounting，2014，5（1）：55 – 66

［49］王雪珍．产业结构调整中的财政政策支持分析［J］．中国市场，2012（14）：91 – 93

［50］赵楠，高娜．财政政策支持产业结构升级的策略研究［J］．云南民族大学学报（哲学社会科学版），2014（2）：131 – 135

［51］刘建武．我国高新技术产业发展的制度创新研究［J］．西安：西北大学博士学位论文，2002

［52］林亚楠．地方财政保护对区域产业结构差异的影响及政策建议［J］．统计与决策，2010（15）：156 – 158

［53］胡向婷，张璐．地方保护主义对地区产业结构的影响——理论与实证分析［J］．经济研究，2005（2）：102 – 112

［54］张斌．税制结构、财政支出结构与经济增长——基于省级面板数据的实证分析［J］．石家庄经济学院学报，2012（4）：1 – 5

［55］柳光强，杨芷晴，曹普桥．产业发展视角下税收优惠与财政补贴激励效果比较研究——基于信息技术、新能源产业上市公司经营业绩的面板数据分析［J］．财贸经济，2015（8）：38 – 47

［56］王倩．论地方财政收支与区域产业结构趋同［J］．知识经济，2015（13）：5 – 6

［57］康凌翔．基于地方政府产业政策干预的产业转型升级模型［J］．首都经济贸易大学学报，2016（1）：58 – 66

［58］郭琪．产业结构调整中的政策效应：财政诱导与金融跟进［J］．

广东金融学院学报，2011（6）：40－49

[59] 张海星，靳伟凤．地方政府投资与税收对产业结构趋同化的影响［J］．东北财经大学学报，2014（5）：43－48

[60] 曹燕萍，李恒．政府财政行为与高新技术产业发展的因子分析［J］．中央财经大学学报，2006（7）：15－19

[61] 吴金光，肖丫苹．财税政策影响战略性新兴产业发展的实证研究［J］．求索，2013（5）：26－28

[62] 熊勇清，李晓云，黄健柏．战略性新兴产业财政补贴方向：供给端抑或需求端——以光伏产业为例［J］．审计与经济研究，2015（5）：95－102

[63] 朱延福，薛金奇．环保服务产业发展与财政直接投入驱动关系的实证研究——基于长三角数据［J］．华东经济管理，2015（11）：81－87

[64] 陈志勇，陈莉莉．财政体制变迁、“土地财政”与产业结构调整［J］．财政研究，2011（11）：7－1

[65] 王剑锋，孙琦，郭红玉．内生性土地财政扩张与产业结构失衡［J］．公共管理与政策评论，2014（1）：43－51

[66] 丘海雄，付光伟，张宇翔．土地财政的差异性研究——兼论土地财政对产业转型升级的启示［J］．学术研究，2012（4）：75－81

[67] 张斌．财税政策对产业结构调整动态冲击效应的实证分析［J］．商业时代，2011（12）：50－51

[68] 储德银，建克成．财政政策与产业结构调整——基于总量与结构效应双重视角的实证分析［J］．经济学家，2014（2）：80－91

[69] 陶长琪，刘振．地方财政政策对产业结构升级的影响——以中国14个副省级市为例［J］．南昌工程学院学报，2016（3）：1－6

[70] 刘建民，王蓓，吴金光．优化财税政策引导战略性新兴产业空间集聚［N］，光明日报，2012年11月27日第7版

[71] 刘建民，胡小梅，王蓓．空间效应与战略性新兴产业发展的财税政策运用——基于省域1997—2010年高技术产业数据［J］．财政研究，2013（1）：62－66

[72] 毛军，刘建民．财税政策下的产业结构升级非线性效应研究［J］．产业经济研究，2014（6）：21－30

[73] 周敏倩．支持产业结构优化的财政政策调整思路［J］．南京社会科学，2003（11）：8－13

[74] 苑广睿. 促进产业结构调整的财政政策 [M]. 北京: 中国财政经济出版社, 2004

[75] J. Hinloopen. Productivity innovation and economic performance [J]. Economist - Netherlands, 2002 (150): 617-619

[76] 牛慧峰, 温馨. 促进产业结构调整的财税政策研究 [J]. 中共太原市党报学报, 2011 (01): 29-31

[77] 张海星, 刘德权. "十二五" 时期产业结构优化升级的财政政策选择 [J]. 商业研究, 2011 (11): 1-7

[78] 李子伦, 马君. 财政政策支持产业结构升级的国际经验借鉴 [J]. 财政研究, 2014 (6): 78-80

[79] 戴鹏. 我国产业调整和发展的财税政策研究 [D]. 成都: 西南财经大学博士学位论文, 2012

[80] 王华, 龚钰. 完善支持科技创新的财税政策推动产业结构调整 [J]. 税务研究, 2013 (3): 3-9

[81] 马亚静. 战略性新兴产业发展中的财政政策设计——基于产业生命周期的视角 [J]. 辽宁师范大学学报, 2014 (2): 190-194

[82] 张馨艺. 新常态下的产业结构特征与财税政策选择 [J]. 税务研究, 2015 (7): 95-99

[83] 安苑, 王珺. 地方政府财政行为周期性、产业成长与结构失衡——基于产业外部融资依赖度的分析 [J]. 财经研究, 2014 (11): 29-43

[84] 周飞舟. 分税制十年: 制度及其影响 [J]. 中国社会科学, 2006 (6): 100-115

[85] 张芬. 财政分权对中国经济产业结构的影响 [J]. 地方财政研究, 2016 (5): 76-82

[86] 郑培. 财政分权与产业结构变动: 影响效应与实证检验 [J]. 发展研究, 2014 (3): 7-15

[87] 张少军, 刘志彪. 我国分权治理下产业升级与区域协调发展研究——地方政府的激励不相容与选择偏好的模型分析 [J]. 财经研究, 2010 (12): 83-93

[88] 靳涛, 陈栋. 政府行为与产业结构失衡——基于转型期区域差异视角的揭示 [J]. 南京大学学报 (哲学·人文科学·社会科学), 2014 (6): 16-26

[89] 安苑, 王珺. 财政行为波动影响产业结构升级了吗? ——基于

产业技术复杂度的考察 [J]. 管理世界, 2012 (9): 19 – 35 + 187

[90] 杜秋莹, 李国平, 沈能. 现行财政体制下金融效率与我国区域产业结构优化 [J]. 新疆社会科学, 2006 (4): 16 – 21

[91] 林文. 财政分权、产业政策与中国国内市场整合 [J]. 中国经济问题, 2011 (3): 70 – 77

[92] 谢永鸿. 财政分权和产业结构的优化升级 [J]. 商品与质量, 2011 (7): 111

[93] 王燕武, 王俊海. 地方政府行为与地区产业结构趋同的理论及实证分析 [J]. 南开经济研究, 2009 (4): 33 – 49

[94] 周光亮. 财政分权、地方政府投资和产业结构调整——来自中国的经验 [J]. 经济问题, 2012 (1): 24 – 26

[95] 褚敏, 靳涛. 为什么中国产业结构升级步履迟缓——基于地方政府行为与国有企业垄断双重影响的探究 [J]. 财贸经济, 2013 (3): 112 – 122

[96] 魏福成, 邹薇, 马文涛, 刘勇. 税收、价格操控与产业升级的障碍——兼论中国式财政分权的代价 [J]. 经济学 (季刊), 2013 (4): 1491 – 1512

[97] 刘玉龙, 任国良, 蔡宏波. "螺旋式""双重"分权模式下的产业结构升级研究 [J]. 中国社会科学院研究生院学报, 2014 (1): 45 – 52

[98] 朱轶, 吴超林. 中国工业资本深化的区域特征与就业效应——兼论分权体制下资本深化态势的应对 [J]. 南开经济研究, 2010 (5): 125 – 139

[99] 潘晓川. 财政分权对三次产业影响的区域差异实证分析 [J]. 价值工程, 2012 (3): 118 – 120

[100] 崔志坤, 李菁菁. 财政分权、政府竞争与产业结构升级 [J]. 财政研究, 2015 (12): 37 – 43

[101] 刘瑞明. 晋升激励、产业同构与地方保护: 一个基于政治控制权收益的解释 [J]. 南方经济, 2007 (6): 61 – 72

[102] 王立国, 张日旭. 财政分权背景下的产能过剩问题研究——基于钢铁行业的实证分析 [J]. 财经问题研究, 2010 (12): 30 – 35

[103] 张亮. 财政分权对区域产业外商投资的影响研究 [J]. 上海财经大学学报, 2013 (2): 88 – 96

[104] 陈新华. 对我国财政支出政策与产业结构调整优化的几点思考 [J]. 财政研究, 1990 (10): 11 – 18

[105] 蔡建明．产业结构调整：财政支出政策的效应分析 [J]．财政研究，2006 (12)：37-39

[106] 杨晓峰．地方财政支出与产业结构优化的动态关联研究——基于1999-2013年中国省际面板数据模型的分析 [J]．财贸研究，2016 (2)：112-136

[107] FR Lichtenberg. The effect of government funding on Private industrial research and Development：a reassessment [J]．Journal of industrial economics，1987，36 (1)：97-104

[108] 郭杰．我国政府支出对产业结构影响的实证分析 [J]．经济社会体制比较，2004 (3)：121-126

[109] 郭小东，刘长生，简玉峰．政府支出规模、要素积累与产业结构效应 [J]．南方经济，2009 (3)：51-61

[110] 刘芳，张志宇．完善财政支出政策促进产业结构升级 [J]．合作经济与科技，2004 (3)：14-16

[111] 王保滔，张婷，杨一文．财政政策的产业结构优化效应分析 [J]．生产力研究，2014 (5)：29-32

[112] Hamberg C. R&D：Essay on the economics of research and development [M]．New York：Random house，1966

[113] Maryann P. Feldman，Maryellen R. Kelley. The extant assessment of knowledge spillovers：Government R&D Policies，economic incentives and private firm behavior [J]．Research policy，2006 (10)：1509-1521

[114] 王宏利．财政支出规模与结构对产业结构影响的分析 [J]．经济研究参考，2009 (4)：29-40

[115] 赵文哲，周业安．基于省际面板的财政支出与通货膨胀关系研究 [J]．经济研究，2009 (10)：48-60

[116] 杨大楷，孙敏．公共投资与宏观经济结构的实证研究 [J]．经济问题，2009 (4)：21-24

[117] 于力，胡燕京．财政支出对我国产业结构升级的影响——基于1978-2006年省级面板数据的实证分析 [J]．青岛大学学报（自然科学版），2011 (4)：95-100

[118] 董万好，刘兰娟．财政科教支出对就业及产业结构调整的影响——基于CGE模拟分析 [J]．上海经济研究，2012 (2)：41-52

[119] 石奇，孔群喜．动态效率、生产性公共支出与结构效应 [J]．经济研究，2012 (1)：92-104

[120] 安苑，王珺．财政行为波动影响产业结构升级了吗？——基于产业技术复杂度的考察 [J]．管理世界，2012 (9)：19－35＋187

[121] 刘兰娟，董万好，徐鑫．财政科技投入对产业结构的影响——城镇化过程中劳动报酬占比的视角 [J]．上海财经大学学报（哲学社会科学版)，2013 (4)：73－80

[122] 尚晓贺，陶江．财政科技支出、银行信贷与产业结构转型 [J]．现代财经，2015 (12)：99－109

[123] 严成樑，吴应军，杨龙见．财政支出与产业结构变迁 [J]．经济科学，2016 (1)：5－16

[124] 王检，石大千，吴可．财政支出效率与产业结构：要素积累与流动——基于 DEA 和省级面板数据模型的实证研究 [J]．管理现代化，2016 (3)：14－18

[125] 陈立泰，余春玲，王鹏．产业转移背景下的财政支出与服务业发展——基于28个省市面板数据的经验分析 [J]．经济经纬，2012 (5)：22－26

[126] 刘建民，杨华．财政支出与产业转型升级的实证分析——以湖南省为例 [J]．会计之友，2015 (1)：88－90

[127] 肖卫国，刘杰．地方财政支出对文化产业发展的空间溢出效应研究 [J]．投资研究，2014 (12)：88－96

[128] 贾敬全，殷李松．财政支出对产业结构升级的空间效应研究 [J]．财经研究，2015 (9)：18－28

[129] 安棋，王九云．财政支出对交通产业经济增长的门槛效应研究——基于省际面板数据门槛回归分析 [J]．中国软科学增刊（上)，2013：371－379

[130] 钟优慧，杨志江．财政支出与农业产业结构调整 [J]．黑龙江对外经贸，2009 (3)：141－142

[131] 顾佳峰．产业结构、储蓄对教育财政的挤出效应分析：空间计量方法 [J]．财经理论与实践，2010 (1)：70－73

[132] 许永现．论税收调节产业结构的理论基础和现实基础 [J]．中央财政金融学院学报，1990 (5)：12－16

[133] Gentry W. R. G. Hubbard. Tax Policy and Entrepreneurial Entry [J]. American Economic Review Papers and Proceedings, 2000, 90 (2): 83－287

[134] BVPottelsberghe, S Nysten, E. Megally. Evaluation of Current Incentives for Business R&D in Belgium [R]. CEB Working Paper, 2003

[135] 李文. 税收政策对产业结构变迁的影响：需求角度的分析 [J]. 税务与经济，2006 (1)：7 -11

[136] 何莉，刘斌，覃力. 关于产业结构调整和优化升级的税制改革探讨 [J]. 企业经济，2007 (3)：118 -121

[137] LauraVartia. How do Taxes affect Investment and Productivity? ——An Industry - Level Analysis of OECD Countries [R]. OECD Economics Department Working Papers, 2008

[138] Cyrille Schwennus, Jens Arnold. Do Corporate Taxes Reduce Productivity and Investment at the Firm Level? : Cross - Country Evidence from the Amadeus Dataset [R]. OECD Economics Department Working Papers, 2008

[139] 周权雄，龙自云. 论我国产业结构调整与地方财政收入可持续增长的关系 [J]. 华东经济管理，2010 (12)：45 -50

[140] 杨传亮. 财政收入结构不平衡的原因和促进产业结构调整的措施 [J]. 现代经济信息，2011 (18)：224 -224

[141] 李悦诚，林艳. 促进产业结构优化升级的税收政策研究——基于青岛产业结构与税负结构的分析 [J]. 国际税收，2013 (1)：17 -20

[142] 姚凤民，文生超. 广东第三产业现状及税收关系分析 [J]. 粤港澳市场与价格，2014 (11)：26 -29

[143] 陈平. 产业结构调整与税收增长的协调性实证研究——基于广东省的数据检验 [J]. 对外经贸，2016 (7)：75 -80

[144] 黄电. "十三五" 规划下的第三产业发展与税收效益关系研究——以广东省为例 [J]. 财会月刊，2016 (15)：50 -56

[145] 胡安琴，韦彩霞. 保定市新能源产业发展的财税政策匹配研究——基于产业结构优化与生态环境保护视角 [J]. 时代经贸，2016 (6)：27 -28

[146] Arthur J. Mann. Economic Development and Tax Structure Change: Mexico, 1895 -1975 [J]. Public Finance Review, 1980 (3)：291 -306

[147] 张斌. 流转税和所得税的产业结构调整效应分析 [J]. 财经理论与实践，2011 (3)：85 -88

[148] 李大明，李波. 货物和劳务税改革与产业结构升级 [J]. 税务研究，2011 (8)：8 -12

[149] 武少芩. 我国税收收入与产业结构关系的对接分析 [J]. 经济问题，2011 (7)：30 -33

[150] 黎昌卫. 影响产业结构优化的税收因素与政策措施 [J]. 税务

研究，2006（11）：21－25

［151］王晓雷．对外经济均衡、产业结构升级与我国出口退税政策调整［J］．税务研究，2007（6）：8－12

［152］张海星，许芬．促进产业结构优化的资源税改革［J］．税务研究，2010（12）：34－38

［153］刘盈曦，郭其友．中国差异性出口退税机制的产业结构优化效应研究——基于一般均衡模型［J］．云南财经大学学报，2014（2）：45－53

［154］徐梅，刘芬．基于产业结构视角的消费税改革探讨［J］．财会通讯，2016（1）：14－16

［155］谢贞发，席鹏辉，黄思明．中国式税收分成激励的产业效应——基于省以下增值税、营业税分成改革实践的研究［J］．财贸经济，2016（6）：18－34

［156］梁强，贾康．1994年税制改革回顾与思考：从产业政策、结构优化调整角度看“营改增”的必要性［J］．财政研究，2013（9）：37－48

［157］梁云凤，王宁．“营改增”对北京市产业发展和宏观经济状况影响研究——基于CGE模型分析［J］．中央财经大学学报，2016（7）：24－31

［158］刘峰．基于税收视角的第三产业发展思考——以陕西省为例［J］．税务研究，2016（6）：114－118

［159］毛海静．“营改增”对服务行业的影响及其应对措施［J］．当代经济，2016（20）：24－25

［160］Stotsky，J．，WoldeMariam，A．Tax efforts in sub－Saharan Africa［R］．IMF Working Paper WP/97/107Washington D．C．：International Monetary Fund，1997

［161］万莹，史忠良．中国地区间税收负担率与产业结构关系的实证分析——以2007年数据为例［J］．首都经济贸易大学学报，2009（6）：21－24

［162］贾莎．税收“超速增长”之谜：基于产业结构变迁的视角［J］财政研究，2012（3）：34－36

［163］曹海娟．产业税负对产业结构调整效应的区域异质性研究［J］．现代财经，2014（2）：53－60

［164］欧阳华生，程瑶，杨飞．税收负担、产业升级及影响探究——一个国际视野［J］．现代财经，2015（1）：81－91＋11

［165］张桂玲，左浩泄．对中国现行科技税收激励政策的归纳分析［J］．中国科技论坛，2005（3）：37－39

［166］刘蓉．税收优惠政策的经济效应与优化思路［J］税务研究，2005（11）：9－13

［167］戴罗仙，黄娜．税收优惠政策与我国产业结构优化升级［J］．经济问题，2007（5）：106－108

［168］马念谊，吴若冰．产业税收优惠中的隐性税收问题研究——基于中国制造业的实证分析［J］．经济问题探索，2014（11）：53－59

［169］Anselin，L. Spatial Econometrics：Methods and Models［J］．Journal of the American Statistical Association，1990，85（411）：310－330

［170］RJBarro. Government Spending in a Simple Model of Endogeneous Growth［J］．Journal of Political Economy，1990，98（5）：103－26

［171］Qian L，Jingping S，et al. Economic growth and pollutant emissions in China：a spatial econometric analysis［J］．Stochastic Environmental Research and Risk Assessment，2014（28）：429－442

［172］Stuart S. Rosenthal，William C. Strange. Geography，Industrial Organization，and Agglomeration［J］．Review of Economics and Statistics，2003，85（2）：377－393

［173］郭庆旺，贾俊雪．财政分权、政府组织结构与地方政府支出规模［J］．经济研究，2010（11）：59－72＋87

［174］龚锋，雷欣．中国式财政分权的数量测度［J］．统计研究，2010（10）：47－55

［175］Rey S. J. Spatial Empirics for Economic Growth and Convergence［J］．Geographical Analysis，2001（33）：195－214

［176］Tone K. A slacks－based measure of super－efficiency in data envelopment analysis［J］．European Journal of Operational Research，2002，143（1）：32－41

［177］LeSage，J. P.，R. K. Pace. Introduction to Spatial Econometrics［M］．Boca Raton，US：CRC Press Taylor & Francis Group，2009

［178］Brueckner，J. Strategic Interaction Among Governments：An Overview of Empirical Studies［J］．International Regional Science Review，2003（26）：175－188

［179］Revelli. On Spatial Public Finance Empirics［J］．International Tax and Public Finance，2005（12）：475－92

[180] 佘丹林，吕冰洋. 质疑区域生产率测算：空间视角下的分析 [J]. 中国软科学，2009 (11)：160－170

[181] 吴玉鸣. 中国省域旅游业弹性系数的空间异质性估计——基于地理加权回归模型的实证 [J]. 旅游学刊，2013 (2)：35－43

[182] Farber S., Yates M. A comparison of localized regression models in an hedonic price context [J]. Canadian Journal of Regional Science, 2006 (3): 405－420

[183] LeSage J. P. A family of geographically weighted regression models: Advances in spatial econometrics. [M]. Berlin: Springer Berlin Heidelberg, 2004

[184] Fotheringham A. S., Zhang F. A Comparison of Three Exploratory Methods for Cluster Detection in Spatial Point Patterns [J]. Geographical Analysis, 1996 (28): 200－218

[185] Fotheringham A. S., Brunsdon C., Charlton M. Geographically Weighted Regression: The Analysis of Spatially Varying Relationships [M]. Wiley: West Sussex, 2002

[186] Leung Y., Mei C. L., Zhang W. X. Statistical Tests for Spatial-Nonstationarity Based on the Geographically Weighted Regression Model [J]. Environment and Planning, 2000, (32): 9－32

[187] 丁刚，陈奇玲. 省域政府效率对经济发展方式转变影响作用的空间关联模式探析——基于 GWR 模型与 ESDA 方法 [J]. 中国行政管理，2014 (8)：90－93

[188] 朱玉杰，倪晓然. 金融规模如何影响产业升级：促进还是抑制？——基于空间面板模型的研究：直接影响与空间溢出 [J]. 中国软科学，2014 (4)：180－192

[189] 毛军，王蓓. 我国地方政府支出影响居民消费：正向传导还是反向倒逼 [J]. 财政研究，2015 (2)：8－11

[190] L. Anselin, RJGM Florax. Small Sample Properties of Tests for Spatial Dependence in Regression Models: Some Further Results [M]. Berlin: Springer Berlin Heidelberg, 1995: 21－74

[191] 张宏霞. 地方政府投资的产业结构效应研究 [J]. 经济经纬，2010 (3)：41－45

[192] 骆惠宁. 政府投资与产业结构变动的关联分析 [J]. 预测，2001 (6)：7－10

[193] 卢洪友，卢盛峰，陈思霞. 政府投资与经济周期波动实证研

究——兼论三次产业的政府投资效应［J］. 山东经济，2010（1）：11－18

［194］才国伟，钱金保. 中国地方政府的财政支出与财政效率竞争［J］. 统计研究，2011（10）：36－46

［195］Hansen B. E. Threshold Effects in Non－dynamic Panels：Estimation，Testing and Inference［J］. Journal of Econometrics，1999，93（4）：345－368

［196］储德银，赵飞. 财政分权、政府转移支付与农村贫困——基于预算内外和收支双重维度的门槛效应分析［J］. 财经研究，2013（9）：4－18

［197］廖信林，吴友群，王立勇. 宏观税负、税制结构调整对居民消费的影响：理论与实证分析［J］. 财经论丛，2015（6）：25－33

致 谢

在成稿之际，特别需要感谢的是我的博士生导师刘建民教授，本书从研究选题、研究内容、研究方法和研究过程都倾注了刘老师大量的心血。在恩师的悉心教导下，我有幸并顺利完成了学业。严格来说，我的攻博生涯始于2010年9月，历经2年硕士阶段和近4年半的博士阶段。其间，尝尽人生百味，遍享人间冷暖，个中滋味，慨然难述。硕博连读，六年又三月，有笑有泪，有花有果。而今，这段让人终身难忘的“绝版记忆”，在脑海中悉数回放，一幕幕画面，像电影的慢镜头般，堪堪从心底碾过，然后墨迹一样荡漾开来。

2010年的初秋，我有幸成为恩师刘建民教授门下弟子，开始进入博大精深的财税专业领域，乃至今日得以从事相关领域的教学科研工作，为此，深深感激上天对我的眷顾。恩师对我的信任、包容、支持、鼓励和严格的学术要求，成为我咬牙坚持走完攻博之路最重要的动力。此时此刻，那些恩师对我的教导和关爱，开始像岳麓山上的片片枫叶，在脑海中漫天飞舞。初见恩师，是在会计楼办公室，紧张万分的我，心生怯意，不敢抬眼直视，却在他耐心温厚的嗓音中，渐感平静和踏实；向恩师提交第一份自认为精心制作的PPT，却接到他的长时电话，极尽细致地教我修改完善；向恩师汇报第一篇学术论文的写作提纲，自知所拟框架空洞粗化、极不成熟，他也不恼，只是语重心长地告诫我论文写作应“小题大做”；第一次讲课前，恩师向我传授宝贵的授课经验，并细细叮嘱各种注意事项；只要有好书籍、好资料、好文章、好词句等，恩师都会尽力以各种方式分享并提供给我；生活中遇到困难，恩师及师母何桂英老师都会竭尽全力帮我渡过难关；身体状况不佳时，他和何老师又会如父母般嘱咐我爱惜身体、加强锻炼；关于攻博期间学术论文的撰写和发表，以及博士学位论文的选题、行文、修改和定稿，恩师为我悉心把关，反复叮嘱我凝练研究方向，并多次为我提供相关领域的课题研究、计量培训、项目调研、学术研讨等理论学习和实践机会……于我而言，恩师无论从学习、生活、工作还是为人处世等方面给予我的教诲和关爱，必将成为我此生最宝贵的财富。然而，只言片语，不足以表达我的孺慕之情，亦深知大恩不敢言谢，只能将其放在心底最好的位置，惟望有朝一日能报答师恩。

2010年9月，我同时遇见了人生中另一位恩师，也是我的副导师——吴金光教授。不记得自己有多少篇粗浅生硬的学术论文、研究报告、通讯初稿，经过吴老师的反复修改后，方能送到刘老师手中进行精修细改，最终形成相应的学术成果；不记得有多少个深夜，为了完成某项任务，和吴老师一起隔空“并肩作战”，凌晨时分，看着电脑另一端吴老师发过来学术论文和研究报告的修改意见或专业指导建议，倍感温暖和心安；也不记得有多少次，吴老师及其爱人周峰老师主动为我分担学习、生活和工作上的种种繁杂事务，使得我能潜心学习和研究……得此良师益友，夫复何求。

六年多的时光里，我有幸在“刘门共荣”这个大家庭中与众位兄弟姐妹相识相知，结成一生最美好的同门情谊。感谢石倩师姐当年“最幸运”的推荐，让我成为刘老师的学生之一。感谢安长英师姐在硕士阶段“最深情”的陪伴，还记得我俩因为准备材料到深夜，结果被锁在办公室，最后一起睡在椅子上，还有你带我吃遍学校前后街的各种美食，现在的我，依然很怀念那时的我们。感谢王蓓师姐对我“最温柔”的鼓励和关照，和你的每一次重逢，无论是在长沙还是北京，都让我觉得弥足珍贵。感谢毛军师兄“最宝贵”的陪伴和指导，我们一起研究课题、撰写论文、培训学习、旅行畅聊……学习上，你是我的引路者；学术上，你是我的好榜样；生活上，你是我的好兄长。感谢欧阳玲姐姐“最特别”的陪伴，我们既是同门，又是同班同学，每一次向你请教和求助，你从来都是倾尽全力、竭尽所能。感谢陈霞和唐红李两位师妹“最美好”的陪伴和帮助，你们为我分担了大量的繁杂事务，常常让我这个师姐感动得无以复加。感谢唐婷、谢兮晨、李桂英、龙辉、张洋洋、杨华、杨娜、江钰辉、陈凌云、毛素珍、伍小锋、李晓丽、黄贻兵、李惠玲、朱喆、张璐、杜丽莎、邓小芳、侯瑞云、许贤红、包娜、周芷如、徐静怡等师弟师妹们“最可亲可爱”的陪伴，我的人生因为有了你们，才会变得五彩斑斓。

同时，还要感谢温柔大气的郑谊英老师和睿智温暖的唐明老师，你们在学习、科研、生活、工作、感情、为人处世等方面给予我的教诲和帮助，让我受益终生。感谢张亚斌老师、郭平老师、谭光荣老师、祝树金老师、罗宏斌老师、张艳纯老师、曹燕萍老师、洪源老师等诸位授课老师，通过你们的课程教导，一方面使得我能在经济、财税等领域打好坚实的专业基础；另一方面，我总能从你们身上习得很好的思维方式、学习方法和知识要点，在继承创新的基础上传授给我的学生，我想这也许就是“为人师者”的使命之一吧。感谢张文静老师和陶娟老师，硕博连读期间的相关事务都是麻烦你们帮我费心打理。感谢刘寒波老师、彭爱平老师、肖燕飞老师、肖勇老师、胡娟老师、贺飞跃老师、宇红老师、刘绿丝老师、宋美喆师姐、胡扬老师、李坚老师、杨育红老师、宁亮老师、蔡玲老师等，作为财院人，处处都能得到你们的关照和提点，让我倍感窝心。

感谢中国财政经济出版社卢关平老师，他对本书的写作和出版，给予了大力支持，他的学术素养和敬业精神，使我受益良多。

感谢我的父母和家人，你们无条件支持我、爱护我，才让我无忧无虑，而你们也终将成为我愿意用一生去守护的人儿。感谢我的同学兼好友朱艳、张林、汤源、叶小兰、邓玉萍、陈维佳、罗富政、伍敏敏、张慧、张鹏辉、余凡、金培振、彭冲、杨钧、张政、阳鹤立、齐妹妹、王慧、陈金花、李昊、魏来、罗敏、高芳、何钰铛、童明、邓忠卫等，我始终认为：朋友，是一辈子的！感谢我的先生杨龙同学，你懂我的不容易，感谢你像对待女儿一样疼爱我。

本书为教育部人文社科青年基金项目“政治关系网络下二维环保财政支出竞争影响生态环境的溢出效应及矫正机制设计研究”（项目编号：19YJCZH055）、湖南省哲学社会科学基金基地项目“生态文明视域下财税政策对绿色产业发展的影响机制及空间溢出效应研究”（项目编号：17JD09）和湖南省自然科学基金青年项目“政治关系网络下地方财政策略性竞争对产业绿色转型的影响研究”（项目编号：2019JJ50020）的阶段性研究成果。在本书付梓出版之际，特别感谢湖南省公共政策与经济发展研究基地的资助和支持。由于水平有限，本书难免存在不足和错误，欢迎学术界同行批评指正。

胡小梅

2019 年 2 月 14 日于岳麓山下